中高职跨境电商贯通系列教材

跨境电商通关基础

主 编 应 颖

副主编 谢檬丹 周 浩 魏书馨

电子工业出版社
Publishing House of Electronics Industry
北京·BEIJING

内 容 简 介

"跨境电商通关基础"是跨境电商专业、报关专业、国际货运专业等涉及外贸领域学科的专业核心课程。

本教材涵盖走进跨境电商关务、跨境电商参与主体注册登记、跨境电商通关政策、跨境电商出口通关、跨境电商进口通关、填制报关单据等理论和实操内容,用案例导入理论教学,以任务引领实操演练,将理论与实操相结合,更好地提升学生的专业素养。本教材为新形态教材,采用"互联网+"教学模式,通过在正文中嵌入二维码,将互联网信息技术与纸质教材相融合,多种介质综合应用,表现力丰富。

本教材可作为中职学校跨境电商、商务英语、国际货运、国际商务等涉及外贸领域学科的教学用书,也可作为从事外贸工作人员的参考用书。

未经许可,不得以任何方式复制或抄袭本书之部分或全部内容。
版权所有,侵权必究。

图书在版编目(CIP)数据

跨境电商通关基础 / 应颖主编. -- 北京:电子工业出版社, 2025. 1. -- ISBN 978-7-121-49691-2

Ⅰ. F713.36

中国国家版本馆 CIP 数据核字第 2025AG9988 号

责任编辑:李书乐
印　　刷:三河市君旺印务有限公司
装　　订:三河市君旺印务有限公司
出版发行:电子工业出版社
　　　　　北京市海淀区万寿路 173 信箱　　邮编:100036
开　　本:787×1092　1/16　印张:15.75　字数:403.2 千字
版　　次:2025 年 1 月第 1 版
印　　次:2025 年 1 月第 1 次印刷
定　　价:52.00 元

凡所购买电子工业出版社图书有缺损问题,请向购买书店调换。若书店售缺,请与本社发行部联系,联系及邮购电话:(010)88254888,88258888。
质量投诉请发邮件至 zlts@phei.com.cn,盗版侵权举报请发邮件至 dbqq@phei.com.cn。
本书咨询联系方式:(010)88254571,lishl@phei.com.cn。

前　言

近年来，跨境电商（全称跨境电子商务）快速发展，成为推动我国外贸发展的重要力量。跨境电商正在世界范围内引发经济贸易的巨大变革，跨境电商经济的"买全球、卖全球"特色正成为引领我国外贸经济增长的新增长极。同时，我国相关部门为跨境电商的发展制定了很多鼓励政策，以促进和引导我国跨境电商的快速、健康发展。

自2018年以来，海关总署及相关部门陆续发布公告，完善法规，促进关检融合，推进全国通关一体化改革。同时，在全国范围内推进单一窗口建设，实现通关一体化管理，推动内陆同沿海沿边通关协作，实现口岸管理相关部门"信息互换、监管互认、执法互助"。为了推进贸易便利化、发挥跨境电商"稳就业、促发展"的作用，海关总署制定一系列举措优化跨境电商报关环境，新增跨境电商B2C和B2B通关模式，增设跨境电商监管代码，并对跨境电商零售进出口商品实行"清单核放、汇总申报"便捷通关。与此同时，各地海关等部门也在积极探索科学的监管政策，先后出台了很多改革措施，设法为跨境电商的稳定、长期发展保驾护航。面对海关总署的新举措，如何适应跨境电商的新发展变化，掌握跨境电商的通关模式及了解政策新动态，培养新跨境电商关务人才，这些都是编写跨境电商类教材需要考虑的问题。

本教材在编写方面具备以下特点。

1. "三元"开发，中高一体

深化中高职衔接、加强中高职一体化贯通培养，是加快构建中国特色现代职业教育体系、不断提升职业教育适应性的重要途径。本教材由高职院校、中职学校和合作企业共同编写，分工合作，明确对应岗位的工作任务和职业能力，对接职业能力标准，清晰界定中职层次的人才培养目标，对中高职教学要求、教学目标、教学内容进行区分，在课程设置、教学内容与职业岗位能力、职业技能等级证书等方面实现中高职对接，创新中高职一体化人才培养模式。

2. 与时俱进，贴近实际

本教材关注海关最新法规变化，突出跨境电商关务操作规范，介绍最新的跨境电商报关理论知识和相关案例，强调新技能实训应用，贴合跨境电商关务岗位的真实人才需求。教材内容既有关务的理论基础知识，又有企业跨境电商通关流程实操，对各类跨境电商进出口通关模式均有介绍，知识体系比较完整，有利于学生全面理解与掌握。

3. 资源多样，易学够用

本教材的实操项目都配备了操作流程图，并附大量实际工作所涉单证，每个任务都设计了案例导入和相应操作示范，让学生更容易理解教材内容，并可以掌握报关工作的程序、内容和方法，有助于提高学生的实际动手能力和解决具体问题的能力。

4. 手段多样，资源丰富

本教材充分考虑中职学生身心发展的特点，在编写时做到图文并茂、通俗易懂。本教材表述力求简洁，用图表代替大段文字表述，不仅提供操作示范界面截图，还配有大量的流程图、归纳比较表、工作样单等，以帮助学生理解跨境电商通关的操作流程和政策要求。教材根据需要插入知识链接、知识拓展二维码等拓展教学资源，设置思维导图，帮助学生理解和梳理知识点，设置知识闯关、能力实训等教学环节，提高学生的实际动手能力和解决具体问题的能力。

5. 素养提升，思政融合

本教材注意提炼课程思政教育元素，将职业精神教育与专业教育相结合，突出"诚信守法""爱岗敬业""配合海关工作"等关务工作的职业素养，强调跨境电商关务工作的合规意识。在融合专业知识和技能的基础上，通过案例导入、知识拓展等模块引入思政教育元素，引发思考，在传授知识和技能的同时达到思政育人的目的。

本教材由杭州楚汸教育科技有限公司组编，罗杰担任主审。

本教材由杭州市中策职业学校的应颖担任主编，负责全书的组织及统稿。杭州市中策职业学校的谢檬丹、浙江衢州中等专业学校的周浩、北京市对外贸易学校的魏书馨担任副主编，杭州市中策职业学校的郑艳哲、北京市对外贸易学校的田思祺、浙江温州平阳县职业教育中心的芮彩凤和郑弦、浙江衢州中等专业学校的杨若兮担任参编，北京劳动保障职业学院的季琼担任编写顾问。具体分工如下：应颖、郑艳哲编写工作项目一，周浩编写工作项目二，芮彩凤、郑弦编写工作项目三，魏书馨编写工作项目四，田思祺编写工作项目五，谢檬丹、杨若兮编写工作项目六，谢檬丹、郑艳哲为工作项目四和工作项目五提供部分素材，浙江省纺织品进出口集团有限公司的施闻雷和海盟控股集团有限公司的倪华芬为教材提供素材和编审服务。

编者在编写本教材的过程中参阅了大量教材、法律法规、网站资料，但因跨境电商的海关监管政策还处于试验期，加之编者水平、能力有限，教材内容难免存在一些疏漏和错误，恳请读者批评指正。

编者

目　录

工作项目一　走进跨境电商关务 1
　工作任务一　认识跨境电商关务 1
　　工作子任务 1-1　走进海关 3
　　工作子任务 1-2　走进报关 14
　工作任务二　认识跨境电商通关 25
　　工作子任务 2-1　出入境货物通关程序 26
　　工作子任务 2-2　进出口货物的基本通关流程 29
　　工作子任务 2-3　跨境电商通关监管 34
　　工作子任务 2-4　跨境电商通关基本模式 37

工作项目二　跨境电商参与主体注册登记 44
　工作任务一　海关注册备案登记 44
　　工作子任务 1-1　报关单位注册登记 45
　　工作子任务 1-2　跨境电商企业注册登记 52
　　工作子任务 1-3　跨境电商企业数据申报 61
　工作任务二　查询企业信用等级 65
　　工作子任务 2-1　海关信用管理的基本规定 66
　　工作子任务 2-2　AEO 认证企业 68
　　工作子任务 2-3　企业海关信用等级查询 72

工作项目三　跨境电商通关政策 79
　工作任务一　熟悉正面清单、负面清单 79
　　工作子任务 1-1　正面清单 81
　　工作子任务 1-2　负面清单 83
　　工作子任务 1-3　特殊进出口物品的许可监管要求 85
　工作任务二　合理运用通关政策 90
　　工作子任务 2-1　通关管理的具体法规与制度 91
　　工作子任务 2-2　跨境电商零售进出口商品监管措施 99
　　工作子任务 2-3　跨境电商综试区的物流通关政策 106

工作任务三　查询商品归类 108
工作子任务 3-1　HS 编码 110
工作子任务 3-2　进出口商品分类规则 114
工作任务四　确定商品正确的税率 117
工作子任务 4-1　进出口商品的主要税种和其他税种 119
工作子任务 4-2　进出口税费的计征方法 124
工作子任务 4-3　跨境电商进出口退税 128

工作项目四　跨境电商出口通关 136
工作任务一　9610 模式出口通关流程 136
工作任务二　1210 模式出口通关流程 145
工作任务三　9710/9810 模式出口通关流程 153

工作项目五　跨境电商进口通关 170
工作任务一　跨境电商进口通关准备 170
工作子任务 1-1　跨境电商进口通关参与主体 171
工作子任务 1-2　跨境电商进口报关必备单证 178
工作任务二　跨境电商进口通关流程 180
工作子任务 2-1　跨境电商零售进口通关流程 182
工作子任务 2-2　行邮模式进口通关流程 194

工作项目六　填制报关单据 200
工作任务一　填制报关单 200
工作子任务 1-1　报关单概述 201
工作子任务 1-2　报关单的填制规范 202
工作任务二　填制跨境电商零售进出口申报清单 215
工作子任务 2-1　填制跨境电商零售出口申报清单 216
工作子任务 2-2　填制跨境电商零售进口申报清单 220
工作任务三　填制报关相关单据 223
工作子任务 3-1　了解报关相关单据 224
工作子任务 3-2　代理报关相关单据的填制规范 227
工作子任务 3-3　商业发票的填制规范 230
工作子任务 3-4　装箱单的填制规范 233
工作子任务 3-5　海运提单的填制规范 236

参考文献 246

工作项目一

走进跨境电商关务

工作任务一　认识跨境电商关务

学习目标

※【知识目标】

1. 知晓海关的性质、任务、权力,以及管理体制和组织机构,并形成对海关的基本认知。
2. 辨识报关相关概念。
3. 理解报关的基本内容。
4. 知晓海关通关一体化改革。

※【技能目标】

1. 能够概述海关的工作职责。
2. 能够概述通关一体化做法。

※【素质目标】

1. 形成规则意识,初步具备报关业务人员的基本职业认知和职业道德操守。
2. 具备较强的责任意识和沟通能力。
3. 具有团队精神、与人合作的能力。
4. 感受海关对维护贸易安全的作用,养成理解并配合海关开展报关工作的工作习惯。

思维导图

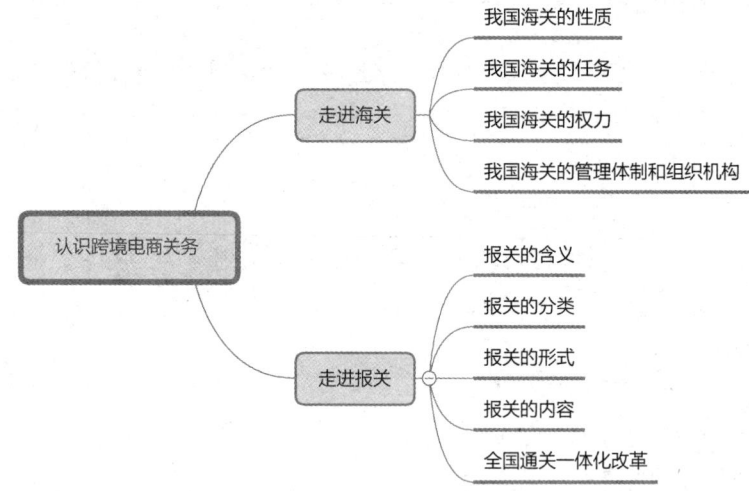

案例导入

被罚款 80 万元，为跨境电商从业者敲响了警钟

杭州海关发布的一则行政处罚显示,义乌市某公司以跨境电商方式进口经营化妆品商品时,因漏缴消费税,被罚款 80 万元。

根据行政处罚决定书,义乌市某公司以跨境电商方式进口经营化妆品商品时,将商品毛重信息作为法定第一数量向海关申报,拉低进口商品的单价,导致漏缴消费税。经义乌海关核定,近 7 个月,义乌市某公司进口化妆品共计 13611 票,商品完税价格共计约 577.91 万元,应缴纳税款共计约 133.26 万元,漏缴税款共计约 80.67 万元。

义乌市某公司这一申报错误行为直接影响了国家税款征收,违反了《中华人民共和国海关法》第二十四条第一款之规定,构成了《中华人民共和国海关行政处罚实施条例》(以下简称《海关行政处罚实施条例》)第十五条第四项所列的违规行为。根据《海关行政处罚实施条例》,义乌海关决定对义乌市某公司作出罚款 80 万元的决定。自决定书送达之日起十五日内,义乌市某公司应当履行上述处罚决定。

这并不是第一起跨境电商企业因偷漏税而被罚的事件。随着进出口、跨境电商等领域逐渐成为国家重点监管对象,我国海关已陆续查出多家跨境电商企业存在类似情况。为了促进跨境电商健康快速发展,国家已经在税收方面给予了一些优惠政策。财政部、税务总局、商务部、海关总署曾于 2018 年发布了《关于跨境电子商务综合试验区零售出口货物税收政策的通知》,从中可知,跨境电商按规定向海关完成各项备案、申报手续后便可享受增值税出口免税政策。但仍有企业无视政策要求,并逃避缴纳企业所得税,最终损害了企业自身的利益。

此次处罚，不仅显示出国家加强税收征管及坚决打击偷税漏税行为的决心，还为跨境电商从业者敲响了警钟。

工作子任务 1-1　走进海关

任务描述

2023 年，刚大学毕业的王一川（化名）凭借自己的能力入职了宁波一家小有名气的跨境电商企业——百联进出口有限公司。入职的第一天，王一川看到关于海关对偷税漏税的企业进行处罚的新闻后，心想：处罚偷税漏税的企业不是税务机关的职责吗？为什么海关可以对偷税漏税的企业进行处罚？请帮助王一川查找资料，了解海关的性质、任务、组织机构等，正确认识海关的权力，并理解海关对维护贸易安全的作用。

知识准备

《中华人民共和国海关法》（以下简称《海关法》）第二条规定："中华人民共和国海关是国家的进出关境监督管理机关。海关依照本法和其他有关法律、行政法规，监管进出境的运输工具、货物、行李物品、邮递物品和其他物品，征收关税和其他税、费，查缉走私，并编制海关统计和办理其他海关业务。"

中华人民共和国海关（以下简称中国海关）关徽如图 1-1 所示。

知识拓展 1-1

图 1-1　中国海关关徽

知识链接

中国海关的历史沿革

1949 年 10 月 25 日，中华人民共和国中央人民政府海关总署成立。

1952 年 12 月，中华人民共和国中央人民政府海关总署划归对外贸易部领导，各口岸对外贸易管理局与当地海关合并。

1955 年，我国各地海关受对外贸易部和所在地省或直辖市人民委员会双重领导。

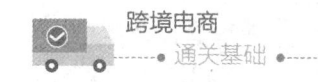

1960年11月，我国各地海关建制下放到地方，成为各地对外贸易管理局的组成部分，其职能受到削弱。

1980年2月9日，国务院发布《关于改革海关管理体制的决定》，提出改革现行海关管理体制，成立海关总署，直属国务院，统一管理全国海关机构和人员编制及其业务。

1998年，为了提升海关系统的管理与执行效率，海关总署被正式升格为正部级机构。这一举措标志着海关总署在国家行政体系中的地位得到进一步明确和提升。

2003年9月12日，国务院举行授予海关关衔仪式，中国海关正式实行关衔制度。

2018年，将国家质量监督检验检疫总局的出入境检验检疫管理职责和队伍划入海关总署。

一、我国海关的性质

《海关法》明确了我国海关的性质，主要包含以下3层性质。

1. 海关是国家行政机关

我国的国家机关包括享有立法权的立法机关、享有司法权的司法机关和享有行政管理权的行政机关。国务院是我国最高行政机关，海关总署是国务院内设的直属机构。

2. 海关是国家进出境监督管理机关

海关履行国家行政制度的监督职能，是国家宏观管理的重要组成部分。海关依照有关法律、行政法规并通过法律赋予的权力，制定具体的行政规章和行政措施，对特定领域的活动开展监督管理，以保证其按照国家的法律规范进行。

海关实施监督管理的范围是进出关境及与之有关的活动，监督管理的对象是所有进出关境的运输工具、货物、物品。

知识链接

关境是海关境界的简称，也称关税国境，是执行统一海关法令的领土范围。

在通常情况下，关境与国境是一致的。但有些国家和地区的关境与国境并不完全一致，如一国境内有自由港或自由区，即不在该国的关境范围之内，在此情况下，关境小于国境；如在缔结关税同盟的国家，它们的领土成为统一的关境，在此情况下，关境大于国境。

3. 海关的监督管理是国家行政执法活动

海关通过法律赋予的权力，对特定范围内的社会经济活动进行监督管理，并对违法行为依法实施行政处罚，以保证这些社会经济活动按照国家的法律规范进行。

海关执法的依据是《海关法》和其他有关法律（由全国人民代表大会及其常务委员会制定）、行政法规（由国务院制定）。海关事务属于中央立法事权。海关总署也可以将其他相关法律和国务院发布的决定、命令等，作为其执法依据的补充。省、自治区、直辖市人民代表大会和人民政府不得制定海关法律规范，地方法规、地方规章不是海关执法的依据。

二、我国海关的任务

《海关法》明确规定了海关的四项基本任务，即监管进出境的运输工具、货物、行李物品、邮递物品和其他物品（以下简称监管），征收关税和其他税费（以下简称征税），查缉走私（以下简称缉私），编制海关统计（以下简称统计）。

1. 监管

海关监管是指海关运用国家赋予的权力，通过一系列管理制度与管理程序，依法对进出境运输工具、货物、物品的进出境活动所实施的一种行政管理。海关监管不是海关监督管理的简称，而是一项国家职能，其目的在于保证一切进出境活动符合国家法律和政策的规范，维护国家主权和利益。海关监督管理是对海关全部行政执法活动的统称。

监管作为海关四项基本任务之一，除了通过备案、审单、查验、放行、后续管理等方式对进出境运输工具、货物、物品的进出境活动实施监管，还要执行或监督执行国家其他对外贸易管理制度的实施，如进出口许可制度、外汇管理制度、进出口商品检验检疫制度、文物管理制度等，从而在政治、经济、文化道德、公众健康等方面维护国家利益。

2. 征税

征税是海关的另一项重要任务。海关征税工作的基本法律依据是《海关法》《中华人民共和国进出口关税条例》（以下简称《进出口关税条例》）及其他有关法律、行政法规。征税工作包括征收关税和进口环节海关代征税。

进出口货物、物品在办理完海关手续被放行后，允许在国内流通，应与国内货物一样，缴纳国内税。为了节省征税人力、简化征税手续、严密管理，进口货物、物品的国内税由海关代征，即我国海关对进口货物、物品征收关税的同时，还负责代其他机关征收若干种类的进口环节税。目前，由海关代征的进口环节税包括增值税和消费税。

知识链接

2024年1月1日起，我国将对1010项商品实施低于最惠国税率的进口暂定税率。

这次调整是为了加快推进先进制造业创新发展，降低氯化锂、低砷萤石、燃料电池用气体扩散层等国内短缺资源、关键设备和零部件的进口关税。

同时，为了保障人民生命健康，以高质量供给满足居民消费需求，对部分抗癌药、罕见病药的药品和原料等实施零关税，降低特殊医学用途配方食品等的进口关税。

降低甜玉米、芜荽、牛蒡种子的进口关税，降低进口关税有助于保障我国种业供给，促进我国农业健康稳定发展。

从总体来看，本次关税调整坚持"稳中求进"的工作总基调，关税调整后，将有利于支持稳住外贸外资基本盘，更好地服务经济社会发展大局；有利于推动内生动力持续

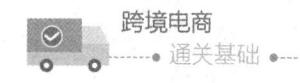

增强，更好地统筹发展和安全；有利于推进高水平对外开放，构建开放型经济新体制；有利于促进行业转型升级，积极参与国际市场竞争。

3. 缉私

查缉走私是海关为保证顺利完成监管和征税等任务，依照法律赋予的权力，在海关监管场所和海关附近的沿海沿边规定地区，为发现、制止、打击、综合治理走私活动而进行的一种调查和惩处活动。

走私是指进出境活动的当事人或相关人违反《海关法》及有关法律、行政法规，逃避海关监管，偷逃应纳税款、逃避国家有关进出境的禁止性或者限制性管理，非法运输、携带、邮寄国家禁止、限制进出境或者依法应当缴纳税款的货物、物品进出境，或者未经海关许可并且未缴应纳税款、交验有关许可证件，擅自将保税货物、特定减免税货物及其他海关监管货物、物品、进境的境外运输工具在境内销售的行为。

《海关法》规定："国家实行联合缉私、统一处理、综合治理的缉私体制。海关负责组织、协调、管理查缉走私工作。"这一规定从法律上明确了海关打击走私的主导地位及与有关部门的执法协调。根据我国的缉私体制，除海关以外，公安、税务、国家烟草专卖局等部门也有查缉走私的权力，但这些部门查获的走私案件，必须按照法律规定统一处理。各有关行政部门查获的走私案件，应当给予行政处罚的，移送海关依法处理；涉嫌犯罪的，应当移送海关侦查走私犯罪公安机构或地方公安机关依据案件管辖分工和法定程序办理。

知识链接

海关总署发布2024年打击走私十大典型案例

2024年，全国海关缉私部门深入开展"国门利剑2024"联合行动，严厉打击非设关地涉税走私，海南离岛免税"套代购"走私，涉自由贸易试验区和海关特殊监管区域走私，枪弹毒、洋垃圾、濒危物种及其制品走私，重点渠道、重点领域、重点商品走私等，取得突出成效，为服务保障高质量发展作出积极贡献。全年共立案侦办走私等违法犯罪案件5719起，其中，涉税走私犯罪案件3687起，案值905.6亿元，非涉税、涉检及走私关联犯罪案件2032起。此外，全国海关立案调查走私行为案件30959起，案值84.3亿元，立案调查违规及其他违法行为案件67595起，案值328.2亿元。

其中，黄埔海关缉私局"HP2024-05"服务保障自由贸易试验区建设打击伪报贸易性质走私电子产品专案涉案金额最大。涉案团伙利用控制的加工贸易企业加贸合同手册，将本应以一般贸易方式征税进口的集成电路等电子产品伪报成保税货物免税进口，"飞料"走私内销给国内客户。查证走私集成电路等电子产品18.7亿个，案值229.2亿元。

4. 统计

海关统计以实际进出口货物作为统计和分析的对象，通过搜集、整理、加工处理进出口货物报关单或经海关核准的其他申报单证，对进出口货物的品种、数（重）量、价格、国别（地区）、经营单位、境内目的地、境内货源地、监管方式、运输方式、关别等项目分别进行统计和综合分析,全面、准确地反映对外贸易的运行态势,及时提供统计信息和咨询,实施有效的统计监督,开展国际贸易统计的交流与合作,促进对外贸易的发展。《中华人民共和国海关统计条例》规定:"实际进出境并引起境内物质存量增加或者减少的货物,列入海关统计;进出境物品超过自用、合理数量的,列入海关统计。"对于部分不列入海关统计的货物和物品,则根据我国对外贸易管理和海关管理的需要,实施单项统计。

三、我国海关的权力

海关权力是指国家为保证海关依法履行职责,通过《海关法》和其他法律、行政法规赋予海关的对进出境运输工具、货物、物品的监督管理权能,属于公共行政职权,其行使受一定范围和条件的限制,并应当接受执法监督。

（一）海关权力的特征

海关权力作为一种行政权力,除具有一般行政权力的单方性、无偿性等基本特征外,还具有特定性、独立性、强制性、复合性和自由裁量性等特征。

1. 特定性

海关权力的特定性是指海关依法具有行使进出境监督管理权资格。首先,这是海关权力法定性的规定,即法律明确规定只有海关才享有对进出境活动进行监督管理的行政主体资格,具有进出境监督管理权,其他任何机关团体、个人都不具备行使海关权力的资格。其次,海关权力的特定性还体现在海关权力的限制上,即这种权力只适用于进出关境监督管理领域,若超出这个范围,则不适用。

2. 独立性

《海关法》第三条规定:"海关依法独立行使职权,向海关总署负责。"这不仅明确了我国海关的垂直领导管理体制,也表明了海关行使职权只对法律和上级海关负责,不受地方政府、其他机关、企业单位或个人的干预。独立性特征表明海关能以自己的名义行使权力,在法律范围内依据自己的判断作出决定,发布命令,独立地组织和实施行政行为;同时,海关还能够独立参加行政复议和行政诉讼活动,独立承担因实施权力而产生的法律责任。

3. 强制性

海关权力的行使以法律为依据,以海关的行政强制措施,乃至国家的强制力为后盾,无须与相对人协商或征得其同意,具有单方面意志性和强制性。海关依法实施的管理活动,相对人有服从、接受和协助的义务,行政海关权力的效力先定性表现在海关的行政行为一经作出,就推定其符合法律规定,对海关本身和海关行政管理相对人（简称相对人）都具有约束力。在没有被国家权力机关宣布为违法和无效之前,即使相对人认为海关的行政行为侵犯其合法权益,也必须遵守和服从。如果相对人不服从海关监督管理或妨碍海关行使职权，海关可以运用其权力手段，强制相对人执行和服从决定，以保障行政行为的实施。相对人无权拒绝海关依法或依职权实施的行为，如果相对人拒不履行海关的行政命令或行政处理，海关可以依法强制其履行或依法申请人民法院强制执行。即使相对人认为海关的具体行政行为侵犯了其合法权益，也只能通过行政复议、行政诉讼等行政救济措施解决，但在相关机关未作出裁决前，海关的行政行为推定合法，相对人必须履行进出境义务，服从海关的行政决定。

4. 复合性

海关权力的复合性是指海关依据法律授权行使行政职权的同时，可以依据法律授权行使一定的立法权和司法权。例如，海关在打击走私犯罪活动中依据法律授权具有司法和行政两种手段；又如，海关可以参与行政立法活动，提出立法建议和起草制定一些行政法规，经国务院颁布实施。

5. 自由裁量性

自由裁量性是指海关在法律允许的范围内，根据具体情况进行具体分析，并在一定范围和幅度内自行判断及选择自己认为正确的行为权力，从而更加准确地贯彻法律意图，体现公正的要求。虽然法律上要求海关的行政行为必须依法而行，必须有法律依据，但这并不意味着海关权力的行使只是机械地按照法律预先设计的具体内容、方式行事，而不能有任何的自行选择、裁量，不能有任何自己的主动性参与。而且，法律是具有稳定性的，一旦制定就不能随意修改，因此，海关的自由裁量是必需的。例如，海关对违规、走私的处理，特别是在没收、罚款和罚没并处的量刑上，不可否认其自由裁量往往伸缩性较大，这是对海关的一种信用授权，但也为海关带来了一定的执法难度。

（二）我国海关权力的具体内容

1. 行政许可权

行政许可权是指海关依据《海关法》《中华人民共和国行政许可法》《海关实施〈中华人民共和国行政许可法〉办法》的规定，对公民、法人组织或者其他组织的申请，经依法审查，准予其从事与海关进出境监督管理相关的特定活动的权力。

海关主要的行政许可事项有：报关企业注册登记（直属海关审批）、出口监管仓设立、保税仓库设立（直属海关审批）、免税商店设立（海关总署审批）、海关监管货物仓储企业注册（直属海关审批）、承运境内海关监管货物的运输企业、车辆注册（直属海关审批）、保税物流中心A、B型设立（海关总署审批）、长江驳运船舶转运海关监管货物的进出口货物（直属海关审批）等。

2. 税费征收权

税费征收权是指海关依据《海关法》、《中华人民共和国进出口税则》（以下简称《进出口税则》）、《进出口关税条例》、《中华人民共和国海关进出口货物征税管理办法》的规定，对所有的进出境运输工具、货物、物品行使征收税费的职权。

海关的税费征收权涉及的主要范围包括：完税价格的审定；对进出口货物、物品属性存在质疑的有权提取货样进行化验鉴定；在法定期限内，对少征、漏征税款的进出口货物进行补征税、追征税款；依法对特定进出口货物、物品减免税。

知识链接

2023年，中国海关坚持依法治税、综合治税，加强科学征管，全年海关税收入库2.21万亿元。

2023年，中国海关坚决贯彻落实党中央、国务院稳增长政策措施，认真执行减税、进口税收优惠政策和自由贸易协定关税减让等措施，其中落实《2023年关税调整方案》减税措施，减征税款767.9亿元；推进《区域全面经济伙伴关系协定》（RCEP）等22个优惠贸易安排原产地规则和关税减让措施落地见效，享惠进口货值1.22万亿元，税款减让1062.6亿元。

海关总署表示，2024年，海关将继续坚持依法科学征管，充分发挥综合治税机制作用，提高征管质量，努力实现应收尽收，同时认真落实各项减税降税政策措施，不断优化税收服务，确保应惠尽惠。

3. 进出境监管权

进出境监管权是指海关依据《海关法》及有关法律、行政法规的规定，对运输工具、货物、物品进出境活动实施监管的职权。具体内容如下。

（1）检查权。

海关有权检查进出境运输工具，检查有走私嫌疑的运输工具和有藏匿走私货物、物品嫌疑的场所，检查走私嫌疑人的身体。

海关对进出境运输工具的检查不受海关监管区域的限制；对走私嫌疑人身体的检查，应在海关监管区和海关附近沿海沿边规定地区内进行；对有走私嫌疑的运输工具和有藏匿走私货物、物品嫌疑的场所，在海关监管区和海关附近沿海沿边规定地区内，海关人员可直接检查，超出此范围，在调查走私案件时，须经直属海关关长或者其授权的隶属海关关长批准，才能进行检查，但不能检查公民住处。

（2）查阅、复制权。

海关有权查阅、复制进出境人员的证件，查阅与进出境运输工具、货物、物品有关的合同、发票、账册、单据、记录、文件、业务函电、录音录像制品和其他的有关资料。

（3）查问权。

海关有权对违反《海关法》或者其他有关法律、行政法规的嫌疑人进行查问，调查其违法行为。

（4）查验权。

海关有权查验进出境货物、个人携带进出境的行李物品、邮寄进出境的物品。海关查验货物认为必要时，可以径行提取货样。

知识链接

2022年1月，深圳海关查获了多株多肉植物，随后又在植物中检测出多种有害生物，危害极大。

海关提醒，种子（苗）、苗木和其他具有繁殖能力的植物材料，以及活体鱼类、昆虫类活体动物均是多种寄生虫、病菌的寄主，极容易携带危险病菌入境，属于禁止进境物。

除经常出现在海关违禁品名单榜首的物品外，近年来，海关还常常查获其他多种类型的违禁物品。例如，宠物爱好者购买的活蜥蜴、毒蜘蛛、帝王蝎、蛇、蚂蚁等新型宠物，出境旅游回国携带的新鲜水果、蔬菜等，海淘妈妈为宝宝购买的即开即食牛肉泥、鸡肉泥、酸奶等婴儿辅食，以及园艺爱好者购买的杜鹃花、仙人掌之类的奇花异草……这些都是禁止邮寄和携带入境的。

一般来说，个人从海外购买和携带入境的动植物及其制品，大多未经输出国家和地区检疫，不能提供检疫审批单据，且来源不明、去向不定，其中很可能潜藏各种有害生物，一旦传入我国并定殖为害，不仅很难防治和根除，还会给生态环境和农业生产带来毁灭性的灾难。同样，部分外来生物因其攻击性或分泌的毒素，也会对人体和动物健康产生严重威胁。

（5）查询权。

海关调查走私案件时，经直属海关关长或者其授权的隶属海关关长批准，可查询案件涉嫌单位和涉嫌人员在金融机构、邮政企业的存款、汇款。

（6）稽查权。

海关在法律规定的年限内，有权对企业进出境活动及与进出口货物有关的账务、记账凭证、单证资料等进行稽查。

（7）扣留权。

海关在下列情况下可以行使扣留权。

① 查阅、复制与进出境运输工具、货物、物品有关的合同、发票、账册、单据、记录、文件、业务函电、录音录像制品和其他资料；对其中与违反本法或者其他有关法律、行政法规的进出境运输工具、货物、物品有牵连的，可以扣留。

② 在海关监管区和海关附近沿海沿边规定地区，对有走私嫌疑的运输工具、货物、物品和走私犯罪嫌疑人，经直属海关关长或者其授权的隶属海关关长批准，可以扣留；对走私犯罪嫌疑人，扣留时间不得超过 24 小时，在特殊情况下可以延长至 48 小时。

③ 在海关监管区和海关附近沿海沿边规定地区以外，对其中有证据证明有走私嫌疑的运输工具、货物、物品，可以扣留。

知识链接

我国海关为有效实施对奥林匹克标志专有权的保护，服务保障 2022 年北京冬奥会、2022 年北京冬季残奥会顺利举办，海关总署发布 2021 年第 62 号公告，向社会公布《奥林匹克标志专有权海关保护备案目录》。2021 年，全国海关共扣留奥林匹克相关知识产权侵权货物 13 批次、11.8 万件。其中，天津海关扣留带有奥林匹克五环标志的侵权腰带 1958 条；福州海关扣留带有"BEIJING2022"和奥林匹克五环标志的侵权 T 恤、胸针等共 38 件；深圳海关扣留印有"OLYMPIC"专有名称侵权的牛津布 10.94 万米。

4. 行政强制权

行政强制权包括海关行政强制措施和海关行政强制执行。海关行政强制措施是指海关在行政管理过程中，为制止违法行为、防止证据损毁、避免危害发生、控制危险扩大等情形，依法对公民人身自由实施暂时限制，或者对公民、法人或其他组织的财产实施暂时性控制的行为。具体包括：限制公民人身自由，扣留财物，冻结存款或汇款，封存货物或者账簿、单证及其他强制措施等。海关行政强制执行是指海关在有关当事人不依法履行义务的前提下，为实现监督管理职能，依法强制当事人履行法定义务的行为。具体包括加收滞纳金、加收滞报金、扣缴税款、抵缴或变价抵缴等。

进口货物的收货人自运输工具申报进境之日起超过3个月未向海关申报的，其进口货物由海关提取依法变卖处理，所得价款在扣除运输、装卸、储存等费用和税款后，尚有余款的，自货物依法变卖之日起一年内，经收货人申请，予以发还。其中，属于国家对进口有限制性规定，应当提交许可证件而不能提供的，不予发还。逾期无人申请或者不予发还的，上缴国库。确属误卸或者溢卸的进境货物，经海关审定，由原运输工具负责人或者货物的收发货人自该运输工具卸货之日起3个月内，办理退运或者进口手续；必要时，经海关批准可以延期3个月。逾期未办理手续的，由海关按前款规定处理。前两款所列货物不宜长期保存的，海关可以根据实际情况提前处理。收货人或者货物所有人声明放弃的进口货物，由海关提取依法变卖处理；所得价款在扣除运输、装卸、储存等费用后，上缴国库。

进出口货物纳税义务人在规定纳税期限内有明显转移藏匿其应税货物及财产迹象的，海关可以责令其提供担保；纳税义务人不提供担保的，由直属海关关长或其授权的隶属海关关长批准，可以采取冻结其存款或扣留货物等税收保全措施。

知识链接

2022年4月18日，汕头海关线上向省外地级市中级人民法院申请的行政处罚强制执行顺利完成，这标志着该海关异地线上申请强制执行新模式的首"战"告捷。

汕头海关在办理一起涉嫌走私水貂生皮、狐狸生皮案件中，对当事人李某某作出罚款人民币533万元的行政处罚决定。海关行政处罚决定书送达当事人后，虽经多次催告，但当事人逾期仍未履行剩余354万元罚款，也未在法定的期限内申请行政复议或提起行政诉讼。

为保障罚没款项应缴尽缴，针对新冠疫情期间现场提交申请强制执行材料不便的特殊情况，汕头海关首次通过线上渠道向河北省保定市中级人民法院申请行政处罚强制执行。2022年3月，河北省保定市中级人民法院以行政案件受理该案，并通过"云审"App平台组织互联网庭审。汕头海关执行人员线上向庭审法官提供认定的违法事实、处罚依据、法律文书送达及申请强制执行等情况。保定市中级人民法院依法作出准予强制执行汕头海关对李某某的行政处罚决定，由法院负责执行对李某某罚款剩余款项354万元。

汕头海关提醒，海关实施的行政处罚是国家意志的体现，具有强制性、权威性和有效性。海关行政处罚决定一经作出，就具有法律效力。作为当事人的被处罚单位和个人应当自觉遵照执行。如当事人未自觉履行处罚义务，海关可以申请人民法院强制执行，包括加处罚款或滞纳金，查封、扣押、冻结、拍卖、变卖被执行人应当履行义务部分的财产等；被执行人不履行义务，则会被列入"限高""失信"黑名单等。

5. 行政处罚权

海关有权对违法当事人予以行政处罚，包括对走私货物、物品及违法所得处以没收，对有走私行为和违反海关监管规定行为的当事人处以罚款，对有违法行为的报关企业和报关员处以暂停或取消报关资格的处罚等。

6. 佩带和使用武器权

根据《海关工作人员使用武器和警械的规定》，海关工作人员使用的武器和警械包括：轻型枪支、电警棍、手铐及其他经批准列装的武器和警械；使用范围为执行缉私任务时；使用对象为走私分子和走私嫌疑人；使用条件如下。

海关工作人员执行缉私任务，遇有下列情形之一的，可以开枪射击。

①追缉逃跑的走私团伙或者遭遇武装掩护走私，非开枪不足以制服时。

②走私分子或者走私嫌疑人以暴力抗拒检查，抢夺武器或者警械，威胁海关工作人员生命安全，非开枪不能自卫时。

③走私分子或者走私嫌疑人以暴力劫夺查扣的走私货物、物品和其他证据，非开枪不能制止时。

海关工作人员执行缉私任务，遇有下列情形之一的，可以使用警械。

①走私分子或者走私嫌疑人以暴力抗拒检查或者逃跑时。

②走私分子或者走私嫌疑人以暴力抗拒查扣走私货物、物品和其他证据时。

③执行缉私任务受到袭击需要自卫时。

④遇有其他需要使用警械的情形时。

海关工作人员使用武器或者警械时，应当以制服对方为限度。海关工作人员依照规定开枪射击时，除特别紧迫的情况外，应当先口头警告或者鸣枪警告，对方一有畏服表现，应当立即停止射击。开枪射击造成人员伤亡的，应当保护现场，并立即向上级海关和当地公安机关报告。

7. 连续追缉权

进出境运输工具或者个人违抗海关监管逃逸的，海关可以连续追至海关监管区和海关附近沿海沿边规定地区以外，将其带回处理。这里所称的逃逸，既包括进出境运输工具或者个人违反海关监管，自海关监管区和海关附近沿海沿边规定地区向内（陆地）一侧逃逸，也包括向外（海域）一侧逃逸。海关追缉时须保持连续状态。

8. 其他海关权力

除上述海关权力外，海关还有行政裁定权、行政复议权、行政命令权、行政奖励权、对知识产权实施海关保护权等权力。

知识拓展 1-2

四、我国海关的管理体制和组织机构

（一）我国海关的管理体制

《海关法》规定"国务院设立海关总署，统一管理全国海关""海关依法独立行使职权，向海关总署负责"，确定了海关总署作为国务院直属机构的地位，进一步明确了海关机构的隶属关系，将海关集中统一的垂直领导体制以法律的形式予以确立。

《海关法》以法律形式明确了海关的设关原则。其中规定："国家在对外开放的口岸和海关监管业务集中的地点设立海关。海关的隶属关系，不受行政区划的限制。""对外开放的口岸"是指由国务院批准，允许运输工具及所载人员、货物、物品直接出入国（关）境的港口、机场、车站，以及允许运输工具、人员、货物、物品出入国（关）境的边境通道。

国家规定，在对外开放的口岸必须设置海关、出入境检验检疫机构。"海关监管业务集中的地点"是指非国务院批准对外开放的口岸，是海关某类或者某几类监管业务比较集中的地方，如运输监管、保税加工监管等。"海关的隶属关系，不受行政区划的限制"，表明了海关管理体制与一般性的行政管理体制的区域划分无必然联系。

（二）我国海关的组织机构

海关组织机构的设置为海关总署、直属海关和隶属海关三级。隶属海关由直属海关领导，向直属海关负责；直属海关由海关总署领导，向海关总署负责。

1. 海关总署

海关总署是国务院的直属机构，在国务院领导下统一管理全国海关机构、人员编制、经费物资和各项海关业务，是海关系统的最高领导部门。海关总署下设广东分署，在上海和天津设立特派员办事处，作为其派出机构。海关总署的基本任务是在国务院领导下，领导和组织全国海关正确贯彻实施《海关法》和国家的有关政策、行政法规，积极发挥依法行政、为国把关的职能。

2. 直属海关

直属海关是指直接由海关总署领导，负责管理一定区域范围内海关业务的海关。

目前，直属海关共有 42 个，另外还有 2 所海关院校（上海海关学院和中国海关管理干部学院），分布在全国 31 个省、自治区、直辖市。直属海关就本关区内的海关事务独立行使职权，向海关总署负责。直属海关承担着在关区内组织开展海关各项业务和关区集中审单作业，全面有效地贯彻执行海关各项政策、法律、行政法规、管理制度和作业规范的重要职责，在海关三级业务职能管理中发挥着承上启下的作用。

3. 隶属海关

隶属海关是指由直属海关领导，负责办理具体海关业务的海关，是海关进出境监督管理职能的基本执行单位。我国目前现有的隶属海关共有 636 个，一般都设在口岸和海关业务集中的地点。

知识拓展 1-3

4. 海关缉私警察机构

海关总署、公安部联合组建缉私局，设在海关总署。缉私局既是海关总署的一个内设局，又是公安部的一个序列局，实行海关总署和公安部双重领导，以海关领导为主的管理体制。海关总署缉私局下辖广东分署缉私局、各直属海关缉私局，各直属海关缉私局下辖隶属海关缉私分局。

知识拓展 1-4

工作子任务 1-2　走进报关

任务描述

在认识和了解了海关之后，王一川确实感受到海关在保障贸易安全方面具有重要作用，这进一步激发了他想了解海关是怎样办理出入境货物的相关手续，以及出入境货物的货主应怎样与海关配合做好相关出入境工作。让我们继续同王一川去了解报关的相关知识吧！

知识准备

一、报关的含义

报关是指进出境运输工具负责人、进出口货物收发货人、进出境物品的所有人或者他们的代理人向海关办理运输工具、货物、物品进出境手续及相关海关事务的过程。

《海关法》规定："进出境运输工具、货物、物品，必须通过设立海关的地点进境或出境。"因此，通过设立海关的地点进出境并办理规定的海关手续是运输工具、货物、物品进出境的基本规则，也是进出境运输工具负责人、进出口货物收发货人、进出境物品的所有人或者他们的代理人应履行的一项基本义务。

知识链接

在进出境活动中，我们经常使用"通关"这一概念。通关与报关既有联系又有区别。通关是指进出境运输工具负责人、进出口货物收发货人、进出境物品的所有人或者他们的代理人向海关办理报关对象进出境手续，海关对其提交的单证和进出境申请书依法进行审核、查验、征缴税费、批量进出境放行的全过程。两者都是针对运输工具、货物、物品的进出境而言的，但报关是从海关行政管理相对人的角度来说的，仅指向海关办理进出境手续及相关手续，而通关不仅包括海关行政管理相对人向海关办理有关手续，还包括海关依法对进出境运输工具、货物、物品进行监督管理，核准其进出境的管理过程。

生活中也常常使用"清关"这一概念，清关即结关，是指进出口或转运货物出入一国关境时，依照各项法律、行政法规和合同的规定应当履行的手续。清关是指货物办结了海关手续，海关不再监管（货物的监管不仅限于码头海关监管区域）。货物在办理结关期间，不论是进口、出口或转运，都处在海关监管之下，不准自由流通。整个报关流程不仅包括狭义的通关，还包括结关。

另外，在货物进出境过程中，有时还需要办理报检手续。报检也称报验，一般是指进出口货物收发货人或其代理人按照法律、行政法规和合同的规定或根据需要向海关或其他进出口商品检验检疫机构申请办理检验、检疫、鉴定工作手续，是进出口商品检验检疫工作的一个环节。

二、报关的分类

（一）按照报关目的分类，可分为出口报关和进口报关

1. 出口报关

出口报关是指发货人或其代理人向海关申报出口货物的详细情况的行为。海关据以审查，合格后放行，准予出口。一般出口报关程序主要包含申报、查验、征税、放行4个步骤。

2. 进口报关

进口报关是指收货人或其代理人向海关申报进口手续和缴纳进口税的法律行为。海关根据报关人的申报，依法进行验关。经海关查验无误后，才能放行。进口报关可分为一般监管方式进口和保税方式进口。报关方式不同，报关步骤差别很大。

（二）按照报关对象分类，可分为运输工具报关、货物报关和物品报关

海关对于不同的报关对象有不同的监管要求，所以分为不同的报关类型。

（1）运输工具报关手续比较简单，作为货物、人员及其携带物品的进出境载体（如轮船、火车、飞机、汽车等运输工具）涉及我国关境的进出行为，必须对运输工具进行申报。这一类报关主要是向海关交验随附的反映运输工具进出境合法的及运载货物、物品合法的相关清单、证件等单证。

（2）货物报关手续较为复杂，分为进境商品货物报关和出境商品货物报关。因为货物用途多样及国家管制政策不同等，不同货物的报关规范都不尽相同，甚至相同货物其适用的报关规范也不一致。

（3）物品报关较为简单，是指对个人携带或特殊机构申请携带进出境的行李物品、生活物品、邮寄进出境的物品进行报关的活动。物品的基本特征是非贸易用、自用、合理数量，涉及个人行李包裹。

（三）按报关活动的实施者分类，可分为自理报关和代理报关

1. 自理报关

自理报关是进出口货物收发货人自行办理报关业务的行为。根据我国海关目前的规

定，进出口货物收发货人必须依法向海关注册登记后方能自行办理报关业务。

2. 代理报关

代理报关是指接受进出口货物收发货人的委托，代理其办理报关业务的行为。我国《海关法》把有权接受他人委托办理报关业务的企业称为报关企业。报关企业必须依法取得报关企业注册登记许可并向海关注册登记后方能从事代理报关业务。

根据代理报关法律行为责任承担者的不同，代理报关又分为直接代理和间接代理两种。

（1）直接代理。直接代理是指代理报关企业以委托人的名义（报关单中的"境内收发货人"为委托人）进行报关。我国报关企业大多采取直接代理报关。

（2）间接代理。间接代理是指代理报关企业在进行报关时以自己的名义进行。间接代理只适用于经营快件业务的国际货物运输代理业务。

知识链接

根据相关法律，直接代理报关企业以委托人的名义办理报关业务，需要收发货人向报关企业提供授权委托书。在直接代理中，代理人代理行为的法律后果直接作用于被代理人（委托人）；而在间接代理中，报关企业应当承担与进出口货物收发货人自己报关时所应承担的连带责任。报关代理的属性和法律责任如表1-1所示。

表1-1 报关代理的属性和法律责任

代理方式	行为属性	法律责任
直接代理	委托代理行为	法律后果直接作用于被代理人（委托人），报关企业应承担相应的法律责任
间接代理	视同报关企业自己报关	法律后果直接作用于代理人（报关企业），报关企业应承担进出口货物收发货人自己报关时所应承担的连带责任

（四）按照报关地点分类，可分为口岸报关与属地报关

1. 口岸报关

口岸报关是指报关单位在货物的实际进出境口岸海关报关。

2. 属地报关

属地报关是指在报关单位的企业注册地直属关区内办理报关手续。

目前，海关通关便利化改革实施的"属地申报，口岸验放"是指企业在所在地直属关区内报关，进出境地海关验放货物。另外，当进出口货物收发货人为高级认证企业，且报关企业为一般信用类及以上企业时，为进出口货物办理报关，可以实施"属地申报，属地放行"的通关模式。

三、报关的形式

（一）有纸报关与无纸报关

1. 有纸报关

有纸报关须先在海关系统进行报关数据申报，再凭海关要求的报关文件去海关柜面交单；须现场在海关系统内人工放行，凭海关加盖验讫章的报关文件才可提/送货。

2. 无纸报关

无纸报关只需在海关系统申报，海关可直接在系统内放行单证，放行后报关单位会收到系统回执（无纸化进/出口查验/放行通知书）。

有纸报关与无纸报关的法律效力相同，但无纸报关自动化操作程度高、通关速度快、成本低，是现在普遍采用的报关形式。

（二）口岸报关与一体化报关

1. 口岸报关

口岸报关是指报关单位在货物的实际进出境口岸海关报关。

2. 一体化报关

一体化报关是指全国通关一体化改革后，报关单位可以自主选择申报海关，按一体化模式报关。在一体化报关模式下，全国海关如同一关，可实现属地申报、口岸验放。

（三）逐票报关与集中报关

1. 逐票报关

逐票报关是指每一批货物进出境时都要填制报关单并向海关报关。

2. 集中报关

集中报关是指境内收发货人在经过备案后，在同一口岸多批次进出口规定范围内的货物，先以清单的形式申报货物进出口，再在规定的期限内用报关单集中办理海关手续的特殊通关方式。

（四）提前报关与运抵报关

1. 提前报关

提前报关是指先报关，后将货物运抵海关监管区域。

2. 运抵报关

运抵报关是指先将货物运抵海关监管区域，后报关。

四、报关的内容

（一）进出境运输工具报关的基本内容

根据《海关法》规定，所有进出我国关境的运输工具必须经由设立海关的港口、车站、机场、国界孔道、国际邮件互换局及其他可办理海关监管业务的场所申报进出境。

进出境运输工具申报的内容如下：运输工具进出境的时间、航次；运输工具进出境时所载货物情况；运输工具工作人员名单及其自用物品、货币等情况；运输工具所载旅客情况；运输工具所载邮递物品、行李物品情况；其他需要向海关申报的情况。

（二）进出境货物报关的基本内容

进出境货物的报关业务包括：按照规定填制报关单，如实申报进出口货物的商品编码、实际成交价格、原产地及相应的优惠贸易协定代码，并办理提交报关单证等与申报有关的事宜；申请办理缴纳税费和退税、补税事宜；申请办理加工贸易合同备案、变更和核销及保税监管等事宜；申请办理进出口货物减税、免税等事宜；办理进出口货物的查验、结关等事宜；办理应当由报关单位办理的其他事宜。

（三）进出境物品报关的基本内容

海关监管的进出境物品包括行李物品、邮递物品和其他物品，三者的报关要求有所不同。《海关法》规定："个人携带进出境的行李物品、邮寄进出境的物品，应当以自用、合理数量为限，并接受海关监管。"所谓自用、合理数量，对行李物品来说，"自用"指的是进出境旅客本人自用、非贸易用、馈赠亲友而非为出售或出租；"合理数量"是指海关根据进出境旅客旅行目的和居留时间所规定的正常数量；邮寄物品，则是指海关对进出境邮寄物品规定的征、免税限制。自用、合理数量原则既是海关对进出境物品监管的基本原则，也是对进出境物品报关的基本要求。

1. 进出境行李物品的报关

当前，世界上大多数国家的海关法律都规定对旅客进出境采用"红绿通道"制度，我国海关也不例外。我国海关规定，进出境旅客在向海关申报时，可以在分别以红色和绿色作为标记的两种通道中进行选择。带有绿色标志的通道为"无申报通道"（又称绿色通道），适用于携带物品在数量和价值上均不超过免税限额，且无国家限制或禁止进出境物品的旅客；带有红色标志的通道为"申报通道"（又称红色通道），适用于携带应向海关申报物品的旅客。对于选择"红色通道"的旅客，必须填写《中华人民共和国海关进出境旅客行李物品申报单》（以下简称申报单）或海关规定的其他申报单证，在进出境地向海关作出书面申报。

绿色通道、红色通道的适用条件如表 1-2 所示。

表 1-2　绿色通道、红色通道的适用条件

通道	适用条件
绿色通道 （无申报通道）	适用于携带物品在数量和价值上均不超过免税限额，且无国家限制或禁止进出境物品的旅客
红色通道 （申报通道）	适用于携带应向海关申报物品的旅客

2. 进出境邮寄物品的报关

进出境邮寄物品的申报方式由其特殊的邮寄运输方式决定。中国是《万国邮政公约》的签约国，根据《万国邮政公约》的规定，进出口邮包必须由寄件人填写"报税单"（小包邮件填写绿色标签），列明所寄物品的名称、价值、数量，向邮包寄达国家的海关申报。进出境邮寄物品的"报税单"和绿色标签随同物品通过邮政企业或快递公司呈递给海关。

3. 进出境其他物品的报关

进出境其他物品主要包括暂时免税进出境物品、享有外交特权与豁免的外国机构或者人员携带的进出境物品等。

个人携带的暂时免税进出境物品须由物品携带者在进境或出境时向海关作出书面申报，并经海关批准登记，方可免税携带进出境，而且应由本人复带出境或进境。

享有外交特权与豁免的外国机构或者人员进出境携带的公用、自用物品应当以海关核准的直接需用数量为限。使馆和使馆人员因特殊需要携运中国政府禁止或者限制进出境物品进出境的，应当事先获得中国政府有关主管部门的批准。

五、全国通关一体化改革

全国通关一体化是以"中国国际贸易单一窗口"平台为依托，以"三互"大通关为机制化保障，跨地区、跨层级、跨部门的高水平通关协作，是实现国家口岸治理体系和治理能力现代化的重要举措。简单地说，通关一体化就是"多地通关，如同一关"，被称为"改革开放以来海关最具革命性的变革"。在实际业务中，进出口企业在一个城市，但是货物的进出口地可能在另外一个城市，原来海关的分布是按照属地划分的，一个地方的海关自身是一个独立的监管体系，现在通关一体化后，企业可以自主地选择申报、纳税、验放地点和通关模式，以往需要在多关办理的手续可以在一个海关办理，进一步简化手续。例如，一个在西安生产手机的厂商，需要从韩国进口一些零配件，原本的流程是将零配件海运到青岛港，先在青岛办理转关，先再通过铁路运到西安。现在货物到达青岛港后，厂商可以在西安海关报关、缴税，经过审定后放行指令可直接传到青岛海关，场站直接抬杆，货物被直接放行，如此省去了企业 20%~30% 的通关成本。通关"高速路"的打通，将最大限度地使企业受惠，企业可以自主选择口岸、通关模式和查验地点。

2017年7月1日起全国海关采用通关一体化管理模式，企业可以选择任意海关完成报关、缴税等海关手续。2017年7月1日起全国海关采用通关一体化管理模式，企业可以选择任意海关完成报关、缴税等海关手续，实现申报更自由、手续更简便、通关更顺畅。

（一）通关一体化的管理要点

通关一体化改革的主要标志是"两中心、三制度"，即设立海关风险防控中心和税收征管中心，实施"一次申报、分步处置"，改革税收征管方式，通过隶属海关功能化建设推动实现协同监管。

1. 海关风险防控中心

海关风险防控中心主要承担货物的安全准入风险防控工作；负责供应链企业的风险评估；负责报关单安全准入风险参数设置及后续处置。海关总署在各直属海关设立二级风险防控中心。两级风险防控中心分别负责全域性和本关区安全准入风险防控，形成错位分工、协同叠加的工作格局。

2. 税收征管中心

税收征管中心设立了3个，即海关总署税管中心（上海）、海关总署税管中心（广州）、海关总署税管中心（京津）。海关总署税管中心（上海）负责机电大类（机电、仪器仪表、交通工具类等）商品，海关总署税管中心（广州）负责化工大类（化工原料、高分子、能源、矿产、金属类等）商品，海关总署税管中心（京津）负责农林、食品、药品、轻工、杂项、纺织类及航空器等商品。

税收征管中心的主要职责是按照商品和行业分工，对涉税申报要素的准确性进行验证和处置，重点防控涉及归类、价格、原产地等税收征管要素的税收风险。

3. 一次申报、分步处置

"一次申报、分步处置"改变了海关现行接受申报、审单、查验、征税、放行的"串联式"作业流程，是基于舱单提前传输，通过风险防控局、税收征管局对舱单、报关单风险甄别和业务现场处置作业环节的前推后移，在企业完成报关和税款自报自缴手续后，安全准入风险主要在口岸通关现场处置、税收风险主要在货物放行后处置的新型通关管理模式。

在"分步处置"模式下，第一步，风险防控中心分析货物是否存在禁限管制，侵权，品名、规格、数量伪报瞒报等安全准入风险并下达布控指令，由现场查验人员实施查验。对于存在重大税收风险且放行后难以有效稽（核）查或追补税的，由税收征管中心实施货物放行前的税收征管要素风险排查处置；需要在放行前验核有关单证，留存相关单证、图像等资料的，由现场验估岗进行放行前处置；需要实施实货验估的，由现场查验人员根据实货验估指令要求实施放行前实货验估处置。货物经风险处置后符合放行条件的可予放行。第二步，税收征管中心在货物放行后对报关单税收征管要素实施批量审核，筛选风险目标，统筹实施放行后的验估、稽（核）查等作业。

"一次申报、分步处置"管理模式如表1-3所示。

表1-3 "一次申报、分步处置"管理模式

通关阶段	实施主体	操作内容
企业一次申报	申报企业	申报、自主缴税或担保
海关第一步（放行前）	风险防控中心、口岸海关（通关监管）	货物准入审查
海关第二步（放行后）	税收征管中心、属地海关（后续稽查）	税收征管审查

4. 改革税收征管方式

税收征管方式的主要改革是实行"自报自缴"。目前，企业可在办理海关预录入时自行选择是否"自报自缴"。企业未选择"自报自缴"模式的，进口货物仍按原有税收征管模式办理。

改革前的征税作业模式是海关接受企业申报后审核涉税要素，组织验估、查验等作业，企业按海关审核的税费缴纳后，海关放行货物。实行"自报自缴"后，征税作业模式变为企业应当如实、规范填报报关单各项目，利用"中国国际贸易单一窗口"平台的海关计税（费）服务工具计算应缴纳的税费，并对系统显示的税费计算结果进行确认；企业在收到海关通关系统发送的回执后，自行办理相关税费缴纳手续。货物放行后，海关根据风险分析对进出口企业、单位申报的价格、归类、原产地等税收征管要素进行抽查审核；必要时，海关实施放行前的税收要素审核。

5. 隶属海关功能化建设

对隶属海关进行功能化建设，让不同的海关承担不同的任务，分别进行相关业务的处理，口岸型海关主要负责对货物进行通关现场监管，属地型海关主要负责对企业进行后续的稽查和信用管理，形成不同海关协同监管。

此外，实施隶属海关功能化改造，全国海关各现场设立综合业务岗、现场验估岗，使海关所有业务现场可以像银行网点一样，"一窗通办"所有海关业务。

（二）通关一体化的优点

通关一体化使企业申报便利，可以选择任意地点报关，消除了申报的关区限制；同时让全国通关的政策和规定在执行标准上更加一致，使得通关效率大大提高，简化了口岸通关环节的手续，压缩了口岸通关的时间。

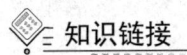

属地报关与通关一体化的区别

1. 主体不同

（1）属地报关：指进出口货物装船出运前，向海关申报。

（2）通关一体化：企业在一个城市，但是货物的进出口可能在另外一个城市，原来

海关的分布是按照属地划分的，一个地方的海关自身是一个独立的监管体系。

2. 作用不同

（1）属地报关：凡是进出国境的货物，必须经由设有海关的港口、车站、国际航空站，并由货物所有人向海关申报，经过海关放行后，货物才可提取或者装运出口。

（2）通关一体化：实现区域通关一体化后，企业可以自主选择申报、纳税、验放的地点和通关模式，以往需要在多关办理的手续可以在一个海关办理，进一步简化手续。

3. 特点不同

（1）属地报关：报关涉及的对象可分为进出境运输工具、货物和物品三大类。

（2）通关一体化：在全国范围内推进区域通关一体化，用政府权力的减法，换取市场活力的乘法，让进出口企业有更多的益处。

知识拓展 1-5

（三）关检融合整合申报

关检融合是国家将出入境检验检疫管理职能和队伍划入海关总署，实现报关和报检的融合。关检融合的总体思路是"两变两不变"。"两变"：一是执法内容拓宽，海关将检验检疫作业融入全国通关一体化整体框架和流程，在"两中心"与现场作业各岗位、各环节整合检验检疫工作职责与内容，实现"整合申报""查检合一""多查合一"；二是管理手段延伸，海关将管理进一步延伸至进出境商品的境外和境内生产加工、存放、使用单位管理等环节。"两不变"：一是业务架构不变，保持全国通关一体化"中心现场式"基本架构；二是作业流程不变，保持"一次申报、分步处置"的基本流程。

按照海关总署统一部署，从 2018 年 8 月 1 日起，海关进出口货物实行整合申报，报关单、报检单合并为一张报关单。此次整合申报项目是关检业务融合标志性的改革举措，将改变企业原有报关流程和作业模式，实现报关报检"一张大表"货物申报。整合申报项目主要是对海关原报关单申报项目和检验检疫原报检单申报项目进行梳理，报关报检面向企业端整合形成"四个一"，即"一张报关单、一套随附单证、一组参数代码、一个申报系统"。

1. 整合原报关、报检申报项目

按照"依法依规、去繁就简"原则，对海关原报关单和检验检疫原报检单申报项目进行梳理整合，通过合并共有项、删除极少使用项，将原报关、报检合计 229 个货物申报项目精简到 105 个，大幅减少企业申报项目。

2. 原报关单、报检单整合成一张报关单

整合后的新版报关单以原报关单中的 48 个项目为基础，增加部分原报检内容，形成具有 56 个项目的新报关单。此次整合对进出口货物报关单和进出境货物备案清单布局结构进行优化，版式由竖版改为横版，与国际推荐的报关单样式更加接近，纸质单证全部采用普通打印方式，取消套打，不再印制空白格式单证。修改后的进出口货物报关单和进出境货物备案清单格式自 2018 年 8 月 1 日起启用，原报关单、备案清单同时废止，原出入境货物报检单同时停止使用。

3. 原报关、报检单据单证整合为一套随附单证

整合简化申报随附单证，对企业原报关、报检所需随附单证进行梳理，整理随附单证类别代码及申报要求，整合原报关、报检重复提交的随附单据和相关单证，形成统一的随附单证申报规范。

4. 原报关、报检参数整合为一组参数代码

对原报关、报检项目涉及的参数代码进行梳理，参照国际标准，实现现有参数代码的标准化。梳理并整合后，统一了 8 个原报关、报检共有项的代码，包括国别（地区）代码、港口代码、币制代码、运输方式代码、监管方式代码、计量单位代码、包装种类代码、集装箱规格代码。

5. 原报关、报检申报系统整合为一个申报系统

在申报项目整合的基础上，对原报关、报检的申报系统进行整合，形成一个统一的申报系统。新系统按照整合申报内容对原有报关、报检的申报数据项、参数、随附单据等进行了调整。

关检融合重点变化如表 1-4 所示。

表 1-4 关检融合重点变化

变化事项	变化内容	实施前	实施后
业务	境外收发货人	不做要求	鼓励填写
	境内收发货人	没有强制要求同时具备收发货人和检验检疫自理报检资质	必须同时具备收发货人和检验检疫自理报检资质
	申报企业	没有强制要求报关、报检资质	必须同时具备报关、报检资质
填制	数据元	报关报检共 229 项数据元，报关基本申报项 48 个	报关、报检共 105 项数据元，报关基本申报项 48 个
	企业代码	分别填写海关备案号和检验检疫备案号	优先按照统一社会信用代码填报
	商品编码	10 位海关商品编码	10 位海关商品编码+3 位检验检疫编码
	集装箱商品项号关系	无须填写	填写
	关检关联号	关检报关单和报检单	关检合一，不需要关联
随附单据	上传方式	分别上传	统一上传
	上传格式	报关支持 PDF，报检支持多种格式	只支持 PDF
打印方式	打印项目	按照报关单 48 项打印，商品信息 8 项	新报关单含检疫项目共 56 项，商品信息 6 项
	打印方式	套打	A4 纸打印，第二页开始无表头信息
	打印版式	竖版	横版
	打印内容	右上角打印条形码	右上角同时打印二维码和条形码

（四）两步申报、两段准入

1. "一次申报"模式

"一次申报"即传统的申报模式，是指企业将全部申报数据一次性发送给海关审核，海关放行后，企业可以提离货物，同时可以销售或使用货物。

2. "两步申报"模式

海关自2020年1月1日起全面推广"两步申报"改革。推广"两步申报"改革的同时保留现有"一次申报"模式，企业可自行选择一种模式进行申报。

在"两步申报"模式下，企业发送报关数据分两步进行：概要申报+完整申报。第一步，企业概要申报，申报后经海关同意便可提离货物；第二步，企业自运输工具申报进境之日起14日内完成完整申报并被准予销售或使用。

适用"两步申报"需要同时满足下列条件：
① 境内收发货人的信用等级是一般信用及以上；
② 涉及的监管证件已实现联网核查（见海关总署公告2019年第127号附件2）。

对于应税货物，企业须提前向注册地直属海关关税职能部门提交税收担保备案申请，担保额度可根据企业税款缴纳情况循环使用。

3. "两段准入"模式

2020年12月22日，海关总署全面推广"两段准入"信息化监管。

知识拓展1-6

"两段准入"是指海关以进境货物准予提离口岸海关监管作业场所（场地）为界，分段实施"是否允许货物入境"（第一段监管）和"是否允许货物进入国内市场销售或使用"（第二段监管）两类准入监管的监管作业方式。

"第一段准入"是指进口货物提离口岸海关监管区前，海关对有检疫、查验等要求的货物实施口岸检查，确定"是否允许货物入境"。

"第二段准入"是指进口货物提离口岸海关监管区后，海关对有检验要求的货物实施目的地检查，确定"是否允许货物进入国内市场销售或使用"。

 知识链接

两步申报、两段准入的区别和联系

两步申报与两段准入这两种模式的实施，都可以为企业带来进口货物更快提离、通关效率提高、仓储成本降低的好处。

从字面意思上理解，"两步申报"是进口申报过程中的一种申报方式，而"两段准入"是海关在监管作业时的分类管理。

从流程上来看，企业可以同时采取这两种模式进行通关申报，当然，前提是符合这两种模式的要求。在"两步申报"模式下，概要申报对应的是"准许入境"监管（第一段），完整申报对应的是"合格入市"监管（第二段）。

工作项目一　走进跨境电商关务

工作任务二　认识跨境电商通关

学习目标

※【知识目标】

1. 知晓出入境货物通关程序。
2. 理解跨境电商进出口海关监管的方式。
3. 知晓跨境电商物流监管的基本情况。
4. 辨析跨境电商通关基本模式。

※【技能目标】

1. 能够根据实际情况选择出入境申报时间和地点。
2. 能够根据实际情况选择跨境电商通关基本模式。

※【素质目标】

1. 结合行业规范与标准，提高分析问题的能力，形成认真、严谨的工作作风，进一步提升基本职业认知和职业道德操守。
2. 具备较强的责任意识和沟通能力。
3. 具有团队精神和与人合作的能力。
4. 具有一定的敬业精神，养成理解并配合海关开展通关相关工作的工作习惯。

思维导图

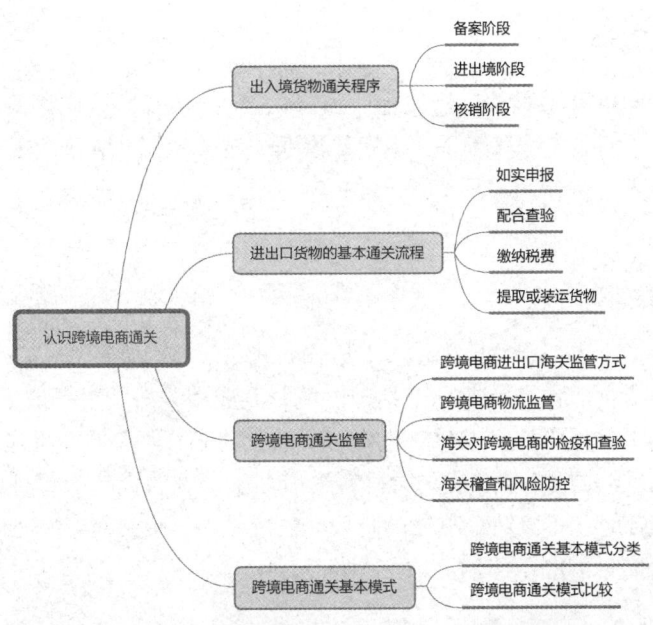

25

进口价格申报不实被海关处罚

2023年7月10日，境内收货人某化学品经营有限责任公司（以下简称A公司）委托某报关有限公司（以下简称B报关公司）以一般贸易方式向N海关申报进口一票货物，报关单号为×××××0231019946827，申报品名不含硫镍圆饼，申报数量为60000千克，申报单价为20.69美元，申报CIF总价为124.14万美元。经查，上述货物实际单价为22.69美元，实际CIF总价为136.14万美元。B报关公司员工因工作疏忽，未按照A公司已准确提供的单证资料进行申报，A公司在后期审核报关数据过程中也存在工作疏忽，最终导致申报价格与实际不符，影响国家税款征收。经核定，上述货物完税价格计人民币977.42万元，漏缴税款计人民币12.17万元。

由于A公司、B报关公司对上述申报不实均有过错，需结合其过错程度分别承担相应的法律责任。

综合上述，依照《中华人民共和国行政处罚法》第三十二条第（五）项、《中华人民共和国海关办理行政处罚案件程序规定》第五十八条第二款、《中华人民共和国海关行政处罚实施条例》第十五条第（四）项、第十七条、第五十二条之规定，N海关决定对当事人作出如下行政处罚：科处罚款人民币24000元（其中，对B报关公司科处罚款人民币18000元，对A公司科处罚款人民币6000元）。

工作子任务2-1　出入境货物通关程序

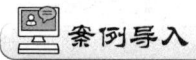

任务描述

王一川从新闻中看到海关对相关企业和报关单位的处罚通知，意识到通关工作的严谨性，他想先从了解通关程序入手，逐步掌握通关相关知识。请帮助王一川一起查找资料，大致了解出入境货物通关程序。

知识准备

通关程序是指进出口货物收发货人、运输负责人、货物所有人或其代理人按照海关的规定依法办理货物、物品及运输工具进出境及完成相关海关事务的手续和步骤。

对于某些加工贸易原材料或暂时进出境货物的进口，海关要求事先备案，应该有一个前期办理备案手续的阶段；而某些原材料进口加工得到的成品或暂时进出境货物的出口，应该有一个后期办理核销等手续的阶段。也就是说，通关程序按时间顺序可以分为3个阶段：备案阶段、进出境阶段、核销阶段。

一、备案阶段

备案阶段是指根据海关对保税货物、特定减免税货物、暂准进出境货物、其他进出境货物的监管要求,进出口货物收发货人或其代理人在货物进出境之前,向海关办理备案手续的过程。

1. 保税货物

进出口货物收货人或其代理人应当办理加工贸易备案手续,申请建立加工贸易电子账册或者申领加工贸易纸质手册。

2. 特定减免税货物

进口货物收货人或其代理人应当办理企业的减免税申请和申领减免税证明手续。

3. 暂准进出境货物

暂准进出境货物中的展览品在实际进境之前,进境货物收货人或其代理人应当办理展览品进境备案申请手续。

4. 其他进出境货物

其他进出境货物中的出料加工货物实际出境之前,出境货物发货人或其代理人应当办理出料加工的备案手续。

知识链接

海关监管货物是指所有进出境货物,包括海关监管时限内的进出口货物、过境货物、转运货物、通运货物,特定减免税货物,以及暂准进出口货物、保税货物和其他尚未办结海关手续的进出境货物。

按照货物进出境的目的划分,海关监管货物可以分成五大类。

(1)一般进出口货物,是指从境外进口,办结海关手续直接进入国内生产或流通领域的进口货物,以及按国内商品申报,办结出口手续到境外消费的出口货物。

(2)保税货物,是指经海关批准未办理纳税手续而进境,在境内储存、加工、装配后复运出境的货物。此类货物又分为保税加工货物和保税物流货物。

(3)特定减免税货物,是指经海关依据有关法律准予免税进口的用于特定地区、特定企业,以及有特定用途的货物。

(4)暂准进出境货物,是指经海关批准,凭担保进境或出境,在境内或境外使用后,原状复运进境或出境的货物。

(5)其他进出境货物,是指由境外启运,途径中国境内继续运往境外的货物,以及其他尚未办结海关手续的进出境货物。

二、进出境阶段

进出境阶段是指根据海关对进出境货物的监管制度,进出口货物收发货人或其代理人在一般进出口货物、保税加工货物、保税物流货物、特定减免税货物、暂准进出境货物、其他进出境货物进出境时向海关办理如实申报、配合查验、缴纳税费、提取或装运货物手续的过程。

三、核销阶段

核销阶段是指根据海关对保税货物、特定减免税货物、暂准进出境货物、部分其他进出境货物的监管要求，进出口货物收发货人或其代理人在货物进出境储存、加工、装配、使用、维修后，在规定的期限内，按照规定的要求，向海关办理上述进出口货物核销、销案、申请解除监管等手续的过程。

1. 保税货物

对于保税货物，无论是保税加工货物还是保税物流货物，进口货物收发货人或其代理人应当在规定期限内办理申请核销的手续。

2. 特定减免税货物

对于特定减免税货物，进口货物收发货人或其代理人应当在海关监管期满，或者在海关监管期内经海关批准出售、转让、退运、放弃并办妥有关手续后，向海关申请办理解除海关监管的手续。

3. 暂准进出境货物

对于暂时进境货物，收货人或其代理人应当在暂时进境规定期限内，或者在经海关批准延长暂时进境期限到期前，办理复运出境手续或正式进口手续，然后申请办理销案手续；对于暂时出境货物，发货人或其代理人应当在暂时出境规定期限内，或者在经海关批准延长暂时出境期限到期前，办理复运进境手续或正式出口手续，然后申请办理销案手续。

4. 其他进出境货物

对于其他进出境货物中的出料加工货物、修理货物、部分租赁货物等，进出境货物收发货人或其代理人应当在规定的期限内办理销案手续。

进出口海关监管货物的通关程序对比如表1-5所示。

表1-5 进出口海关监管货物的通关程序对比

货物类型	备案阶段	进出境阶段	核销阶段
一般进出口货物	—	1.进出口申报 2.配合查验 3.缴纳税款（海关照章征税、免税、减税） 4.提运货物（海关放行）	—
保税货物	加工贸易备案和申领价格贸易登记手册		保税货物的核销结关
特定减免税货物	特定减免税货物备案登记和申领征免税证明		特定减免税货物的销案及解除监管
暂准进出境货物	暂准进出境货物的备案申请		暂准进出境货物销案及解除监管

工作项目一　走进跨境电商关务

工作子任务 2-2　进出口货物的基本通关流程

任务描述

王一川在大致明确了通关程序后,想进一步了解货物出入境的通关流程,以及作为货主或报关单位应该在整个通关过程中做好哪些准备工作,货主或报关单位应该如何与海关配合,使通关过程更加快速、高效。请帮助王一川一起查找资料,了解进出口货物的基本通关流程。

知识准备

进出口货物的基本通关流程由 4 个环节构成,即如实申报、配合查验、缴纳税费、提取或装运货物。

一、如实申报

申报是指进出口货物收发货人、受委托的报关企业,依照《海关法》及有关法律、行政法规的要求,在规定的期限、地点,采用电子数据报关单,向海关报告实际进出口货物的情况,并接受海关审核的行为。特定类型的货物或在特定情形下,除电子数据报关单外,进出口货物收发货人、受委托的报关企业还可能需要提供纸质文件,以便于海关进行实物核查和档案存档。

进口货物应当由收货人或其代理人在货物的进境地海关申报。出口货物应当由发货人或其代理人在货物的出境地海关申报。

经收发货人申请,海关同意,进口货物的收货人或其代理人可以在设有海关的货物指运地申报。出口货物的发货人或其代理人可以在设有海关的货物启运地申报。

申报进口保税、特定减免税或暂准进境的货物,当出现需要改变原有用途,从而改变商品性质为一般进口时,进口货物的收货人或其代理人应当在货物所在地的主管海关申报。

进出口的申报期限有以下规定。

(1)进出口货物的收发货人、受委托的报关企业应当自运输工具申报进境之日起 14 日内向海关申报。

(2)进口转关运输货物的收货人、受委托的报关企业应当自运输工具申报进境之日起 14 日内向进境地海关办理转关运输手续,有关货物应当自运抵指运地之日起 14 日内向指运地海关申报。

(3)出口货物的发货人、受委托的报关企业,除海关特准外,还应当在货物运抵海关监管区后装货的 24 小时前,向海关申报。

知识链接

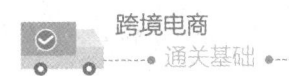

如何确定申报日期

申报日期是指申报数据被海关接受的日期。无论是以电子数据报关单形式申报还是以纸质报关单形式申报，海关都以接受申报数据的日期作为申报日期。

1. 基本规定

以电子数据报关单形式申报的，申报日期为海关通关作业系统接受申报数据时记录的日期，该日期将反馈给报关数据发送单位，或公布于海关业务现场，或通过公共信息系统发布。以纸质报关单形式申报的，申报日期为海关接受纸质报关单并对报关单进行登记处理的日期。

2. 几种特殊情况申报日期的确定原则

原则一：电子数据报关单经过海关系统检查被退回的，视为海关不接受申报，进出口货物的收发货人、受委托的报关企业应当按照要求修改后重新申报，申报日期为海关接受重新申报的日期。

原则二：海关系统已接受申报的电子数据报关单，经人工审核后，需要对部分申报内容进行修改的，进出口货物收发货人、受委托的报关企业应当按照海关规定进行修改并重新发送，申报日期仍为海关原接受申报的日期。

原则三：海关审结电子数据报关单后，进出口货物收发货人、受委托的报关企业未在规定的期限或核准的期限内递交纸质报关单的，海关删除电子数据报关单，收发货人或报关企业应当重新申报，申报日期为海关接受重新申报的日期。

知识拓展 1-7

二、配合查验

1. 海关查验

海关查验是指海关为确定进出口货物收发货人向海关申报的内容是否与进出口货物的真实情况相符，或者为确定商品的归类、价格、原产地等，依法对进出口货物进行实际核查的执法行为。

海关通过查验，可以检查报关单位是否伪报、瞒报、申报不实，同时也为海关的征税、统计、后续管理提供可靠的资料。

查验应当在海关监管区内实施。因货物易受温度、静电、粉尘等因素的影响，不宜在海关监管区内实施查验，或者因为其他特殊原因，需要在海关监管区外查验的，经进出口货物收发货人或其代理人书面申请，海关可以派工作人员到海关监管区外实施查验。

知识链接

海关查验的时间

为了提高效率、维护当事人的合法权利，目前我国各地海关都对查验时限作出了规定。例如，深圳海关规定查验人员自开箱检查开始，每箱次正常查验时限为：彻底查验的情况在 3 小时以内；抽查的情况在 2 小时以内；外形查验的情况在 1 小时以内。这里需注意的是，如果货物有涉嫌走私、违规等异常情况，查验时间就要视情况而定。以上时限是货物已经调运到查验作业区并开箱后的查验时间，不是从通知到查验完毕的全部时间。

2. 查验方式

海关实施查验可以彻底查验，也可以抽查。彻底查验是指对一票货物逐件拆开包装并验核货物实际状况。抽查是指按照一定比例有选择地验核一票货物中的部分货物的实际状况。

查验操作分为人工查验和设备查验。

（1）人工查验，包括外形查验、开箱查验。外形查验是指对外部特征直观、易于判断基本属性的货物的包装、运输标志和外观等状况进行验核。开箱查验是指将货物从集装箱、货柜车箱等箱体中取出并拆除外包装后，对货物实际状况进行验核。

（2）设备查验，是指利用技术检查设备对货物的实际状况进行验核。

海关可以根据货物的实际状况和实际执法需要，确定具体的查验方式。

当海关决定查验时，应将查验的决定以书面的形式通知进出口货物收发货人或其代理人，约定查验时间。一般查验时间约定在海关正常工作时间内。

在一些进出口业务繁忙的口岸，海关也可接受进出口货物收发货人或其代理人的请求，在海关正常工作时间以外安排实施查验。

对于危险品或者鲜活、易腐、易烂、易失效、易变质等不宜长期保存的货物，以及因其他特殊情况需要"紧急验放"的货物，经进出口货物收发货人或其代理人申请，海关可以优先安排实施查验。

3. 复验

海关可以对已查验货物进行复验。有下列情形之一的，海关可以复验。

（1）经初次查验未能查明货物的真实属性，需要对已查验货物的某些性状做进一步确认的。

（2）货物涉嫌走私违规，需要重新查验的。

（3）进出口货物收发货人对海关查验结论有异议，提出复验要求并经海关同意的。

（4）其他海关认为必要的情形。

已经参加过查验的查验人员不得参加对同一票货物的复验。

4. 径行开验

径行开验是指海关在进出口货物收发货人或其代理人不在场的情况下，对进出口货物进行开拆包装查验。

有下列情形之一的，海关可以径行开验。

（1）进出口货物有违法嫌疑的。

（2）经海关通知查验，进出口货物收发货人或其代理人届时未到场的。

海关径行开验时，存放货物的海关监管场所经营人、运输工具负责人应当到场协助，并在查验记录上签名确认。

5. 到场配合海关查验

海关查验货物时，进出口货物收发货人或其代理人应当到场，配合海关查验。

知识链接

企业如何配合海关查验

1. 整齐堆放货物

货物应尽量堆放整齐，如果一个货柜中有多个品种货物，最好分区摆放，把相同品种的货物放在一起，以便海关抽查。

2. 备好资料并及时到场

海关通知查验后，货主应及时备齐有助于说明货物品名、规格、数量、价值等情况的资料，如装箱单、提单、备案合同、发票等，并在规定时间内赶到海关查验区配合查验。货主及时将这些资料提供给海关，对缩短货物查验时间、减少双方意见分歧非常有利，对于一些不宜直接开拆的货物也能及时向海关解释，以免损失。由于一些进出口企业所在地离海关查验区较远，所需资料难以及时送达，所以最好在通关时由代理人携带，当海关要求查验时就能及时提供。

3. 收货前检验

企业往往通过传真、电子邮件或电话与外商商谈进出口业务，对进出口货物最多仅是看过样品。而进口商品经过多个环节，远涉千山万水到达我国口岸时，有时其规格、数量、重量、性质等情况与原来合同规定的不一致，这时如果企业仍依照原来合同的规格、数量等向海关申报就会出现单货不符的情况。这种情况被海关查验发现后会遭受处罚。实际上，《海关法》是允许货主在申报前查看货物或者提取货样的。因此，货主可根据实际情况行使这项权利。如果货主对进口货物的情况不放心，可以先验看货物再申报。否则，等到海关查验时发现货物存在问题就为时已晚了。

4. 及时更新知识产权备案

近年来，海关对知识产权的保护力度越来越大，知识产权方面的案件纠纷也越来越多。多地海关在查验过程中，确定进出口货物是否涉嫌侵权某品牌时，一般通过海关内部网络上的知识产权备案库来核查该品牌权利人是否授权给货主。若已授权则没有问题，若发现未授权则要通过海关法规部门联系权利人核实情况。由于贸易情况千变万化，不少权利人没有及时向海关申请更新授权企业名单，从而导致纠纷产生和通关延误。因此，拥有受海关保护的知识产权权利人应及时申请更新授权企业资料。

5. 守法是最好的配合

各地海关推出了不少有助于加快通关、加快查验的优惠措施，如加急通关、预约通关等，还推出了"属地报关，口岸验放"的快速通关模式。但是，这些快速通关措施往往只适用于高信用企业，不是所有企业都适用。因此，企业要想享有海关提供的优惠通关措施，降低查验的概率和简化查验过程，最好的方法就是严格遵守海关相关法律、行政法规，争取成为高信用企业。这是对海关工作最好的配合，也是自身发展国际贸易最好的保障。

三、缴纳税费

征税是指海关根据国家的有关政策、行政法规对进出口货物征收关税及进口环节的税费。在征税环节,海关作出的征税决定,对纳税义务人具有强制性。因此,纳税义务人必须按时缴纳,不得拖延。海关开具税款缴款书和收费票据后,进出口货物收发货人或其代理人在规定时间内,持缴款书或收费票据向指定银行办理税费交付手续,然后报请海关办理货物放行手续。

进出口税款的计算公式如下。

$$进出口税款=完税价格×相关税率$$

从计算公式可知,完税价格的确定和适用的相关税率是计算进出口税款的关键。

知识拓展 1-8

四、提取或装运货物

1. 海关进出境现场放行和货物结关

(1)海关进出境现场放行。这是指海关接受进出口货物的申报、审核电子数据报关单和纸质报关单及随附单证、查验货物、征免税费或接受担保以后,对进出口货物作出结束海关进出境现场监管决定,允许进出口货物离开海关监管现场的工作环节。

海关进出境现场放行一般由海关在进口货物提货凭证或出口货物装货凭证上加盖海关放行章。进出口货物收发货人或其代理人签收进口提货凭证或者出口装货凭证,凭此提取进口货物或将出口货物装运到运输工具上离境。

(2)货物结关。货物结关是进出境货物办结海关手续的简称。进出境货物的收发货人或其代理人向海关办理完所有的海关手续,履行了法律规定的与进出口有关的一切义务,办结海关手续后,海关不再对进出境货物进行监管。

知识链接

海关进出境现场放行

海关进出境现场放行有以下两种情况。

(1)货物已经结关,对于一般进出口货物,放行时进出口货物收发货人或其代理人已经办理了所有海关手续,因此海关进出境现场放行等于结关。

(2)货物尚未结关,对于保税货物、特定减免税货物、暂准进出境货物、部分其他进出境货物,放行时进出境货物的收发货人或其代理人并未全部办完所有的海关手续,海关在一定期限内还需进行监管,因此该类货物的海关进出境现场放行不等于结关。

2. 提取货物或装运货物

进口货物收货人或其代理人签收海关加盖海关放行章戳记的进口提货凭证(提单、运单、提货单等),凭进口提货凭证到货物进境地的港区、机场、车站、邮局等地的海关监管仓库办理提取进口货物的手续。

出口货物发货人或其代理人签收海关加盖海关放行章戳记的出口装货凭证（运单、装货单、场站收据等），凭出口装货凭证到货物出境地的港区、机场、车站、邮局等地的海关监管仓库，办理将货物装上运输工具离境的手续。

工作子任务 2-3　跨境电商通关监管

任务描述

在了解了报关程序和通关流程后，王一川意识到出入境货物是需要接受海关监管的，那么，海关还有针对跨境电商货物的其他监管要求吗？请帮助王一川一起查找资料，了解海关对跨境电商通关监管的各项相关规定。

知识准备

电子商务企业或个人通过经海关认可并且与海关联网的电子商务交易平台实现跨境交易进出境货物、物品的，按照《关于跨境贸易电子商务进出境货物、物品有关监督事宜的公告》接受海关监管。

一、跨境电商进出口海关监管方式

监管代码是海关的监管方式代码，由于进出口货物在不同贸易方式下的海关监管、征税、统计作业的要求不尽相同，为满足海关管理要求，在海关报关单中设置海关监管方式代码字段加以区分。目前，出口跨境电商监管方式代码有 9610、1210、1239、9710、9810，代表 5 种不同的贸易方式。

1. 代码9610

代码 9610 全称"跨境贸易电子商务"，简称"电子商务"。该监管方式适用于境内个人或电子商务企业通过电子商务交易平台实现交易，并采用"清单核放、汇总申报"模式办理通关手续的电子商务零售进出口商品。

简单地说，9610 出口模式是指境内企业通过直邮方式直接将商品送达境外消费者手中的贸易方式。

2. 代码1210

代码 1210 全称"保税跨境贸易电子商务"，简称"保税电商"。该监管方式适用于境内个人或电子商务企业在经海关认可的电子商务平台实现跨境交易，并通过海关特殊监管区域或保税监管场所进出的电子商务零售进出境商品。

1210 模式允许境内电子商务企业将生产的商品存放在海关特殊监管区域或保税监管场所的仓库中。在这种模式下，电子商务企业可以先申请出口退税，再根据境外消费者的订单从仓库直接发货至境外消费者手中。

3. 代码1239

代码1239全称"保税跨境贸易电子商务A"，简称"保税电商A"。与1210监管方式相比，1239监管方式适用于境内电子商务企业通过海关特殊监管区域或保税物流中心（B型）一线进境的跨境电子商务零售进口商品。

4. 代码9710

代码9710全称"跨境电子商务企业对企业直接出口"，简称"跨境电商B2B直接出口"。该监管方式适用于境内企业通过跨境电商平台与境外企业达成交易后，通过跨境物流将货物直接出口至境外企业。9610模式、9710模式都是指境内企业直接发货至境外购买人手中，区别就是9610模式是企业至个人的B2C模式，而9710模式则是企业至企业的B2B模式，所以一般9710模式的货量和货值更高。

5. 代码9810

代码9810全称"跨境电子商务企业对企业出口海外仓"，简称"跨境电商B2B出口海外仓"。该监管方式适用于境内企业先将货物通过跨境物流出口至海外仓，通过跨境电商平台实现交易后从海外仓送达境外购买者手中。

9810模式与1210模式的区别在于，1210模式的仓库建在国内海关特殊监管区域或保税监管场所，而9810模式的仓库建在海外地区。

知识链接

海外仓相关知识

1. 海外仓的含义

海外仓是跨境电商出口卖家为提升订单交付能力而在国外接近买家的地区设立的仓储物流节点，通常具有境外货物储存、流通加工、本地配送，以及售后服务等功能。

2. 海外仓的优点

① 降低物流成本。从海外仓发货，物流成本低于从中国境内发货的物流成本。

② 提高物流效率。从海外仓发货，可以节省报关、清关所用的时间，大大缩短了运输时间，提高了物流效率。

③ 提高产品曝光率。进口国的客户购物时，一般会优先选择当地发货的商家，这样可以大大缩短收货时间。

④ 提升客户满意度。运输过程中可能会出现货物破损、短装、发错货物等情况，客户要求退货、换货、重发等情况，在海外仓内便可调整，大大提升了客户满意度。

3. 海外仓的缺点

① 需要支付海外仓储费，国家不同，仓储成本费用不同，所以卖家一定要计算好成本费用。

② 海外仓储要求卖家有一定的库存量，一些特别定制的产品就不适合选择海外仓

储销售。

  ③ 海外仓滞销库存难以处理，通过合适的渠道销售是一个大难题。
  ④ 设立海外仓要面对当地政策、社会环境及文化差异等本土化挑战。

二、跨境电商物流监管

  （1）跨境电子商务零售进出口商品监管作业场所必须符合海关相关规定。跨境电子商务监管作业场所经营人、仓储企业应当建立符合海关监管要求的计算机管理系统，并按照海关要求交换电子数据。

  （2）跨境电子商务零售进出口商品的查验、放行均应当在监管场所内实施。

  （3）海关实施查验时，跨境电子商务企业或其代理人、跨境电子商务监管作业场所经营人、仓储企业应当按照有关规定提供便利，配合海关查验。

  （4）电子商务企业或其代理人、物流企业、监管场所经营人、仓储企业发现涉嫌违规或走私行为的，应当及时主动报告海关。

三、海关对跨境电商的检疫和查验

  海关对跨境电子商务零售进出口商品及其装载容器、包装物按照相关法律法规实施检疫，并根据相关规定实施必要的监管措施。对须在进境口岸实施的检疫及检疫处理工作，应在完成后方可运至跨境电子商务监管作业场所。

  海关实施查验时，跨境电子商务企业或其代理人、跨境电子商务监管作业场所经营人、仓储企业应当按照有关规定提供便利，配合海关查验。

四、海关稽查和风险防控

  在海关注册登记的跨境电子商务企业及其境内代理人、跨境电子商务平台企业、支付企业、物流企业等应当接受海关稽（核）查。

  跨境电子商务企业及其代理人、跨境电子商务平台企业应建立商品质量安全等风险防控机制，加强对商品质量安全及虚假交易、二次销售等非正常交易行为的监控，并采取相应处置措施。消费者（订购人）对于已购买的跨境电子商务零售进口商品不得再次销售。

  跨境电子商务企业不得进出口涉及危害口岸公共卫生安全、生物安全、进出口食品和商品安全、侵犯知识产权的商品及其他禁限商品，同时应当建立健全商品溯源机制并承担质量安全主体责任。鼓励跨境电子商务平台企业建立并完善进出口商品安全自律监管体系。海关对跨境电子商务零售进口商品实施质量安全风险监测，责令相关企业对不合格或存在质量安全问题的商品采取风险消减措施，对尚未销售的，按货物实施监管，并依法追究相关经营主体责任；对监测发现的质量安全高风险商品发布风险警示并采取相应管控措施。海关对跨境电子商务零售进口商品在商品销售前按照法律法规实施必要的检疫，并视情形发布风险警示。

跨境电子商务平台企业、跨境电子商务企业或其代理人、物流企业、跨境电子商务监管作业场所经营人、仓储企业发现涉嫌违规或走私行为的，应当及时主动告知海关。涉嫌走私或违反海关监管规定的参与跨境电子商务业务的企业，应配合海关调查，开放交易生产数据或原始记录数据。

海关对参与制造或传输虚假交易、支付、物流"三单"信息，为二次销售提供便利，未尽责审核消费者（订购人）身份信息真实性等，导致出现个人身份信息或年度购买额度被盗用、进行二次销售及其他违反海关监管规定情况的企业依法进行处罚。对涉嫌走私或违规的，由海关依法处理；构成犯罪的，依法追究刑事责任。对利用其他公民身份信息非法从事跨境电子商务零售进口业务的，海关按走私违规处理，并按违法利用公民信息的有关法律规定移交相关部门处理。对不涉嫌走私违规、首次发现的，进行约谈或暂停业务责令整改；再次发现的，一定时期内不允许其从事跨境电子商务零售进口业务，并交由其他行业主管部门按规定实施查处。

工作子任务 2-4　跨境电商通关基本模式

任务描述

王一川在师傅介绍下得知跨境电商行业发展非常迅猛，新型的交易方式也在不断发展，国家根据跨境电商的迅猛发展态势出台了专门针对跨境电商的通关模式。师傅让王一川上网查找资料，熟悉一下各种通关模式。请和王一川一起熟悉跨境电商通关的各种模式。

知识准备

一、跨境电商通关基本模式分类

一般贸易式通关是跨境电商早期发展的常用方式，与传统货物的通关模式类似，清关后可在关内较为灵活地处置。消费者在线下渠道购买并提货的进口商品、网购的中文包装的进口商品和带中文白标的外文包装进口商品、用普通运输车辆异地运输的批发货物等，通常是以一般贸易形式进口的。一般贸易式通关方式通常需要繁复的许可、备案、注册等前置手续，进口税费等成本也较高。

随着跨境电商的不断发展，海关对不同种类跨境电商采取不同监管方式，跨境电商的通关模式也就发生了变化，分为适用于跨境 B2C 的 9610 模式、1210 模式、1239 模式，适用于跨境 B2B 的 9710 模式，以及适用于 B2B2C 的 9810 模式。

除跨境电商 B2C 业务和 B2B 业务的通关模式外，个人从境外海淘代购的商品也可以通过邮政、国际快递的渠道运送入境，这种通关模式被称为行邮模式，适用于跨境 C2C 业务。

> **知识链接**

B2B、B2C、C2C、B2B2C 的含义

B2B（Business to Business）是一种企业与企业之间通过互联网进行产品、服务及信息交换的营销模式。

B2C（Business to Consumer）是电子商务的一种模式，是企业直接面向消费者销售产品和服务的商业零售模式。

C2C（Consumer to Consumer），电子商务的专业用语，是指个人与个人之间的交易活动。

B2B2C 是一种新的网络营销方式，是英文"Business to Business to Consumer"的简称。第一个字母"B"指广义的卖方，即成品、半成品、材料提供商等。第二个字母"B"指交易平台，即提供卖方与买方的联系平台，同时提供优质的附加服务。第三个字母"C"指买方。B2B2C 是 B2B、B2C 模式的演变和完善，把 B2B 和 B2C 完美地结合起来。采用 B2B2C 模式的电子商务企业可以构建自己的物流供应链系统，提供统一的服务。B2B2C 把"供应商→生产商→经销商→消费者"各个产业链紧密连接在一起。

> **知识链接**

根据海关总署《关于启用新快件通关系统相关事宜的公告》和《关于升级新版快件通关管理系统相关事宜的公告》总结的快件分类如表1-6所示。

表1-6 快件分类

比较项目	A 类快件	B 类快件	C 类快件
内容分类	无商业价值的文件、单证、票据和资料	境内收寄件人（自然人）收取或者交寄的个人自用物品	价值在 5000 元人民币（不包括运、保、杂费等）及以下的货物，但符合以下条件之一的除外： （1）涉及许可证件管制的。 （2）需要办理出口退税、出口收汇或者进口付汇的。 （3）一般贸易监管方式下依法应当进行检验检疫的。 （4）货样广告品监管方式下依法应当进行口岸检疫的
报关材料	快件运营人应当向海关提交 A 类快件报关单、总运单(复印件)和海关需要的其他单证	快件运营人应当向海关提交 B 类快件报关单、每一进出境快件的分运单、进境快件收件人或出境快件发件人身份证影印件和海关需要的其他单证	快件运营人应当向海关提交 C 类快件报关单、代理报关委托书或者委托报关协议、每一进出境快件的分运单、发票和海关需要的其他单证，并按照进出境货物规定缴纳税款
申报时限	自运输工具申报进境之日起 14 日内		

跨境电商进出口物流方式对比，如表1-7所示。

表 1-7　跨境电商进出口物流方式对比

比较项目	万国邮联		商业快件	国际专线	海外仓
	邮政小包	EMS			
运费	最便宜	相对其他商业快件低	最贵	相对较低	一般
速度	最慢	一般	最快	快	灵活
运输网络	运输网络覆盖广，得益于国家邮政建设		网络覆盖不及邮政系统	仅限特定区域	本土配送可灵活选择
通关情况	通关局特殊快速通关渠道能力强，享邮件互换局特殊快速通关渠道		无特殊通关渠道，需逐件过检，货值 800 美元以下的货物无须缴纳关税	多以一般货物贸易清关	批量货物清关，可能部分商品落入加征关税清单
适用对象	价值小、时效无要求的轻小物品	时效有一定要求的贵重物品	时效要求高的贵重物品	可集中通关的货物和量大的物品	商家针对市场需求大量备货的货物

因此，跨境电商业务的通关模式可以概括为 B2C、B2B、C2C 这 3 种基本模式。企业或个人从事跨境电商业务时在决定采用什么样的通关模式前，应先核实企业的跨境电商业务的类型或个人进出境物品的背景，再根据海关公布的针对跨境电商业务的监管方式来考虑。

二、跨境电商通关模式比较

1. 业务类型比较

从业务类型来看，跨境电商业务及对应的通关模式包括 B2C、B2B 和 C2C 这 3 种基本模式，其中 B2C、B2B 模式有海关监管方式代码，C2C 模式不设海关监管方式代码。

2. 商品流动方向比较

从商品流动方向来看，跨境电商业务包括出口和进口两种业务，其中出口业务涉及 B2C 业务和 B2B 业务，相应的通关模式也分为 B2C 和 B2B 两种；进口业务涉及 B2C 业务和 C2C 业务。跨境电商通关模式商品流动方向比较如表 1-8 所示。

表 1-8　跨境电商通关模式商品流动方向比较

业务类型	出口通关模式	进口通关模式
B2C	9610、1210	9610、1210、1239
B2B	9710（B2B）、9810（B2B2C）	—
C2C	—	行邮

3. 跨境电商 B2C 模式比较

（1）跨境电商零售出口通关模式比较（见表 1-9）。跨境电商零售出口通关模式包括 9610 模式和 1210 模式两种，目前主要以 9610 模式为主。

表 1-9　跨境电商零售出口通关模式比较

比较项目	9610 模式（出口）	1210 模式（出口）
海关监管场所	海关指定的监管作业场所（按照快递类或邮递类海关监管作业场所规范设置）	在试点城市的特殊监管区域或保税物流中心（B 型）开展
出境前的暂存地点	销售后商品运往海关监管作业场所（报关后即刻放行）	商品先运至特殊监管区域或保税物流中心（B 型）储存，存放时间长
物流模式	先国外消费者下单，再报关放行出境	商品先运至特殊区域，国外消费者下单后，再报关放行出境

（2）跨境电商零售进口通关模式比较（见表 1-10）。跨境电商零售进口通关模式包括 9610 模式、1210 模式和 1239 模式 3 种，目前主要以 1210 模式为主。

表 1-10　跨境电商零售进口通关模式比较

比较项目	9610 模式（进口）	1210 模式（进口）	1239 模式（进口）
海关监管场所	海关指定的监管作业场所（按照快递类或邮递类海关监管作业场所规范设置）	在试点城市的特殊监管区域或保税物流中心（B 型）开展	在试点城市之外的特殊监管区域或保税物流中心（B 型）开展
入境后的暂存地点	在海关监管作业场所内暂存（报关后即刻放行）	商品进口后，作为保税货物储存在特殊监管区域或保税物流中心（B 型），存放时间长	
物流模式	先国内消费者下单，后国外发货入境、报关放行后派送，时效相对较慢	先入境备货，国内消费者下单、报关放行后再派送，时效快	
商品首次进口要求	按个人自用进境物品监管，不执行有关商品首次进口许可批件、注册或备案要求	执行有关商品首次进口许可批件、注册或备案要求	

4. 跨境电商 9610 模式与行邮模式比较

9610 模式与行邮模式均适合个人从境外购买合理数量的自用商品，通关时效为 5～8 个工作日。跨境电商 9610 模式与行邮模式的区别如表 1-11 所示。

表 1-11　跨境电商 9610 模式与行邮模式的区别

比较项目	9610 模式	行邮模式
商品白名单要求	正面清单范围内（国家禁止邮递入境的除外）	无（国家禁止邮递入境的除外）
个人购买限额	每年 26000 元，单笔少于 5000 元	年度无限额，单笔少于 1000 元（港澳台地区单笔少于 800 元）

续表

比较项目	9610 模式	行邮模式
征收税费	征收跨境电商税费，无免征额	征收行邮税，申报价值在 50 元及以下
申报	"四单"信息（支付、物流、订单和清单）	入境快件申报清单或入境邮件信息

5. 跨境电商 9710 模式与 9810 模式比较

新增 9710/9810 监管方式是为了进一步促进我国跨境电商出口业务的发展。海关出台的通关便利政策主要包括报关全程信息化、新增清单申报通道、综试区 6 位 HS 编码简化申报查验优先安排等。9710/9810 模式之下的报关模式有清单申报模式和报关单申报模式。跨境电商 9710 模式与 9810 模式的区别如表 1-12 所示。

表 1-12 跨境电商 9710 模式与 9810 模式的区别

比较项目	9710 模式	9810 模式
适用范围	适用于跨境电商 B2B 直接出口的货物	适用于跨境电商出口海外仓的货物

知识闯关

知识拓展 1-9

一、单项选择题（共 10 题）

1. 我国海关的四项基本任务除了监管、征税、统计，还包括（　　）。
   A．查验　　　B．审单　　　C．缉私　　　D．认证
2. 宁波海关查获一批化工废物，属于国家禁止进口的固体废物，这是海关在履行（　　）职能。
   A．监管　　　B．征税　　　C．缉私　　　D．统计
3. 海关权力作为一种行政权力，除具有一般行政权力的基本特征外，还具有（　　）等特征。
   A．单方性　　B．强制性　　C．无偿性　　D．独立性
4. 依法对特定的进出口货物、物品减征或免征关税是海关的权力之一，这种权力属于（　　）。
   A．行政许可权　　　　　　B．税费征收权
   C．行政裁定权　　　　　　D．行政强制权
5. 海关对于暂准进出境货物，应在收发货人缴纳相当于税款的保证金或者提供其他形式的担保后，方可暂免征收关税。海关的此项权力属于（　　）。
   A．税费征收权　　　　　　B．行政强制权
   C．行政处罚权　　　　　　D．行政审批权

6. 以下（　　）不是进出口货物的基本通关流程。
   A．如实申报　　　　　　　　B．配合查验
   C．缴纳税费　　　　　　　　D．核销外汇

7. 以下不适用于跨境 B2C 通关模式的是（　　）。
   A．9610 模式　　B．9710 模式　　C．1210 模式　　D．1239 模式

8. 海关可以对已查验货物进行复验，下列对海关复验描述错误的是（　　）。
   A．经初次查验未能查明货物的真实属性，须对已查验货物的某些性状做进一步确认的复验
   B．货物涉嫌走私违规，需要重新查验
   C．进出口货物收发货人对海关查验结论有异议，无须经海关同意可直接复验
   D．已经参加过查验的查验人员不得参加对同一票货物的复验

9. 下列对进出口申报描述错误的是（　　）。
   A．进出口货物的收发货人、受委托的报关企业应当自运输工具申报进境之日起 15 日内向海关申报
   B．进口转关运输货物的收货人、受委托的报关企业应当自运输工具申报进境之日起 14 日内向进境地海关办理转关运输手续，有关货物应当自运抵指运地之日起 14 日内向指运地海关申报
   C．出口货物的发货人、受委托的报关企业，除海关特准外，还应当在货物运抵海关监管区后，装货的 24 小时以前向海关申报
   D．申报进口保税、特定减免税或暂准进境的货物，因故需改变使用目的从而改变货物性质为一般进口时，进口货物的收货人或其代理人应当在货物所在地的主管海关申报

10. 关检融合整合申报项目主要是对海关原报关单申报项目和检验检疫原报检单申报项目进行梳理，报关报检面向企业端整合形成"四个一"，即（　　）。
    A．一张报关单、一套随附单证、一组参数代码、一个申报系统
    B．一次申报、一套随附单证、一组参数代码、一个申报系统
    C．一张报关单、一套随附单证、一种格式、一个申报系统
    D．一次申报、一套随附单证、一组格式、一个申报系统

二、是非判断题（共 5 题）

（　　）1. 直属海关负责办理具体海关业务，是海关进出境监督管理职能的基本执行单位。

（　　）2. 海关总署由商务部领导，向商务部负责。

（　　）3. 通关一体化改革的主要标志是"两中心、三制度"。

（　　）4. 在一些进出口业务繁忙的口岸，海关可接受进出口货物收发货人或其代理人的请求，在海关正常工作时间以外安排实施查验。

（　　）5. C2C 行邮模式不设海关监管方式代码。

能力实训

1．中国公民入境时应如何向中国海关申报携带的随身物品？
2．通关一体化改革给我国出入境管理带来的便利有哪些？
3．阅读材料并回答问题。

2022年1月8日，100台机电设备被国际远洋运输船舶运抵宁波港。货物到港后，该船向宁波海关申报进境。从该船向海关递交的载货清单来看，该批货物的收货人为绍兴机械制造厂。但是该船申报进境后，收货人迟迟不露面。

2022年4月23日，宁波海关根据载货清单上的地址，向绍兴机械制造厂发出了催报通知，请绍兴机械制造厂于2022年4月28日前向海关办理货物进口报关手续，并说明如逾期不向海关办理报关手续，海关将按《海关法》的规定提取变卖该批货物。2022年5月5日，收货人通过当地政府部门，以无法领取机电产品进口证明为由，向宁波海关提出退运该批货物的申请。由于其提出退货申请的时间超过海关总署规定的退运提出期限，不符合退运条件，宁波海关于5月12日给予答复，不同意退运，并告知收货人"海关决定提取拍卖该批货物"。受海关委托，一通公物拍卖行定于2022年4月22日举行该批货物的公开拍卖会，拍卖所得价款共计4277万元。

（1）宁波海关是否有权变卖处理该批货物？
（2）绍兴机械制造厂是否有权申领余款？

4．阅读材料并回答问题。

2022年5月6日，上海宏达设备有限公司（中外合资企业，投资总额为130万美元）进口一批设备，委托上海翱翔国际货运代理有限公司办理进口报验、报关。报验时提供的单据和信息均为新设备，而天津海关检验人员检验时发现引进的设备多为二手设备。

上海宏达设备有限公司的做法是否存在不妥之处？

工作项目二　跨境电商参与主体注册登记

工作任务一　海关注册备案登记

学习目标

※【知识目标】

1. 知晓报关单位注册登记的登记条件、申请材料,理解报关单位注册登记办理流程。
2. 辨识跨境电商企业的类型,熟悉跨境电商企业的海关注册备案登记流程。
3. 掌握办理电子口岸IC卡申请的流程,明确跨境电商数据申报所需的业务单证。

※【技能目标】

1. 能够登录"中国国际贸易单一窗口"平台或"互联网+海关"一体化网上办事平台办理报关单位和跨境电商企业的海关注册备案登记手续。
2. 能够办理电子口岸IC卡及跨境电商数据交换用户ID申请,登录通关服务平台按规范要求申报跨境电商数据。

※【素质目标】

1. 具备"诚信守法、崇尚专业、自律规范、务实创新"的报关行业精神,遵守相应的职业规范。
2. 具备如实申报数据的意识,强化责任担当。

思维导图

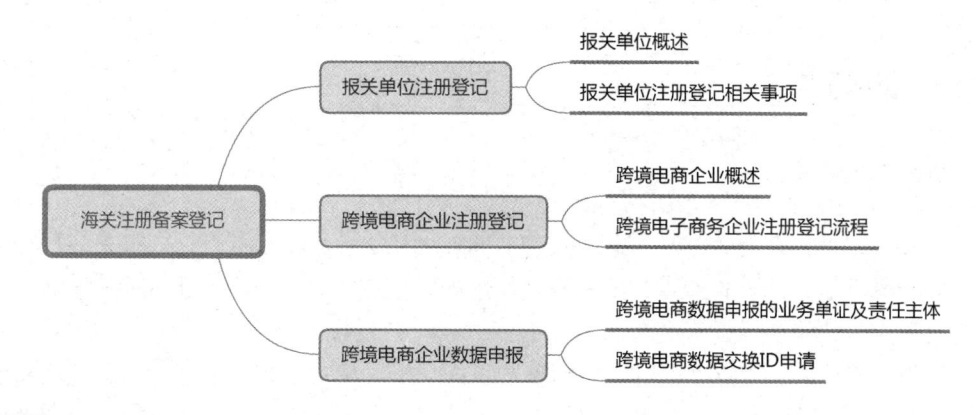

海关注册备案登记
- 报关单位注册登记
  - 报关单位概述
  - 报关单位注册登记相关事项
- 跨境电商企业注册登记
  - 跨境电商企业概述
  - 跨境电子商务企业注册登记流程
- 跨境电商企业数据申报
  - 跨境电商数据申报的业务单证及责任主体
  - 跨境电商数据交换ID申请

案例导入

"许可"改"备案",报关企业注册登记更快更简便

2021年5月27日,浙江明隆国际物流有限公司线上申请后,不到一小时就领到了报关企业备案回执。这是报关企业"许可"改"备案"新政实施以来,杭州海关辖区企业领到的第一份报关企业备案回执。

"报关企业注册登记"是报关企业开展业务的首要环节。根据2021年4月29日发布的第81号主席令,中华人民共和国人民代表大会常务委员会对《海关法》进行了修改,"报关企业注册登记"事项全面取消行政审批并改为备案制,企业只需依法备案即可开展相关业务。从"许可"到"备案",是我国海关深化"放管服"改革、激发市场活力的具体举措,能够有效降低企业的制度性交易成本,进一步优化营商环境。

报关企业注册登记"许可"改"备案制"后,企业办理备案申请的手续大幅精简,并且可以自主选择"中国国际贸易单一窗口""互联网+海关"等多种平台进行提交,无须纸质资料便可实现全程网上办理,企业申请备案真正实现了零成本、零跑腿。

(案例来源:杭州海关发布)

工作子任务1-1 报关单位注册登记

任务描述

王一川入职的百联进出口有限公司的经营范围包括电子商务、国内贸易、从事货物及技术的进出口业务(法律、行政法规、国务院决定规定在登记前须经批准的项目除外),初级农产品、服装、纺织品、针织品、日用百货、电子产品、首饰、工艺品的批发零售。由于百联进出口有限公司总体业务发展不错,所以又在外地成立了一家子公司。王一川的师傅是筹备组成员，他让王一川查一下海关的相关规定，了解新公司应如何向海关申请报关注册登记。

知识准备

一、报关单位概述

报关单位是指在海关注册登记或经海关批准，向海关办理进出口货物报关纳税等海关事务的境内法人或其他组织。报关单位包括进出口货物收发货人和报关企业，其中报关企业分为专业报关企业和代理报关企业。

我国《海关法》规定"进出口货物收发货人、报关企业办理报关手续，必须依法经海关注册登记。报关人员必须依法取得报关资格。未依法经海关注册登记的企业和未依法取得报关从业资格的人员，不得从事报关业务"，以法律的形式明确了对向海关办理进出口货物报关纳税手续的企业实行注册登记管理制度。因此，完成海关报关注册登记手续，具备报关资格是报关单位的主要特征之一。另外，作为报关单位还必须是"境内法人或组织"，能独立承担相应的经济和法律责任，这是报关单位的另一个特征。

知识链接

报关单位的两种类型

1. 进出口货物收发货人

我国的进出口货物收发货人是指依照《中华人民共和国对外贸易法》，向国务院外经贸主管部门或其委托机构办理备案登记，并直接进口或出口有关货物的中华人民共和国关境内的法人、其他组织或个人。简单地说，就是有进出口经营权并对外成交的、依法准予进出口货物的境内法人、其他组织或个人。其主要特征是拥有进出口经营权，经向海关备案登记后，只能为本单位的进出口货物报关。

对于一些未取得对外贸易经营者备案登记表，但按照国家有关规定需要从事非贸易性进出口活动的单位，如境外企业、新闻机构、经贸机构、文化团体等依法在中国境内设立的常驻代表机构，临时接受捐赠、礼品、国际援助的单位，国际船舶代理企业等，在进出口货物时，海关也视其为进出口货物收发货人，并办理相应的临时注册登记手续。我国的进出口货物收发货人主要有贸易型企业、生产型企业、仓储型企业等。这些企业一般都有进出口经营权，进出口货物收发货人经海关注册登记，取得报关资格后，只能为本企业的进出口货物办理报关纳税等事宜。我们称这些报关单位为自理报关企业。

2. 报关企业

报关企业是指按照海关规定向海关申请报关注册登记许可经海关准予注册登记，接受进出口收发货人的委托，以进出口货物收发货人的名义或者以自己的名义，向海关办理代理报关业务、从事报关服务的境内企业法人，属于代理报关类型企业。

目前，我国的报关企业主要有主营报关服务兼营其他有关业务的企业，如各类报关公司或报关行；还有主要经营国际货物运输代理和国际运输工具代理业务同时兼营报关服务的企业，如国际货物运输代理公司、国际运输工具代理公司、国际货物快递运输公司、进出口物流公司等。这些报关企业从事代理报关业务必须经海关批准许可并向海关办理注册登记手续。

二、报关单位注册登记相关事项

根据《中华人民共和国海关报关单位注册登记管理规定》第四条规定："除法律、行政法规或者海关规章另有规定外，办理报关业务的报关单位，应当按照本规定到海关办理注册登记。"

1. 申请注册登记条件

根据两类报关单位的不同性质，海关对其规定了不同的报关注册登记条件。对于报关企业，海关要求企业必须具备以下条件。

（1）境内企业法人资格条件。
（2）法定代表人无走私记录。
（3）无因走私违法行为被海关撤销注册登记许可记录。
（4）有符合从事报关服务所必需的固定经营场所和设施。
（5）海关监管所需要的其他条件。

2. 申请材料

申请报关企业注册登记许可，须提交下列文件材料。
（1）《报关单位情况登记表》，如表2-1和表2-2所示。
（2）企业法人营业执照副本复印件。
（3）报关服务营业场所所有权证明或者使用权证明。
（4）其他与申请注册登记许可相关的材料。
申请人提交复印件的，应当同时向海关交验原件。

知识链接

表 2-1 《报关单位情况登记表》

统一社会信用代码					
经营类别		行政区划		注册海关	
中文名称					
英文名称					

续表

工商注册地址			邮政编码	
英文地址				
其他经营地址				
经济区划			特殊贸易区域	
组织机构类型		经济类型	行业种类	
企业类别		是否为快件运营企业	快递业务经营许可证号	
法定代表人（负责人）		法定代表人（负责人）移动电话	法定代表人（负责人）固定电话	
法定代表人（负责人）身份证件类型		身份证件号码	法定代表人（负责人）电子邮箱	
海关业务联系人		海关业务联系人移动电话	海关业务联系人固定电话	
上级单位统一社会信用代码		与上级单位关系	海关业务联系人电子邮箱	
上级单位名称				
经营范围				
序号	出资者名称	出资国别	出资金额/万	出资金额币制
1				
2				
3				

本单位承诺，我单位对向海关所提交的申请材料以及本表所填报的注册登记信息内容的真实性负责并承担法律责任。

（单位公章）

年　月　日

表2-2　《报关单位情况登记表》

（所属报关人员）

所属报关单位统一社会信用代码				
序号	姓名	身份证件类型	身份证件号码	业务种类
1				□备案　□变更　□注销
2				□备案　□变更　□注销

续表

3				☐备案	☐变更	☐注销
4				☐备案	☐变更	☐注销
5				☐备案	☐变更	☐注销

我单位承诺对本表所填报备案信息内容的真实性和所属报关人员的报关行为负责并承担相应的法律责任。
（单位公章）

年　月　日

报关企业如需要在注册登记许可区域以外从事报关服务，根据《中华人民共和国海关报关单位注册登记管理规定》应当依法设立分支机构，并且向分支机构所在地海关备案。报关企业设立分支机构应当向其分支机构所在地海关提交备案材料：《报关单位情况登记表》、报关企业《中华人民共和国海关报关单位注册登记证书》复印件、分支机构营业执照副本复印件、报关服务营业场所所有权证明复印件或者使用权证明复印件、海关要求提交的其他备案材料。提交复印件的，应当同时向海关交验原件。

知识拓展 2-1

对于进出口货物收发货人，其注册登记条件比报关企业注册登记条件简单。海关可以通过网络共享获取相关规定材料的，申请人无须另行提交。申请资料有《报关单位情况登记表》、营业执照副本复印件、《对外贸易经营者备案登记表》复印件或者外商投资企业（台港澳侨投资企业）批准证书复印件、其他与注册登记有关的文件材料。除海关另有规定外，进出口货物收发货人的《中华人民共和国海关报关单位注册登记证书》长期有效。

3. 注册登记办理流程

（1）申请材料提交。

申请人通过"中国国际贸易单一窗口"标准版平台中的"企业资质"子系统（见图 2-1）或"互联网+海关"平台中的"企业管理"子系统（见图 2-2）填写相关信息，并向海关提交申请。申请提交成功后，企业须到所在地海关企业管理窗口提交申请材料。

（2）所在地海关根据下列情况分别作出处理。

① 申请人不具备报关企业注册登记许可申请资格的，应当作出不予受理的决定。

② 申请材料不齐全或者不符合法定形式的，应当场或者在签收申请材料后 5 日内一次告知申请人需要补正的全部内容，逾期不告知的，自收到申请材料之日起即为受理。

③ 申请材料仅存在文字性或者技术性等可以当场更正错误的，应当允许申请人当场更正，并且由申请人对更正内容予以签章确认。

④ 申请材料齐全、符合法定形式，或者申请人按照海关的要求提交全部补正申请材料的，应当受理报关企业注册登记许可申请，并作出受理决定。

⑤ 申请人的申请符合法定条件的，海关核发《中华人民共和国海关报关单位注册登记证书》。

图 2-1 登录"中国国际贸易单一窗口"平台进行申请

图 2-2 登录"互联网+海关"平台进行申请

报关企业注册登记办理流程如图 2-3 所示。

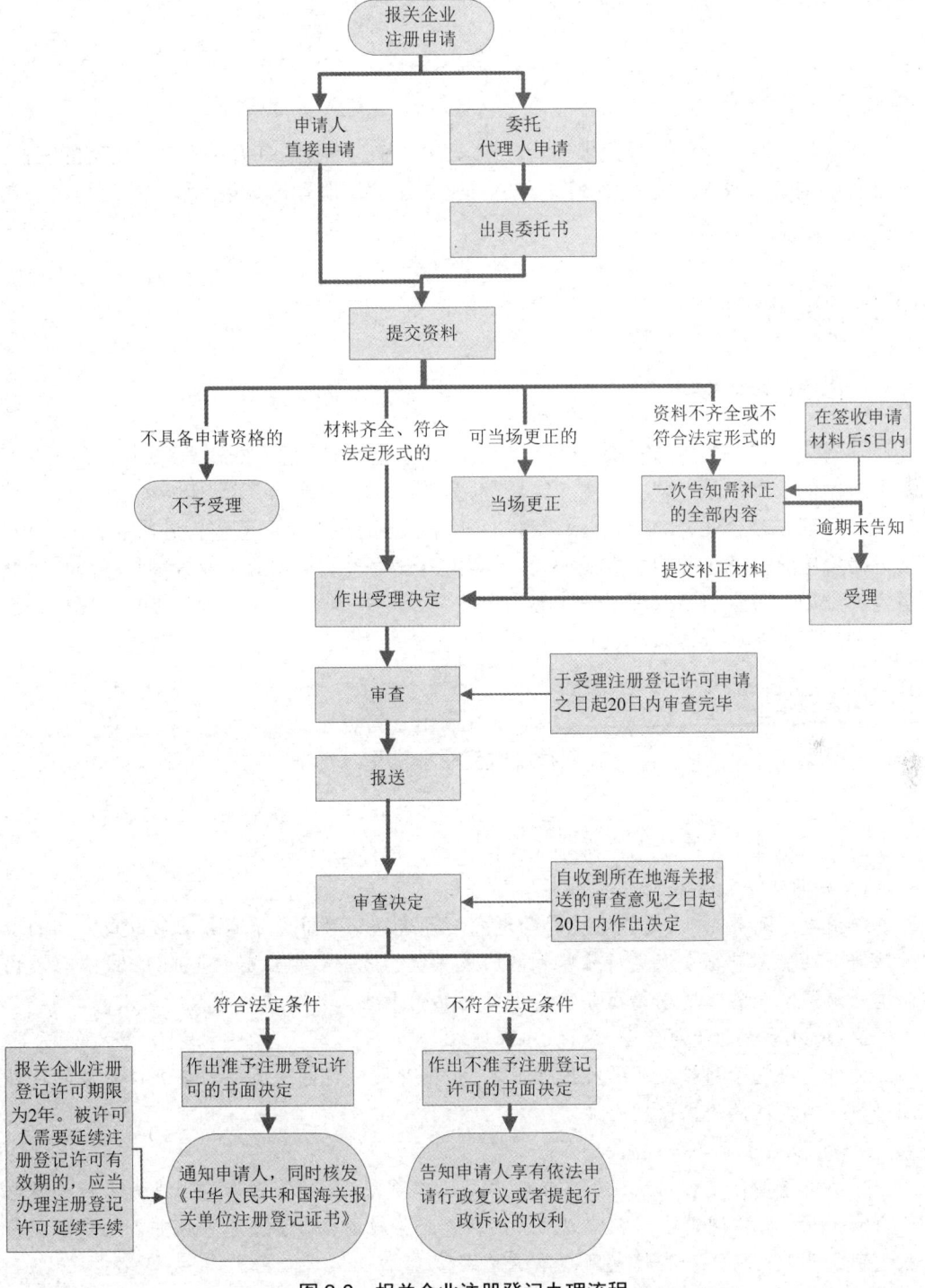

```
                        报关企业
                        注册申请
                           │
              ┌────────────┴────────────┐
              ▼                         ▼
          申请人                       委托
         直接申请                    代理人申请
              │                         │
              │                         ▼
              │                      出具委托书
              │                         │
              └────────────┬────────────┘
                           ▼
                        提交资料
                           │
      ┌──────────┬─────────┼─────────┬──────────────┐
      │          │         │         │              │
  不具备      材料齐全、 可当场      资料不齐全或不   在签收申请
  申请资格的  符合       更正的      符合法定形式的   材料后5日内
      │      法定形式的   │              │              │
      ▼          │        ▼              ▼              │
   不予受理     │     当场更正     一次告知需补正   ◄────┘
      │         │        │         的全部内容
                │        │              │       逾期未告知
                │        │              │              │
                │        │              │              ▼
                │        │        提交补正材料       受理
                ▼        ▼              │              │
              作出受理决定  ◄────────────┴──────────────┘
                   │
                   ▼
                 审查            于受理注册登记许可申请
                   │            之日起20日内审查完毕
                   ▼
                 报送
                   │
                   ▼
               审查决定          自收到所在地海关报
                   │            送的审查意见之日起
        ┌──────────┴──────────┐  20日内作出决定
        ▼                     ▼
   符合法定条件           不符合法定条件
        │                     │
        ▼                     ▼
   作出准予注册许        作出不准予注册许
   可的书面决定          可的书面决定
        │                     │
        ▼                     ▼
  通知申请人,同时核发   告知申请人享有依法申
  《中华人民共和国海关报  请行政复议或者提起行
  关单位注册登记证书》   政诉讼的权利
```

报关企业注册登记许可期限为2年。被许可人需要延续注册登记许可有效期的,应当办理注册登记许可延续手续。

图 2-3　报关企业注册登记办理流程

工作子任务 1-2　跨境电商企业注册登记

任务描述

在了解报关单位注册登记事项后，王一川知道还需要做海关注册登记备案的工作，他准备咨询海关服务热线"12360"，预先向海关了解注册登记备案流程及办理电子口岸IC卡等需要准备的相关事项。

知识准备

一、跨境电商企业概述

随着跨境电商的迅猛发展，不少企业纷纷涉足并开展相关业务。跨境电商企业在海关环节做的第一步是办理电商企业注册登记。纳入海关注册登记范围的参与企业有：跨境电子商务平台企业、物流企业、支付企业等参与跨境电子商务零售进口业务的企业；境外跨境电子商务企业的境内代理人；跨境电子商务企业、物流企业等参与跨境电子商务零售出口业务且需要办理报关业务的企业。对其他参与企业，确有需要的，可以办理无报关权其他企业登记。

> **知识链接**
>
> **跨境电商企业类型**
>
> 目前，跨境电商企业共有5种类型，分别为跨境电子商务企业、境外跨境电子商务企业的境内代理人、跨境电子商务平台企业、支付企业、物流企业。
>
> 1. 跨境电子商务企业
>
> 跨境电子商务企业，是指自境外向境内消费者销售跨境电子商务零售进口商品的境外注册企业（不包括在海关特殊监管区域或保税物流中心内注册的企业），或者自境内向境外消费者销售跨境电子商务零售出口商品的企业，为商品的货权所有人。
>
> 2. 境外跨境电子商务企业的境内代理人
>
> 境外跨境电子商务企业的境内代理人，是指开展跨境电子商务零售进口业务的境外注册企业所委托的境内代理企业。
>
> 3. 跨境电子商务平台企业
>
> 跨境电子商务平台企业，是指在境内办理工商登记，为交易双方（消费者和跨境电子商务企业）提供网页空间、虚拟经营场所、交易规则、信息发布等服务，设立供交易双方独立开展交易活动的信息网络系统的经营者。
>
> 4. 支付企业
>
> 支付企业，是指在境内办理工商登记，接受跨境电子商务平台企业或跨境电子商务企业境内代理人委托，为其提供跨境电子商务零售进口支付服务的银行、非银行支付机

构、银联（中国银联股份有限公司）等。

5. 物流企业

物流企业，是指在境内办理工商登记，接受跨境电子商务平台企业、跨境电子商务企业或其代理人委托，为其提供跨境电子商务零售进出口物流服务的企业。

二、跨境电商企业注册登记流程

纳入海关注册登记的报关企业或进出口货物收发货人，须按照相应类型的申请材料要求及程序办理注册登记手续。未办理注册登记手续的企业在注册登记为报关企业或者进出口货物收发货人的同时备案跨境电商类型，或者通过信息变更作业维护参与企业类型。已办理注册登记手续的企业通过信息变更作业维护参与企业类型。

1. 网上申请

一是在"中国国际贸易单一窗口"标准版平台中填写相关信息，并向海关提交申请。

二是登录"互联网+海关"一体化网上办事平台，点击"企业管理和稽查"模块，进入"企业资质办理"子系统填写相关信息，并向海关提交申请。

以海关进出口货物收发货人在"中国国际贸易单一窗口"平台注册登记备案的流程为例。

（1）登录"中国国际贸易单一窗口"平台。

登录"中国国际贸易单一窗口"平台，点击"标准版应用"→"企业资质"，进入用户登录界面，如图2-4所示。

图2-4 "中国国际贸易单一窗口"平台登录界面

（2）注册用户账号。

① 点击"立即注册",如图 2-5 所示。

图 2-5 "中国国际贸易单一窗口"平台注册界面

② 选择"企业用户注册",如图 2-6 所示。

图 2-6 "企业用户注册"界面

③ 选择"无卡用户",录入相关信息后完成用户账号注册,如图 2-7 所示。

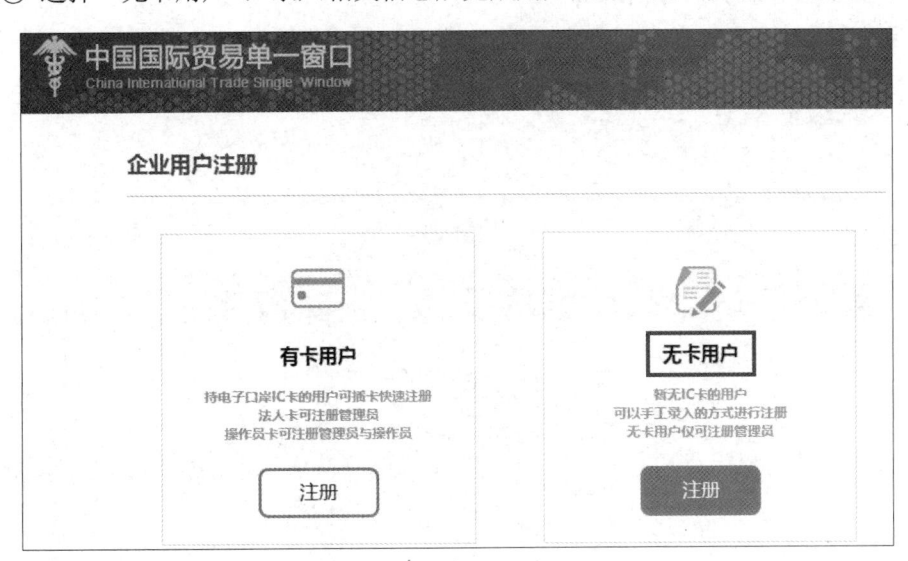

图 2-7 "无卡用户注册"界面

④ 选择"企业基本信息",录入相关信息,带*栏目为必填项,确认无误后点击"下一步",如图 2-8 所示。

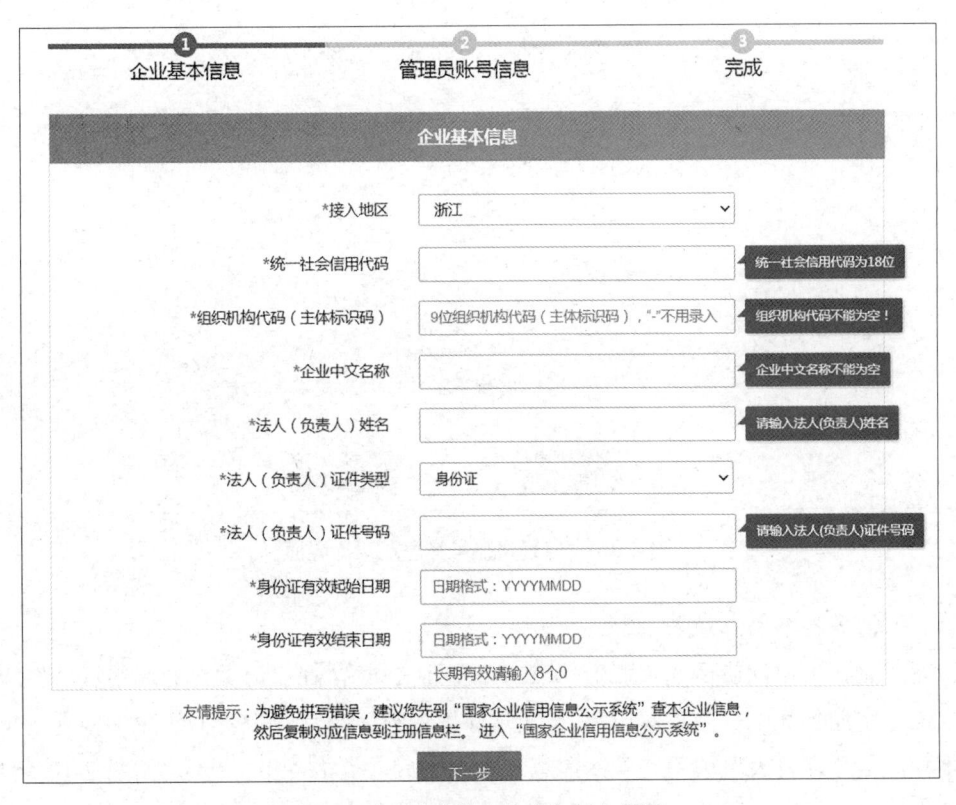

图 2-8 "企业基本信息"录入界面

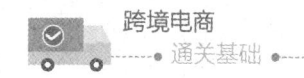

⑤ 进入"管理员账号信息",录入相关信息,完成后,勾选"阅读并同意《中国国际贸易单一窗口用户注册协议》",点击"完成",如图2-9所示。

图2-9 "管理员账号信息"录入界面

(3) 海关备案信息录入。

完成企业用户注册后登录账号,点击"企业资质",在"海关企业通用资质"一栏下点击"企业备案"→"备案申请",出现备案信息表单后,以营业执照为依据,正确选填相关信息,将表单填写完整,信息录入完成后,点击"下一步",如图2-10所示。

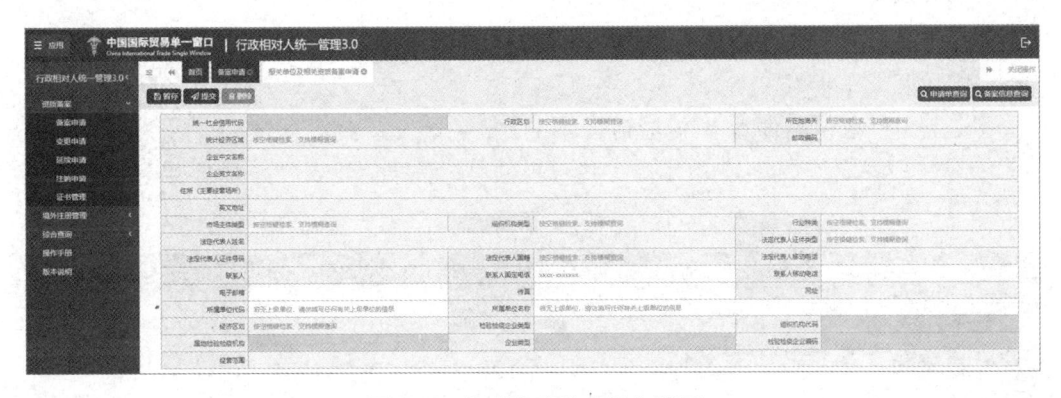

图 2-10 海关备案信息录入界面

（4）填写"投资者信息"。点击"新增"，选择"投资人员类型"后，填写"新增出资者信息-个人"，填写完毕后点击"保存"，再点击"下一步"。"投资者信息"录入界面如图 2-11 所示。"投资者信息"填写完成界面如图 2-12 所示。

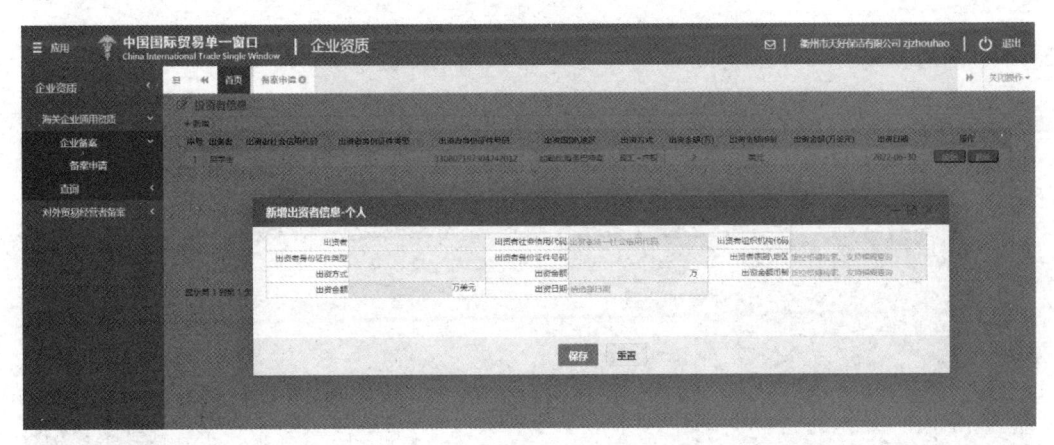

图 2-11 "投资者信息"录入界面

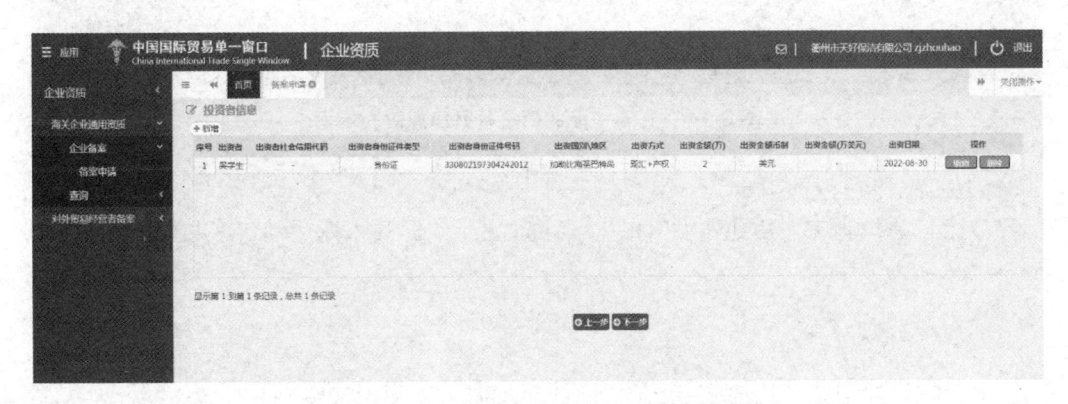

图 2-12 "投资者信息"填写完成界面

其中，出资方式有 001 产权、010 实物、100 现汇等。现汇是指由国外汇入或从国外携入的外币票据，通过转账的形式，汇入个人的银行账户。

（5）若需要申请报关人员备案，则填写相关信息，如无须申请，则点击"下一步"。

（6）点击"上传附件"，上传加盖公章的《报关单位备案信息表》。"上传附件"界面如图2-13所示。上传《报关单位备案信息表》界面如图2-14所示。

知识拓展2-2

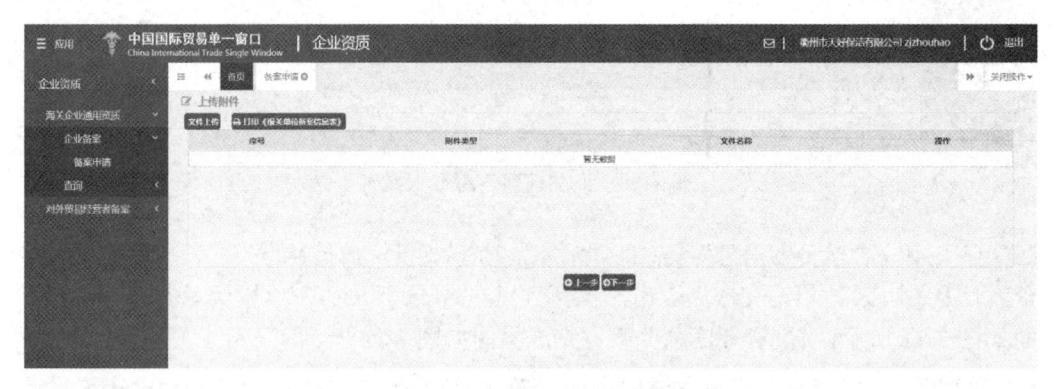

图2-13　"上传附件"界面

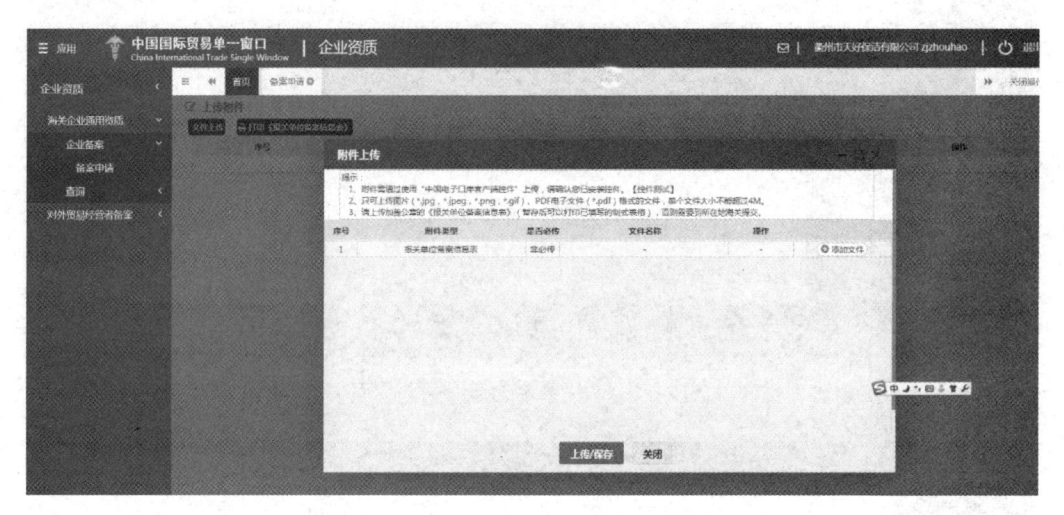

图2-14　上传《报关单位备案信息表》界面

（7）完成网上提交申请。

以上信息填写完毕后点击"申报"，当页面显示"海关入库成功，转人工审核"时，表示已成功提交申请。

2. 办理注册登记

点击"跨境电子商务企业登记"，向注册地海关提交相关资料。

（1）跨境电子商务企业、跨境电子商务平台企业和监管场所经营人提交《报关单位情况登记表》（注：需在"经营范围"一栏中注明"跨境电子商务类型""跨境电子商务网站网址"）。

（2）支付企业提交以下资料。

《报关单位情况登记表》；提供跨境电子商务支付服务的银行机构，需提交银保监会或者原银监会颁发的《中华人民共和国金融许可证》；提供跨境电子商务支付服务的非银行支付机构，需提交中国人民银行颁发的《支付业务许可证》，支付业务范围应包括"互联网支付"。

（3）物流企业提交以下资料。

《报关单位情况登记表》；国家邮政管理部门颁发的《快递业务经营许可证》；从事直购进口相关物流业务的物流企业必须提供在海关备案为进出境快件运营人相关资料。

（4）其他确有需要的参与企业，可办理无报关权其他企业登记并提交《跨境电商信息登记表》，如表2-3所示。

除《报关单位情况登记表》《跨境电商信息登记表》以外，海关还可以通过网络共享或互联网查询的方式获取上述规定资料的信息，可直接打印相关查询页面并留存，无须企业另行提交。企业对海关查询结果有异议的，海关可要求企业提供有关资质证书复印件，并予以留存。

表2-3 《跨境电商信息登记表》

统一社会信用代码					
中文名称					
工商注册地址					
法定代表人（负责人）		身份证件类型		身份证件号码	
海关业务联系人		移动电话		固定电话	
跨境电子商务网站网址					
参与跨境电子商务业务的企业类型		□电子商务企业　□物流企业　□电子商务交易平台　□支付企业			

本单位承诺，我单位对向海关所提交的申请材料及本表所填报的登记信息内容的真实性负责并承担法律责任。
（单位公章）
年　月　日

为了保证进出口业务正常开展，企业应认真填写相关信息，所填内容必须完整并真实有效，尤其是注册海关、企业的中文名称和英文名称、工商注册地址、英文地址、法定代表人（负责人）及其移动电话、海关业务联系人及其移动电话，以及能够顺利接收电子邮件的电子邮箱。

当页面显示"海关入库成功，转人工审核"时，表示申请已提交成功。申请提交成功并经所属地海关审核通过后，企业可通过"中国国际贸易单一窗口"平台自助或到海关注册登记窗口现场打印《海关进出口货物收发货人备案回执》。

知识链接

自2019年2月1日起，海关不再对进出口货物收发货人核发《中华人民共和国海关报关单位注册登记证书》。企业可通过"中国国际贸易单一窗口"平台自助或到海关注册登记窗口现场打印《海关进出口货物收发货人备案回执》，回执上体现企业名称、统一社会信用代码、海关注册编码、检验检疫备案号。此回执取代旧版《中华人民共和国国海关报关单位注册登记证书》和旧版《自理报检证书》。报关有效期均为"长期",企业只需每年按时报送工商年报即可。

3. 办理电子口岸IC卡

企业凭《营业执照》《对外贸易经营者备案登记表》（内资企业）《海关进出口货物收发货人备案回执》及法人身份证办理卡介质（法人卡、操作员卡）。浙江电子口岸IC卡办理预约流程如图2-15所示,具体可咨询当地电子口岸。

图2-15 浙江电子口岸IC卡办理预约流程

知识链接

无论是办理企业信息变更、注销,还是办理进出口业务,都需要使用卡介质登录"中国国际贸易单一窗口"平台进行操作。卡介质是相当重要的。企业在市场监督管理部门通过"多证合一"的方式申请海关注册登记时,应如实填写海关相关信息,以免影响下一步审核。内资企业取得《营业执照》后,在海关注册前,须取得商务部门的《对外贸易经营者备案登记表》。

4. 变更企业信息

已经办理报关单位注册登记的企业,需要通过申请注册登记变更的方式向海关申请跨境贸易电子商务企业备案；海关受理后,予以确认,完成备案。企业提交申请时,应在"经营范围"一栏注明"跨境电子商务类型""跨境电子商务网站网址"。

知识链接

企业信息变更的办理流程

登录在"中国国际贸易单一窗口"平台需使用电子口岸IC卡,并在变更时勾选对应企业类型,如"电子商务企业""电子商务交易平台""物流企业""支付企业""监管场所经营人"等,可复选。

办理企业信息变更时,参与跨境电子商务业务的物流企业还应获得国家邮政管理部门颁发的《快递业务经营许可证》。其分支机构向邮政管理部门备案并列入《经营快递业务的分支机构名录》的,可以办理物流企业注册登记。

工作子任务 1-3　跨境电商企业数据申报

任务描述

百联进出口有限公司进口了一批服装,为了做好企业数据申报,师傅让王一川去了解如何向电子口岸数据中心申请跨境电商数据交换用户 ID。

知识准备

跨境电商企业或其委托的代理报关企业、境内跨境电商平台企业、物流企业应当通过"中国国际贸易单一窗口"平台或"互联网+海关"平台依法如实向海关提交申报数据,传输交易、支付、物流等电子信息,并对数据的真实性、准确性、完整性和规范性承担相应的法律责任。

一、跨境电商数据申报的业务单证及责任主体

根据海关总署公告 2018 年第 113 号《关于修订跨境电子商务统一版信息化系统企业接入报文规范的公告》,进口业务单证及责任主体如表 2-4 所示,出口业务单证及责任主体如表 2-5 所示。企业的电子单证数据使用数字签名技术,企业数字签名的技术要求及密码产品选型参见《海关跨境统一版系统密码产品选型和使用指南》,企业根据实际业务进行配置。支持提供跨境统一版系统清单录入功能。跨境电商企业或其代理人可登录"互联网+海关"一体化网上办事平台,使用"跨境电子商务"功能进行清单录入、修改、申报、查询等。

知识拓展 2-3

表 2-4　进口业务单证及责任主体

序号	业务单证	责任主体	数字签名
1	进口清单	电商企业或其代理人	是
2	电子订单	电商企业或电商平台或受委托的快件运营人、邮政企业	是
3	支付单	支付企业或受委托的快件运营人、邮政企业	是
4	运单	物流企业	是
5	运单状态	物流企业	是
6	撤销申请单	电商企业或其代理人	是
7	退货申请单	电商企业或其代理人	是
8	入库明细单	海关监管作业场所经营企业	是

表 2-5　出口业务单证及责任主体

序号	业务单证	责任主体	数字签名
1	出口清单	电商企业或其代理人	是
2	电子订单	电商企业或电商平台	是

续表

序号	业务单证	责任主体	数字签名
3	收款单	电商企业	是
4	运单	物流企业	是
5	运抵单	海关监管作业场所经营企业	是
6	离境单	物流企业	是
7	清单总分单	电商企业或其代理人	是
8	撤销申请单	电商企业或其代理人	是
9	汇总申请单	电商企业或其代理人	是

二、跨境电商数据交换 ID 申请

数据交换用户 ID 是企业向海关推送跨境单证数据的电子许可标识，用于与商务厅口岸办、跨境电商公共服务平台对接。企业向中国电子口岸数据中心申请跨境电商数据交换用户 ID 后才能申报跨境电商数据。跨境电商企业申报系统主要用于申报跨境出口业务，同时提供跨境进口业务辅助功能。具体申请流程如下。

（1）企业必须完成海关跨境电商企业信息登记、报关单位备案，同时已办理电子口岸卡。

（2）企业向本地的电子口岸中心申请领取《电子口岸数据交换平台用户申请表》《跨境传输 ID 使用申请表》《企业法人授权书》的电子申请材料。以浙江省为例，登录中国电子口岸数据中心杭州分中心下载电子资料，如图 2-16 所示。

（3）企业将申请材料填写完成后打印并加盖单位印章，通过电子邮件把申请材料的电子表格及加盖单位印章的经办人身份证彩色扫描件发送至本地的电子口岸中心客服邮箱。《杭州关区电子口岸数据交换平台用户申请表》如表 2-6 所示。《杭州关区跨境传输 ID 使用申请表》如表 2-7 所示。办理完成后将 ID 发送至企业邮箱。

图 2-16 中国电子口岸数据中心杭州分中心的电子资料下载界面

工作项目二　跨境电商参与主体注册登记

表 2-6　《杭州关区电子口岸数据交换平台用户申请表》

编号：_____

企业名称			
组织机构代码/统一社会信用代码			
海关十位编码		电子口岸 IC/IKey 卡号	
联系人		联系电话	请填写实际业务经办人电话
电子邮箱	请填写有效邮箱	申请日期	
业务类型	□跨境进口统一版　　　□跨境出口统一版 □跨境出口 9710/9810（勾选业务模式）□清单模式　□报关单模式 □EWTP 业务		
传输节点	□二级节点（中国电子口岸数据中心杭州分中心） □三级节点_____（请填写分节点名称）		
申请服务类别	□新上线企业　　□已上线用户业务类型调整　　□企业注销		
申请业务类别	□清单数据　　□订单数据　　□运单数据　　□收款单数据 □运抵单　　□离境单　　□入库明细单数据　□支付单数据 □其他：　　（根据传输报文格式选择）		
服务类密码设备	□IC 卡　　□IKey　　□加密机　　□其他：		

备注：为保证申报数据的安全，企业申请的电子口岸证书及关联密码服务设备必须确保实际使用者与申请者一致，如需托管密码服务设备及相关证书，托管方需具备相应授权。如对业务类型或传输节点不清楚，请关注"浙江 95198"微信公众号进行咨询。

企业法人（或授权代表）签名：

（企业签章处）
　　　　　　　　　　　　　　　　　　　日期：　　年　月　日

注：除签名栏可以手工填写，其他栏均需在电子表格中填写正确、完整并打印，不接收手工填写表格，表格不得涂改。

表 2-7 《杭州关区跨境传输 ID 使用申请表》

企业基本信息			
企业名称			
联系地址			
海关十位编码		组织机构代码（或统一社会信用代码）	
预计传输业务量（票/月）			
联系方式			
法人代表		联系电话	传真
业务负责人		联系方式	
技术负责人		联系方式	
企业通信地址			
电子邮箱地址			
第三方技术服务商资料（自行开发关务系统企业无须填写）			
企业名称			
组织机构代码（或统一社会信用代码）			
联系人		联系方式	
企业签章：		第三方技术服务商签章：	
日期： 年 月 日		日期： 年 月 日	

注：除签名栏可以手工填写，其他栏均需在电子表格中填写正确、完整并打印，不接收手工填写表格，表格不得涂改。

同时还需填写企业法人授权书，授权书格式如下。

企业法人授权书

本授权委托书声明：我_____（姓名）系_____（单位名称）的法定代表人，现授权_____（单位名称）_____（代理人姓名）为我的合法代理人，办理□预录入系统客户端授权开通/□预录入系业务数据交换接口开通（不可复选）有关事宜。代理人签署的一切文件和处理与之有关的一切事务，我均予以承认。本授权书的有效期自相关事宜办理完毕止。

代理人无权转委托，特此委托。

申请单位（盖公章）：_____

法定代表人（盖法人章或签字）：_____

代理人（签字）：_____

日期： 年 月 日

工作任务二 查询企业信用等级

学习目标

※【知识目标】

1. 知晓海关信用管理的基本规定，了解海关信用管理下企业的分类，熟悉不同信用类型企业的差异性待遇。
2. 理解AEO认证企业的优惠措施，掌握AEO认证流程。
3. 理解失信企业信用修复及海关企业信用培育，掌握查询企业信用等级的方法。

※【技能目标】

1. 能够申请办理"高级认证企业"，并查询AEO认证企业等级。
2. 能够查询海关公示的企业信用情况。

※【素质目标】

1. 形成诚信守法、爱岗敬业、务实创新的职业规范。
2. 感受企业信用的重要性，养成遵守承诺的工作习惯。

思维导图

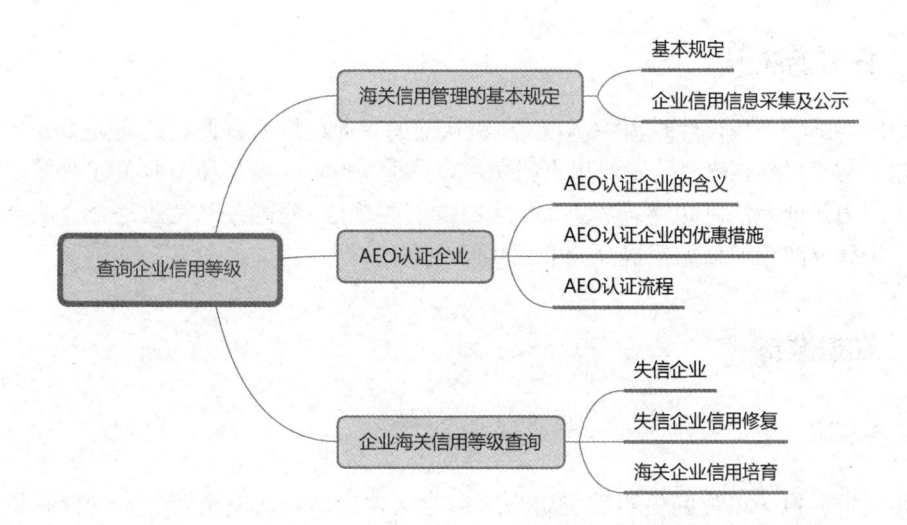

- 查询企业信用等级
  - 海关信用管理的基本规定
    - 基本规定
    - 企业信用信息采集及公示
  - AEO认证企业
    - AEO认证企业的含义
    - AEO认证企业的优惠措施
    - AEO认证流程
  - 企业海关信用等级查询
    - 失信企业
    - 失信企业信用修复
    - 海关企业信用培育

案例导入

全国海关首批 AEO 国际互认观摩企业出炉，杭州关区 4 家企业上榜

2022 年 4 月，海关总署公布全国海关首批 AEO 国际互认观摩企业名单，80 家企业入选，浙江省 6 家企业上榜，企业数量排名全国第二。其中，杭州海关辖区 4 家，涉及绍兴、嘉兴、温州、台州等地。

入选的 AEO 国际互认观摩企业将享受到多项激励措施，包括优先推荐入选世界海关组织的企业咨询组成员；优先推荐参与海关相关改革和改革项目；承担 AEO 国际互认观摩任务，为来访互认国海关提供 AEO 实地认证过程观摩，促进来访国家和我国 AEO 互认安排的签署等。

入选全国海关首批 AEO 国际互认观摩企业名单，并成为 AEO 国际互认观摩企业，既是对企业落实 AEO 标准和进出口信用制度的高度认可，也是提升企业国内国际双重形象的有益平台和载体。作为全国海关首批 AEO 国际互认观摩企业，浙江正泰电器股份有限公司是国际工业电器行业的知名企业，有着长达 12 年的海关高资信"金名片"。

企业获得海关 AEO 高级认证后，国外客户对企业的信任度更高了，这对企业获取国际市场订单、拓展全球业务起着重要作用，能进一步扩大企业在国际上的知名度，让企业对经营更有信心。

（案例来源：新浪网）

工作子任务 2-1 海关信用管理的基本规定

任务描述

师傅告诉王一川，经过海关 AEO 高级认证的企业可以享有便利的通关服务。王一川对此非常感兴趣，请帮助王一川查找资料，熟悉《中华人民共和国海关注册登记和备案企业信用管理办法》（以下简称新《办法》）的有关规定，明确经营企业是否合法合规。那么，跨境电商企业该如何提高企业信用等级呢？

知识准备

一、基本规定

海关根据报关单位的信用状况将报关单位认定为高级认证企业、失信企业和其他企业，按照"诚信守法便利、失信违法惩戒"的原则，不同管理类别企业的差别管理措施，如表 2-8 所示。

表 2-8　不同管理类别企业的差别管理措施

企业类别	高级认证企业	失信企业	其他企业
信用状况	信用突出	信用较差	信用一般
管理措施	实施便利的管理措施	实施严格的管理措施	实施常规的管理措施

知识链接

2021 年 9 月 13 日，新《办法》出台，并于 2021 年 11 月 1 日起实施。新《办法》的出台是构建以信用为基础的新型海关监管体制的重要举措，是海关企业信用管理改革的重要一步，标志着海关信用管理体系再次全面升级。新《办法》坚持"简单管用"原则，保留"高级认证企业"和"失信企业"，分别实施最便利的海关监管措施和最严格的海关管理措施。将原一般认证企业和一般信用企业合并，成为其他注册登记和备案企业，统一实施常规管理措施；对高级认证企业进一步体现了"守信激励"，增加了"出口货物原产地调查平均抽查比例在企业平均抽查比例的 20% 以下""优先办理进出口货物通关手续及相关业务手续""优先向其他国家（地区）推荐农产品、食品等出口企业的注册"等便利措施，这在一定程度上提高了高级认证企业的"含金量"和企业获得感，充分体现了"我为群众办实事"的宗旨。同时，将企业重新认证程序调整为复核程序，周期由 3 年调整为 5 年，充分为企业减负。改革后，海关企业管理措施更丰富，在为企业减负的同时完善了信用救济程序。

二、企业信用信息采集及公示

1. 采集企业信用状况信息

海关可以采集反映企业信用状况的下列信息。

（1）企业注册登记或者备案信息以及企业相关人员基本信息。
（2）企业进出口以及与进出口相关的经营信息。
（3）企业行政许可信息。
（4）企业及其相关人员行政处罚和刑事处罚信息。
（5）海关与国家有关部门实施联合激励和联合惩戒信息。
（6）AEO 互认信息。
（7）其他反映企业信用状况的相关信息。

知识拓展 2-4

2. 公示企业信用信息

海关应当及时公示下列信用信息，并公布查询方式。

（1）企业在海关注册登记或者备案信息。
（2）海关对企业信用状况的认证或者认定结果。
（3）海关对企业的行政许可信息。
（4）海关对企业的行政处罚信息。

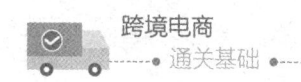

（5）海关与国家有关部门实施联合激励和联合惩戒信息。

（6）其他依法应当公示的信息。

公示的信用信息涉及国家秘密、国家安全、社会公共利益、商业秘密或者个人隐私的，应当依照法律、行政法规的规定办理。

自然人、法人或者非法人组织认为海关公示的信用信息不准确的，可以向海关提出异议，并且提供相关资料或者证明材料。

海关应当自收到异议申请之日起 20 日内进行复核。自然人、法人或者非法人组织提出异议的理由成立的，海关应当采纳。

工作子任务 2-2　AEO 认证企业

任务描述

中国海关给予高级认证企业办理海关业务手续的优先权，可节约通关时间，提高通关效率，优先通关、提前申报，可以让企业减少损失，扩大收益。那么，王一川该如何帮助自己所在的百联进出口有限公司成为海关的高级认证企业呢？成为高级认证企业后，具体可以享受哪些便利措施呢？

知识准备

一、AEO 认证企业的含义

AEO 是 Authorized Economic Operator 的简称，是世界各国海关对高信用企业的统称，中文译名为"经认证的经营者"。经认证的经营者，是指以任何一种方式参与货物国际流通，符合海关总署规定标准的企业。高级认证企业是中国海关 AEO 企业。海关根据企业申请，按照规定的标准和程序将企业认证为高级认证企业，对其实施便利的管理措施。

知识链接

截至 2023 年 12 月，中国海关与新加坡、欧盟等 26 个经济体、52 个国家和地区签署 AEO 互认协议，显著简化了中国与这些经济体的通关程序，降低了企业的通关成本，提高了贸易效率。

总的来说，中国海关与多个国家和地区签署 AEO 互认协议和 AEO 制度的广泛推行，为中国进出口贸易的发展提供了重要支持，提升了中国的贸易竞争力。此外，这也为中国与这些国家和地区的合作注入了新动力，未来的贸易发展也将因此受益。

二、AEO 认证企业的优惠措施

高级认证企业是中国海关 AEO，适用下列便利的管理措施。

（1）进出口货物平均查验率低于实施常规管理措施企业平均查验率的 20%，法律、行政法规或者海关总署有特殊规定的除外。

> **知识链接**
>
> 查验率是指在一定的时间段内查验报关单占可实施查验报关单的比率。一旦企业被海关实施查验，就会增加通关时间和工作量，产生与查验相关的服务费、滞港费、超堆费等费用，还可能面临重新订舱、影响履约的不良后果。该管理措施以实施常规管理措施的企业的平均查验率为基准，明确了高级认证企业的平均查验率的比例上限，增强了高级认证企业的预期，实实在在地节省了通关时间和通关成本。"更低的查验率＝更快的通关效率＋更少的通关成本"。

（2）出口货物原产地调查平均抽查比例在企业平均抽查比例的 20% 以下，法律、行政法规或者海关总署有特殊规定的除外。

> **知识链接**
>
> 出口货物原产地调查是原产地证签证人员在审核各类原产地证书过程中，为确定签证产品是否具有中国原产地资格、原产地标准是否符合要求而实施的调查，主要分为以下三大类。
>
> 第一类：产品预审调查。产品预审调查是对证书申领企业的产品是否符合相关原产地规则、是否能签发原产地证书而预先进行的调查。
>
> 第二类：签证调查。签证调查是签证过程中根据风险分析或者签证需要开展的调查。
>
> 第三类：原产地后续核查。原产地后续核查是证书签发后因后续监管需要或者应国外海关核查请求而开展的调查。
>
> 海关可采取书面形式开展调查，通过调取相关材料进行原产地等信息审核并综合评定。对于书面形式不足以完成调查内容的，海关可按照相关原产地规则，对出口货物生产企业的生产设备、加工工序、原材料及零配件的产地来源、制成品及其说明书和内外包装等进行实地调查。

（3）优先办理进出口货物通关手续及相关业务手续。

> **知识链接**
>
> 优先办理进出口货物通关手续及相关业务手续，包括：优先办理业务现场报关单(含备案清单、舱单、转关单等)申报、修改、撤销等相关手续；优先安排进出口货物查验；优先安排进出口货检验检疫；对需要检验检测的优先采样和检测；优先办理出入境特殊物品卫生检疫审批。
>
> 海关给予高级认证企业办理海关业务手续的优先权，可节约通关时间，提高通关效率，尤其是面对类似新冠疫情的突发情况，优先通关、提前申报，可以让企业减少损失，

扩大收益。"优先权＝节省时间＋提高效率"。

(4) 优先向其他国家（地区）推荐农产品、食品等出口企业的注册。
(5) 可以向海关申请免除担保。
(6) 减少对企业稽查、核查频次。
(7) 可以在出口货物运抵海关监管区之前向海关申报。
(8) 海关为企业设立协调员。
(9) AEO互认国家或者地区海关通关便利措施。
(10) 国家有关部门实施的守信联合激励措施。
(11) 因不可抗力中断国际贸易恢复后优先通关。
(12) 海关总署规定的其他管理措施。

三、AEO认证流程

企业申请成为高级认证企业的，应当向海关提交书面申请，并按照海关要求提交相关资料。海关将顺应高水平开放、高质量发展形势，服务企业，运用国内外资源多渠道、多形式开拓市场，壮大进出口主体队伍，大力培育海关认证企业，让更多的企业拿到国际贸易绿色"通行证"，持续优化营商环境，适应新形势、新要求，助力企业建设，充分发挥AEO制度优势。

知识链接

2021年11月1日，《海关高级认证企业标准》开始施行，作为新《办法》（海关总署令第251号）的配套文件，《海关高级认证企业标准》在原有标准基础上进行整合和优化，便于企业对照执行，大大提升企业的获得感。在新政施行后，不少企业陆续成功申请为海关高级认证企业，并享受到了高级认证带来的便利措施。

在海关总署发布的《"十四五"海关发展规划》中，将推动外贸高水平发展摆在更加突出位置，加快推广"经认证的经营者"国际互认合作，以多重举措服务我国外贸质量变革、动力变革、效率变革，实现贸易结构更加优化、贸易效益显著提升、贸易实力进一步增强，对我国外贸发展具有积极促进作用。

1. 申请依据

海关根据企业申请，按照规定的标准和程序将企业认证为高级认证企业的，对其实施便利的管理措施。海关高级认证企业标准包括通用标准和针对不同企业类型及经营范围制定的单项标准。高级认证企业的通用标准包括内部控制、财务状况、守法规范、贸易安全和附加标准五大类。高级认证企业的单项标准是海关针对不同企业类型和经营范围制定的认证标准，主要包括进出口货物收发货人、报关企业、外贸综合服务企业、跨境电商平台企业、进出境快件运营人、水运物流运输企业、公路物流运输企业、航空物流运输企业等9项单项标准。高级认证企业应当同时符合通用标准和相应的单项标准。

企业申请成为高级认证企业的，应当向海关提交书面申请，并按照海关要求提交相关资料。

企业有下列情形之一的，1年内不得提出高级认证企业申请。

（1）未通过高级认证企业认证或者复核的。
（2）放弃高级认证企业管理的。
（3）撤回高级认证企业认证申请的。
（4）高级认证企业被海关下调信用等级的。
（5）失信企业被海关上调信用等级的。

2. 申请条件

（1）在海关注册登记和备案企业。
（2）未通过高级认证企业认证或者复核，但满1年以上的企业。
（3）高级认证企业被海关调整为注册登记和备案企业管理满1年以上的企业。
（4）失信企业被海关上调信用等级满1年的企业。

3. 认证流程

企业可以到当地海关现场办理或网上办理，网上办理流程如下。

（1）选择办理业务类型。

企业进入"中国国际贸易单一窗口"平台或者"互联网+海关"一体化网上办事平台，选择"企业认证申请"内容。

（2）申请人填写《高级认证企业申请书》并加盖公章，向注册地海关申请认证。

（3）注册地海关受理。

材料齐全、填写完整、规范的，注册地海关予以接受并制发《适用高级认证企业管理申请书回执》，通过信用系统将申请提交给直属海关企业管理部门。

（4）直属海关审核。

海关依据高级认证企业通用标准和相应的单项标准，对企业提交的申请和有关资料进行审查，并赴企业进行实地认证。

（5）直属海关作出结论。

海关应当自收到申请及相关资料之日起 90 日内对其进行认证并作出决定。特殊情形下，海关的认证时限可以延长 30 日。经认证，符合高级认证企业标准的企业，海关制发高级认证企业证书；不符合高级认证企业标准的企业，海关制发未通过认证决定书。

知识链接

如何判断企业是否通过海关高级认证

企业同时符合下列 3 个条件并经海关认定的，通过认证。

① 所有赋分标准项均没有不达标（-2分）情形。

② 内部控制、贸易安全两类标准中没有单一标准项（用1、2、3表示）基本达标（-1分）超过3项的情形。

③ 认证标准总分在95分（含本数）以上。认证标准总分=100+（所有赋分项目得分总和）。

（6）文书送达。

各海关按照送达有关规定将法律文书送达企业，企业可选择物流快递方式接收法律文书。高级认证企业证书、未通过认证决定书应当送达申请人，并且自送达之日起生效。

> **知识链接**
>
> **海关的高级认证不是终身制**
>
> 海关对高级认证企业每5年复核一次。企业信用状况发生异常情况的，海关可以不定期开展复核。经复核，不再符合高级认证企业标准的，海关应当制发未通过复核决定书，并收回高级认证企业证书。

工作子任务2-3　企业海关信用等级查询

任务描述

企业在海关是有信用等级的，王一川在海关相关网站查询自己所在单位和同行单位的信用等级的时候，发现有的同行单位居然是失信企业，他想知道海关是用什么标准判别企业信用等级的，企业被判定为失信企业后应该如何处理。让我们一起来帮帮他吧！

知识准备

查询企业在海关的信用等级需要登录"中国海关企业进出口信用信息公示平台"，通过输入企业名称或统一社会信用代码可以查询企业信用等级，也可以联系企业注册地海关企业管理部门查询本公司信用等级。

一、失信企业

根据新《办法》规定，企业有下列情形之一的，海关认定为失信企业。

（1）被海关侦查走私犯罪公安机构立案侦查并由司法机关依法追究刑事责任的。

（2）构成走私行为被海关行政处罚的。

（3）非报关企业1年内违反海关的监管规定被海关行政处罚的次数超过上年度报关单、进出境备案清单、进出境运输工具舱单等单证（以下简称相关单证）总票数千分之一且被海关行政处罚金额累计超过100万元的。

报关企业 1 年内违反海关的监管规定被海关行政处罚的次数超过上年度相关单证总票数万分之五且被海关行政处罚金额累计超过 30 万元的。

上年度相关单证票数无法计算的，1 年内因违反海关的监管规定被海关行政处罚，非报关企业处罚金额累计超过 100 万元、报关企业处罚金额累计超过 30 万元的。

（4）自缴纳期限届满之日起超过 3 个月仍未缴纳税款的。

（5）自缴纳期限届满之日起超过 6 个月仍未缴纳罚款、没收的违法所得和追缴的走私货物、物品等值价款，并且超过 1 万元的。

（6）抗拒、阻碍海关工作人员依法执行职务，被依法处罚的。

（7）向海关工作人员行贿，被处以罚款或者被依法追究刑事责任的。

（8）法律、行政法规、海关规章规定的其他情形。

知识链接

海关查获违规出口医用物资

满洲里某贸易公司申报出口 150 万只一次性使用防护口罩（非医用），货值 30 万美元，并提交了合格证复印件、出口非医疗物资声明、检测报告等资料。经查验发现，有 29 箱共计 11.6 万只口罩实为一次性医用口罩，当事人涉嫌逃避出口商品检验。满洲里海关对其立案调查。

成都某公司以集装箱方式出口一批货物，经查验海关发现其中包括未向海关申报出口的一次性防护口罩 30 万只，货值 32 万余元，当事人涉嫌未向海关如实申报，影响海关监管秩序。成都海关经立案调查，已根据《海关行政处罚实施条例》相关规定，对当事人依法作出罚款的行政处罚。

出口医疗物资质量安全直接关系人的生命健康，海关将依法履行医疗物资出口法定检验的职责。进出口企业、报关企业、出入境快件企业、交通工具所有人和运营人等参与出口医疗物资的市场主体，在出口医疗物资时必须严格履行如实申报的责任。对如实申报的守法企业，海关将继续提供通关便利；对于通过伪瞒报、夹藏、夹带等方式逃避法定检验，或出口掺杂掺假、以假充真、以次充好或者以不合格医疗物资冒充合格商品的违法、失信企业，海关给予行政处罚，符合刑事立案标准的，将移送司法机关追究刑事责任。此外，海关还将采取惩戒措施，让违法者"一处失信，处处受限"。

（案例来源：海关总署网站）

二、失信企业信用修复

按照规定，未被列入严重失信主体名单的失信企业可以主动纠正失信行为，消除不良影响。企业在符合条件的情况下，通过向海关书面申请信用修复并提交相关证明资料即可。但是，一旦企业被列入严重失信主体名单，就丧失了信用修复的主动权，只能通过海关主动修复的形式实现信用修复。

> **知识链接**

失信企业存在下列情形的，海关依照法律、行政法规等有关规定实施联合惩戒，将其列入严重失信主体名单。

违反进出口食品安全管理规定、进出口化妆品监督管理规定或者走私固体废物被依法追究刑事责任的。

非法进口固体废物被海关行政处罚金额超过 250 万元的。

1. 依企业申请修复

（1）信用修复条件。

因存在本办法（《中华人民共和国海关注册登记和备案企业信用管理办法》）第二十二条第二项、第六项情形被认定为失信企业满 1 年的；

因存在本办法第二十二条第三项情形被认定为失信企业满 6 个月的；

因存在本办法第二十二条第四项、第五项情形被认定为失信企业满 3 个月的。

（2）申请材料：向海关书面申请信用修复并提交相关证明资料。

（3）修复程序：经审核符合信用修复条件的，海关应当自收到企业信用修复申请之日起 20 日内作出准予信用修复决定。

2. 海关主动修复

信用修复条件和程序如下。

失信企业连续 2 年未发生本办法第二十二条规定情形的，海关应当对失信企业作出信用修复决定。

前款所规定的失信企业已被列入严重失信主体名单的，应当将其移出严重失信主体名单并通报相关部门。

3. 不予信用修复的情形

法律、行政法规和党中央、国务院政策文件明确规定不可修复的，海关不予信用修复。

> **知识链接**

海关认定的失信企业可以提前申请信用修复，浙江第一份申请提交

2021 年 11 月 1 日，温州葡吉进出口贸易有限公司向杭州海关提交了一份失信企业信用修复申请。这是新《办法》实施第一天，浙江省第一个向海关申请失信企业信用修复的企业。

新《办法》建立了严重失信主体名单制度，未被列入严重失信主体名单的失信企业，符合条件的可申请信用修复，提前恢复信用等级。此前，被海关认定的失信企业只有在连续 2 年未有失信行为后，才能恢复信用等级。

对于能申请信用修复的失信企业，新《办法》是有明确条件限制的，不仅要在新《办法》规定的几类失信行为范围内，对时限也有要求。例如，超过 3 个月未缴纳税款的失信企业，需在被认定为失信企业满 3 个月后，并纠正了失信行为，才有资格申请信用修复。新《办法》的这项规定在限制严重失信主体的同时，也给了无主观故意动机的、轻微或一般失信的企业及时更正错误、恢复信用等级的机会。

新《办法》将企业的信用等级分为高级认证企业、失信企业、其他注册登记和备案企业。办理同一海关业务，不同信用等级的企业相应的管理措施也不同。以货物检查为例，高级认证企业进出口货物平均查验率低于实施常规管理措施企业平均查验率的20%，而失信企业的进出口货物查验率则达到 80%以上。查验率的上升会增加货物被布控查验的概率，延长货物在港口的停留时间，进而影响企业的通关效率和综合通关成本。

温州葡吉进出口贸易有限公司因为一次货物进口原产地申报不实，违反国家进口规定，2020 年该公司被杭州海关认定为失信企业。温州葡吉进出口贸易有限公司自从戴上了"失信"的帽子，不仅进口清关效率变低了，每次进口货物都会多产生几万元的滞港费用，而且新冠疫情期间当地政府为进口企业发放的补贴也不能申领。从被认定为失信企业至今，温州葡吉进出口贸易有限公司已损失了几十万元。

根据新《办法》，企业提出修复申请被受理后，海关将在 20 日内进行核实，符合条件的，海关将对企业信用进行修复，并对该企业按照《海关普惠管理措施清单》实施管理。对无主观故意动机的、轻微或一般失信企业而言，这将有利于企业加强内部管理、珍惜普惠信用等级，让企业在今后的进出口活动中，规范遵守各项规定，提高信用管理和风险防范意识。

（案例来源：《浙江日报》，有删改）

三、海关企业信用培育

海关企业信用培育，是指海关运用多种形式主动对进出口企业开展信用管理政策、制度、措施等方面的宣传、培训、辅导、帮扶等服务活动，帮助企业强化诚信守法意识、规范和优化内控管理、提高诚信经营水平、提升企业信用等级。根据新《办法》第五条："海关向企业提供信用培育服务，帮助企业强化诚信守法意识，提高诚信经营水平。"

海关企业信用培育分为守法规范性培育和 AEO 认证培育。守法规范性培育是指海关向进出口企业宣传、解读、普及国家和海关的信用管理政策和规章制度，以及世界海关组织 AEO 制度，帮助企业了解信用、重视信用，提升诚信守法意识的培育活动。AEO 认证培育是指对有意愿申请或者已经提出申请适用海关高级认证企业管理及需要开展复核的企业，海关主动或者根据企业申请，有针对性地为企业解读海关信用管理制度，指导企业正确理解《海关高级认证企业标准》，准确把握《海关高级认证企业标准》的条件和要求，帮助企业提升内控管理、守法规范及贸易安全水平的培育活动。

知识链接

海关信用培育助推企业大踏步"走出去"

了解到宁波大洲进出口有限公司有申请 AEO 的意愿时,宁波海关所属海曙海关第一时间安排关企联络员主动联系企业讲解海关政策,根据企业的实际情况开展精准培育。一方面,指导企业优化进出口发运流程,规范企业管理;另一方面,为企业量身定制惠企方案,帮助企业用足用好海关政策红利,搭上海关政策"顺风车"。

在成为高级认证企业后,宁波大洲进出口有限公司对公司产品走向国际市场更有信心。这不仅让企业的管理水平获得了提升,还提高了产品的国际竞争力,赢得了更多客户的信任。

企业信用培育是海关信用管理工作的一项创新性举措,旨在促进企业守法自律、诚信经营,推进企业健康发展。海关向企业提供信用培育服务,帮助企业强化诚信守法意识,提高诚信经营水平,这对海关和企业来说是双赢的做法。这既可以提升海关监管效率、优化信用管理体系,又能帮助企业建立健全内部控制制度、规范经营管理,助力企业积极"走出去"。

知识闯关

一、单项选择题(共 10 题)

1. 进出口货物收货人、报关企业办理报关手续,必须依法经( )注册登记。
   A. 商务部　　B. 海关　　C. 外经贸委　　D. 外汇管理局
2. 跨境电商作业涉及的单证主要有电子订单、支付单或收款单、( )及汇总申请单等。
   A. 运单　　B. 提单　　C. 合同　　D. 备案清单
3. 申请报关企业注册登记许可,不需要提交( )。
   A. 《报关单位情况登记表》
   B. 企业法人营业执照副本复印件
   C. 报关服务营业场所所有权证明或者使用权证明
   D. 企业法人个人身份证件
4. 下列关于跨境电商数据申报的说法,不正确的是( )。
   A. 参与跨境电子商务零售进口业务的跨境电商平台企业应当向海关开放支付相关原始数据,供海关验核
   B. 清单申报的责任主体是跨境电商企业或其代理人
   C. 运单申报的责任主体是物流企业
   D. 运抵单申报的责任主体是物流企业

5. 参与跨境电商零售进出口业务并在海关注册登记的企业，纳入海关（　　）管理，海关根据企业的信用等级实施差异化的通关管理措施。

  A．信用　　　　B．等级　　　　C．通关　　　　D．差异

6. 下列有关失信企业可以主动纠正失信行为的是（　　）。

  A．海关依照法律、行政法规等有关规定实施联合惩戒，将其列入严重失信主体名单的

  B．违反进出口食品安全管理规定、进出口化妆品监督管理规定或者走私固体废物被依法追究刑事责任的

  C．构成走私行为被海关行政处罚满 1 年的

  D．非法进口固体废物被海关行政处罚金额超过 250 万元的

7. 我国企业申请成为高级认证企业，应当向海关提交申请书，（　　）按照《海关高级认证企业标准》对企业实施认证。

  A．中华人民共和国海关　　　　B．世界海关组织

  C．国内第三方机构　　　　　　D．国际第三方机构

8. 在海关企业信用管理中，属于 AEO 认证企业类型的是（　　）。

  A．高级认证企业　　　　　　　B．失信企业

  C．一般信用企业　　　　　　　D．其他企业

9. 参与跨境电商业务的企业不包括（　　）。

  A．跨境电商企业　　　　　　　B．境内服务商

  C．软件服务公司　　　　　　　D．跨境电商平台企业

10. 下列关于报关企业和报关企业分支机构注册登记有效期的说法正确的是（　　）。

  A．2 年有效　　B．1 年有效　　C．5 年有效　　D．长期有效

二、是非判断题（共 10 题）

（　　）1．AEO 认证企业可以享受通关便利措施，包括减少单证审核、适用较低的查验率、对需要检查的货物给予优先查验、实施快速通关。

（　　）2．报关单位可同时办理注册登记和报关人员备案，也可仅办理报关单位注册登记或者仅办理所属报关人员备案。

（　　）3．自 2019 年 12 月起，在全国范围内取消报关企业和报关企业分支机构注册登记有效期，改为长期有效。

（　　）4．跨境电商出口企业应当依据海关报关单位注册管理相关规定，向口岸海关办理注册登记。

（　　）5．报关企业可接受跨境电商企业的委托向海关申报清单，但报关企业本身无须承担相应的申报责任。

（　　）6．支付企业、物流企业应如实向海关等监管部门实时传输跨境电商零售进口支付、物流电子信息，并对数据的真实性承担相应的法律责任。

（　　）7．企业自缴纳期限届满之日起 3 个月内未缴纳税款的，海关可以认定为失信企业。

（　　）8. 海关总署已取消报关员核准审批，对报关人员从业不再设置门槛和准入条件。

（　　）9. 跨境电商零售进出口商品在申报前，跨境电商企业或其代理人、境内跨境电商平台企业、物流企业应当依法如实向海关传输三单信息。三单信息是指交易、支付和物流的电子信息。

（　　）10. 海关进出口货物收发货人备案回执长期有效，但企业需每年按时报送企业的统一社会信用代码、企业类型、工商年报等资料。

能力实训

1. 登录"中国国际贸易单一窗口"平台，熟悉该平台的功能，通过网络查询，了解个人在某跨境电商平台购物前进行个人用户注册的流程。

2. 上网查询一家注册地为杭州海关的高级认证企业，了解该企业的基本情况，包括企业的注册时间、是否受过海关的行政处罚等。

工作项目三 跨境电商通关政策

工作任务一 熟悉正面清单、负面清单

学习目标

※【知识目标】

1. 概述正面清单的定义和负面清单的定义。
2. 了解正面清单的参与主体。
3. 了解正面清单、负面清单涉及的商品。
4. 认识我国负面清单的历史发展。

※【技能目标】

1. 能够辨别给付商品属于正面清单还是负面清单。
2. 能够辨识负面清单适用的行业领域。

※【素质目标】

1. 能够主动思考、沟通并与团队合作。
2. 具备一定的问题解决能力。
3. 具备一定的创新创业思维能力。

思维导图

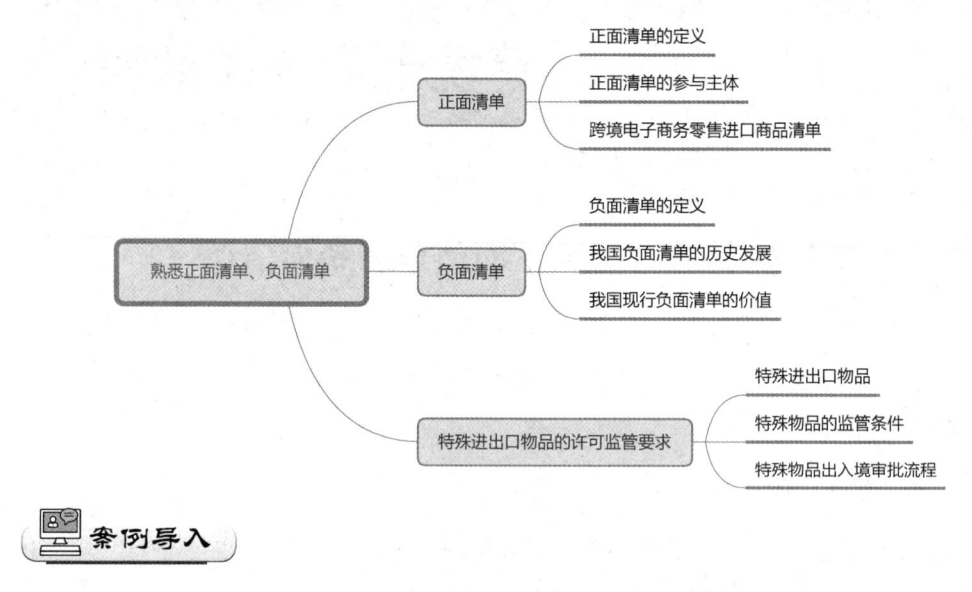

- 熟悉正面清单、负面清单
  - 正面清单
    - 正面清单的定义
    - 正面清单的参与主体
    - 跨境电子商务零售进口商品清单
  - 负面清单
    - 负面清单的定义
    - 我国负面清单的历史发展
    - 我国现行负面清单的价值
  - 特殊进出口物品的许可监管要求
    - 特殊进出口物品
    - 特殊物品的监管条件
    - 特殊物品出入境审批流程

案例导入

2022年跨境电商正面清单调整

为促进跨境电子商务零售进口健康发展，2022年1月28日，财政部、海关总署等八部门联合发布《关于调整跨境电子商务零售进口商品清单的公告》（2022年第7号），自2022年3月1日起，优化调整《跨境电子商务零售进口商品清单（2019年版）》。

此次调整，增加了滑雪用品、家用洗碟机、番茄汁、猫砂等29项消费需求旺盛的商品，删除1项商品，调整了部分清单商品的税则号列，调整了206项商品的备注。调整后，清单商品总数达到了1476个，商品涵盖运动产品、家用电器、日常饮食等，丰富了国内市场供给，更好地满足了人民美好生活的需要。

为防止动植物疫病及有害生物传入和防范外来物种入侵，保护我国农林牧渔业生产安全、生态安全和公共卫生安全，农业农村部、海关总署联合发布第470号公告《中华人民共和国禁止携带、寄递进境的动植物及其产品和其他检疫物名录》，明确指出适用于通过邮递、快件和跨境电商直购进口等寄递方式进境的动植物及其产品和其他检疫物。为此，此次调整在涉及的商品税目备注中增加了"仅限网购保税商品"。

为对涉及含有濒危野生动植物成分的商品进行更加精准化的监管，促进行业的整体可持续发展，财政部、海关总署等八部委将《跨境电子商务零售进口商品清单（2019年版）》中无备注或备注内容为"列入《进出口野生动植物种商品目录》的商品除外"的商品，调整为"列入《进出口野生动植物种商品目录》且不能提供《中华人民共和国濒危物种进出口管理办公室非〈进出口野生动植物种商品目录〉物种证明》的商品除外"。

为履行《关于持久性有机污染物的斯德哥尔摩公约》《关于汞的水俣公约》，我国制定了《禁止进口货物目录（第七批）》。此次清单调整，也与《禁止进口货物目录（第七批）》相对应，在相关商品税目备注中增加了有关监管说明，即"列入《禁止进口货物目录（第七批）》的商品除外"。

工作子任务 1-1　正面清单

任务描述

初来乍到的王一川在看到关于跨境电商正面清单调整的新闻时,心生疑问:什么是正面清单呢?既然有正面清单,是不是还有负面清单呢?王一川开始对正面清单产生了兴趣,请你帮助王一川解答他心中的疑问吧!

知识准备

一、正面清单的定义

正面清单(Positive List),即《跨境电子商务零售进口商品清单》,又称海淘免税"白名单",该清单限制了跨境电子商务零售进口商品品类。只有在该清单范围内的商品才可以通过跨境电商模式进口。海关按该清单对跨境电子商务零售进口实施管理。

二、正面清单的参与主体

(1)跨境电子商务零售进口经营者:自境外向境内消费者销售跨境电子商务零售进口商品的境外注册企业,为商品的货权所有人。

(2)跨境电商第三方平台经营者:在境内办理工商登记,为交易双方(消费者和跨境电商企业)提供网页空间、虚拟经营场所、交易规则、交易撮合、信息发布等服务,设立供交易双方独立开展交易活动的信息网络系统的经营者。

(3)境内服务商:在境内办理工商登记,接受跨境电商企业委托为其提供申报、支付、物流和仓储信息,接受海关、市场监管等部门后续监管,承担相应责任的主体。

(4)消费者:跨境电商零售进口商品的境内购买人。

三、跨境电子商务零售进口商品清单

2016年3月24日,财政部、海关总署、税务总局联合发布《关于跨境电子商务零售进口税收政策的通知》,其中明确了自2016年4月8日起跨境电子商务零售进口税收政策适用于从其他国家或地区进口的、《跨境电子商务零售进口商品清单》范围内的商品。为促进跨境电子商务贸易的发展,《跨境电子商务零售进口商品清单》自2016年出台以来,已经进行了多次优化调整。例如,自2022年3月1日起,财政部、商务部等八部门联合优化调整《跨境电子商务零售进口商品清单(2019年版)》。

《跨境电子商务零售进口商品清单调整表》(部分)如表3-1所示。

表 3-1　《跨境电子商务零售进口商品清单调整表》（部分）

一、增加 29 项商品

序号	税则号列	商品描述	备注
1	03072910	其他扇贝	仅限网购保税商品
2	09102000	番红花	仅限网购保税商品
3	20095000	番茄汁	
4	21033000	芥子粉及其调味粉	
5	29252900	其他亚胺及其盐和衍生物	仅限一水肌酸
6	63023191	棉制其他床单	
7	63023192	棉制其他毛巾被	
8	63053900	其他化纤制货物包装袋	
9	64069091	活动式鞋内底、跟垫及类似品	
10	67041100	合成纺织材料制整头假发	
11	67042000	人发制假发	
12	84221100	家用型洗碟机	
13	84433221	数字式喷墨印刷机	
14	85198910	不带录制装置的其他唱机（不论是否带有扬声器）	
15	85234990	已录制的其他光学媒体	
16	85279200	带时钟的收音机	
17	85366900	用于电压不超过 1000 伏线路的插头及插座	
18	91139000	非金属制的表带及其零件	
19	94016190	装软垫的木框架的其他坐具	列入《进出口野生动植物种商品目录》且不能提供《中华人民共和国濒危物种进出口管理办公室非<进出口野生动植物种商品目录>物种证明》的商品除外
20	95045020	自带视频显示装置的视频游戏控制器及设备	
21	95045030	其他视频游戏控制器及设备	
22	95045080	视频游戏控制器的零件及附件	
23	95061100	滑雪屐	
24	95061200	滑雪屐扣件	
25	95061900	其他滑雪用具	
26	95063100	完整的高尔夫球棍	
27	95063900	其他高尔夫球用具	
28	96200010	专用于摄影摄像设备（一次成像照相机除外）或声音、视频收录放设备的独脚架、双脚架、三脚架及类似品	
29	96200090	其他独脚架、双脚架、三脚架及类似品	

知识拓展 3-1　　知识拓展 3-2

工作子任务 1-2　负面清单

任务描述

了解了正面清单的相关知识后，王一川猜想是不是还有负面清单，于是他迫不及待地想了解负面清单的相关内容。请同学们一起和王一川探索其中的奥秘吧！

知识准备

一、负面清单的定义

负面清单是指领域的"黑名单"，也指限制或禁止类的商品。负面清单管理模式，是指政府规定哪些经济领域不开放，除了清单上的禁区，其他行业、领域和经济活动都许可。凡是与外资的国民待遇、最惠国待遇不符的管理措施，或业绩要求、高管要求等方面的管理措施均以清单方式列明。

知识链接

市场准入负面清单制度

市场准入负面清单包括禁止准入类和限制准入类，适用于各类市场主体基于自愿的初始投资、扩大投资、并购投资等投资经营行为及其他市场准入行为。对禁止准入事项，市场主体不得进入，行政机关不予审批、核准，不得办理有关手续；对限制准入事项，或由市场主体提出申请，行政机关依法依规作出是否予以准入的决定，或由市场主体依照政府规定的准入条件和准入方式合规进入；对市场准入负面清单以外的行业、领域、业务等，各类市场主体皆可依法平等进入。

二、我国负面清单的历史发展

负面清单制度最初起源于国际经贸往来活动中，主要适用于一个国家对外商投资的准入监管。这一制度自出现以来，长时间内仅适用于国际经贸领域，是一个相对不为人熟知的制度。然而，随着我国改革开放和市场经济的发展，负面清单制度开始逐步引入国内法领域。负面清单以国际法的形式萌芽、形成并发展成熟后，发达国家和发展中国家分别以国内立法方式构建了自己的外资准入负面清单。从 2013 年开始，我国连

知识拓展 3-3

续颁布多版负面清单。每次我国发布的负面清单都是经过多次会议讨论，以国内法律法规为依据，并充分考虑实际情况制定的。

2024年，商务部发布了《跨境服务贸易特别管理措施（负面清单）》（2024年版）和《自由贸易试验区跨境服务贸易特别管理措施（负面清单）》（2024年版），这是中国在跨境服务贸易领域的重要政策创新，标志着中国首次在全国范围内建立跨境服务贸易负面清单管理制度。

跨境服务贸易负面清单是中国主动对标国际高标准经贸规则、推进制度型开放的重要举措。通过负面清单管理模式，明确限制或禁止外资进入的领域，未列入清单的领域则对外资开放，体现了"非禁即入"的原则。自由贸易试验区版负面清单在自然人职业资格、专业服务、金融、文化等领域作出开放安排，进一步推进跨境服务领域的扩大开放。负面清单的发布是中国推进制度型开放的重要举措，有助于吸引外资、优化营商环境。负面清单的制定体现了中国主动对接国际高标准经贸规则的决心，为全球服务贸易开放合作提供了新机遇。

三、我国现行负面清单的价值

负面清单的基本价值就在于能够践行国际通行经贸规则，寻求更高水平的透明度与自由度，进一步完善深化开放格局，推动外资市场准入逐步自由化，提高外资进入我国资本市场的效率，加速外国资本流入我国市场。政府发布《负面清单（2021年版）》可从多个方面充分发挥负面清单价值，推动高水平制度开放。

1. 人才与业务开放

《负面清单（2021年版）》取消了境外个人参加注册计量师、勘察设计注册工程师、注册消防工程师等10多项职业资格考试的限制。同时，允许境外律师事务所驻海南代表机构从事部分涉海南的商事非诉讼法律事务，取消境外服务提供者从事报关业务限制等。多方面落地实施，招揽人才，扩大专业服务业，实现平等、开放。

2. 运输便利

《负面清单（2021年版）》实施了更加开放的船舶运输政策和航空运输政策，在推动建设西部陆海新通道国际航运枢纽和航空枢纽方面将发挥重要作用。例如，它取消了境外船舶检验机构没有在中国设立验船公司，不得派员或者雇员在中国境内开展船舶检验活动的限制。同时，还取消了境外服务提供者从事航空气象服务的限制等。

3. 扩大金融业对外开放

《负面清单（2021年版）》不仅坚持金融服务实体经济，有序推进金融改革创新，还进一步扩大对外开放。例如，允许境外个人申请开立证券账户或期货账户，并且可以申请证券投资咨询从业资格和期货投资咨询从业资格等。

工作子任务 1-3　特殊进出口物品的许可监管要求

任务描述

学习完正面清单和负面清单后，王一川又心生疑问：进口或出口没有被列入清单的商品时没有任何障碍吗？有其他的管控措施吗？请同学们跟着王一川一起了解吧！

知识准备

古代历史上，航海技术的日渐成熟催生了一批又一批海洋霸主，同时也促进了世界贸易的发展，但不是所有的商品都可以毫无限制地在世界各地交易。例如，在古代，食盐由国家专营和管控，非政府机构不得贩卖私盐。在商品交易中，食盐是国家严格把控的交易商品。

在现代社会，仍有一些商品因某些原因而被严格控制交易，那么，什么样的商品会被特殊对待呢？这类商品在交易时需要遵守什么规定呢？

一、特殊进出口物品

海关总署公布的《出入境特殊物品卫生检疫管理规定》明确了特殊物品包括入境、出境的微生物、人体组织、生物制品、血液及其制品等，共计 4 个大类、43 个小类、58 个商品编码、165 个检验检疫编码。

出入境特殊物品易传播传染病，具有传播传染病的潜在风险、冷链运输及对通关速度要求高等特点，是海关严格检疫监管的对象，未经检疫许可，不准入境、出境。

按照海关总署的相关要求，各地海关对出入境特殊物品实施风险分级管理，按风险高低将出入境特殊物品分为 A，B，C，D 4 个等级。

A 级：《入/出境特殊物品卫生检疫审批单》（以下简称《特殊物品审批单》）有效期 3 个月，仅能使用一次，不能分次核销。

B 级：《特殊物品审批单》有效期 6 个月，可在有效期内多次使用，一次审批，分次核销。

C 级：《特殊物品审批单》有效期 12 个月，可在有效期内多次使用，一次审批，分次核销。

D级：《特殊物品审批单》有效期12个月，可在有效期内多次使用，一次审批，分次核销。

其中，属于A级、B级的出入境特殊物品为高风险特殊物品，必须进行后续监管；属于D级的出入境特殊物品的检疫审批可以授权分支机构进行行政许可审批。审批单超过有效期的，应当重新申请。

知识链接

特殊物品具体有哪些

微生物：指病毒、细菌、真菌、放线菌、立克次氏体、螺旋体、衣原体、支原体等医学微生物菌（毒）种及样本以及寄生虫、环保微生物菌剂。

人体组织：指人体细胞、细胞系、胚胎、器官、组织、骨髓、分泌物、排泄物等。

生物制品：指用于人类医学、生命科学相关领域的疫苗、抗毒素、诊断用试剂、细胞因子、酶及其制剂以及毒素、抗原、变态反应原、抗体、抗原-抗体复合物、核酸、免疫调节剂、微生态制剂等生物活性制剂。

血液：指人类的全血、血浆成分和特殊血液成分。

血液制品：指各种人类血浆蛋白制品。

二、特殊物品的监管条件

为了防止特殊物品中存在传染物质的物品传入或传出，防控生物安全风险，海关总署已规范管理特殊物品出入境流程。《出入境特殊物品卫生检疫管理规定》中明确提出"直属海关负责辖区内出入境特殊物品的卫生检疫审批工作"，入境特殊物品的货主或者其代理人应当在特殊物品交运前向目的地直属海关申请特殊物品审批；出境特殊物品的货主或者其代理人应当在特殊物品交运前向其所在地直属海关申请特殊物品审批。

不是所有申请人都可以向检验检疫局递交卫生检疫申请书，申请特殊物品审批应当具备以下条件。

（1）法律法规规定须获得相关部门批准文件的，应当获得相应批准文件。

（2）具备与出入境特殊物品相适应的生物安全控制能力。

申请人递交申请表后，根据《出入境特殊物品卫生检疫管理规定》中审批办结时限的要求，直属海关应当自受理申请之日起20个工作日内作出是否许可的决定。20个工作日内不能作出决定的，经本行政机关负责人批准，可以延长10个工作日。根据检验检疫局对特殊物品的审核，海关对符合检验检疫要求的物品予以放行。需实施后续监管的入境特殊物品，其使用单位应当在特殊物品入境后30日内，向目的地海关申报，由目的地海关实施后续监管。

三、特殊物品出入境审批流程

（一）申请

入境特殊物品的货主或者其代理人应当在特殊物品交运前向目的地直属海关申请特殊物品审批。

出境特殊物品的货主或者其代理人应当在特殊物品交运前向其所在地直属海关申请特殊物品审批。

（二）受理

直属海关对申请人提出的特殊物品审批申请，应当根据下列情况分别作出处理。

（1）申请事项依法不需要取得特殊物品审批的，应当即时告知申请人不予受理。

（2）申请事项依法不属于本单位职权范围的，应当即时作出不予受理的决定，并告知申请人向有关行政机关或者其他直属海关申请。

（3）申请材料存在可以当场更正的错误的，应当允许申请人当场更正。

（4）申请材料不齐全或者不符合法定形式的，应当当场或者自收到申请材料之日起5日内一次性告知申请人需要补正的全部内容。逾期不告知的，自收到申请材料之日起即为受理。

（5）申请事项属于本单位职权范围，申请材料齐全、符合法定形式，或者申请人按照本单位的要求提交全部补正申请材料的，应当受理行政许可申请。

（三）审查

直属海关对申请材料应当及时进行书面审查。并可以根据情况采取专家资料审查、现场评估、实验室检测等方式对申请材料的实质内容进行核实。

（四）决定

申请人的申请符合法定条件、标准的，直属海关应当自受理之日起 20 日内签发《特殊物品审批单》。申请人的申请不符合法定条件、标准的，直属海关应当自受理之日起 20 日内作出不予审批的书面决定并说明理由，告知申请人享有依法申请行政复议或者提起行政诉讼的权利。出入境特殊物品卫生检疫申报流程如图 3-1 所示。

直属海关应当自受理申请之日起 20 日内作出是否许可的决定。直属海关 20 日内不能作出审批或者不予审批决定的，经本行政机关负责人批准，可以延长 10 日，并应当将延长期限的理由告知申请人。

```
                        申请人提出申请
                              │
   ┌──────────┬──────────┼──────────┬──────────┐
   ▼          ▼          ▼          ▼          ▼
不需要行政  不属于本海关  材料齐全且  材料不齐全或者不  不具备海关行政许可
许可的，    职权的，作出  符合法定   符合法定形式的，一  申请资格的，作出不
即时告知    不予受理决定，形式的     次性告知申请人需要  予受理的决定
申请人      并告知申请人             补正的材料
            向其他海关或
            有关行政机关
            申请
                         │          │
                         ▼          ▼
                      予以受理   补正后材料仍不齐全
                                或者仍不符合法定形
                                式的，不予受理
                         │
                         ▼
                      海关审核 ───▶ 申请不符合法定条
                         │           件、标准的，不予
                         ▼           许可
                    申请符合法定条件、
                    标准的，准予许可
```

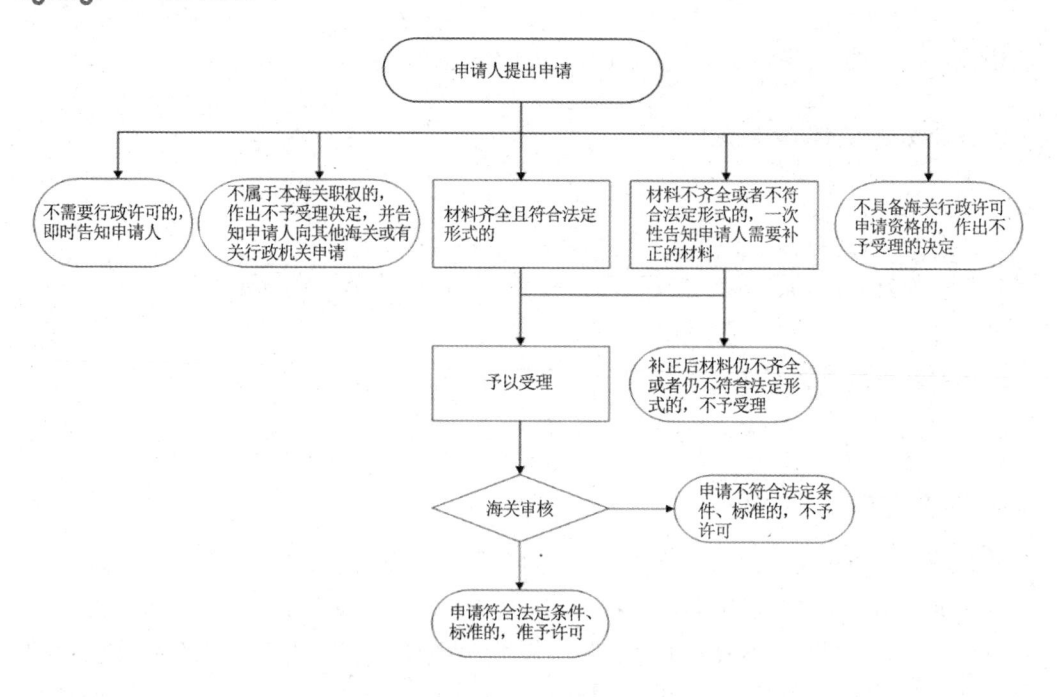

图 3-1 出入境特殊物品卫生检疫申报流程

知识链接

企业申报特殊物品的流程

1. 申请报关

入境特殊物品到达口岸后，货主或者其代理人凭《特殊物品审批单》及其他材料向入境口岸海关报检。出境特殊物品的货主或者其代理人应当在出境前凭《特殊物品审批单》及其他材料向其所在地海关报检。

报检材料不齐全或者不符合法定形式的，海关不予入境或者出境。

2. 海关查验与监管

口岸海关对经卫生检疫符合要求的出入境特殊物品予以放行。申报材料不齐全或者不符合法定形式的，特殊物品名称、成分、批号等各项查验项目与《特殊物品审批单》内容不符的，特殊物品包装发生破损、渗漏的，海关不予入境或者出境。需实施后续监管的入境特殊物品，其使用单位应当在特殊物品入境后 30 日内，到目的地海关申报，由目的地海关实施后续监管。《出入境特殊物品卫生检疫审批申请表》如表 3-2 所示。《出入境特殊物品卫生检疫审批申请表（附表）》如表 3-3 所示。

表 3-2 《出入境特殊物品卫生检疫审批申请表》

中华人民共和国海关

CUSTOMS OF THE PEOPLE'S REPUBLIC OF CHINA

出入境特殊物品卫生检疫审批申请表

APPLICATION OF IMPORT / EXPORT SPECIAL ARTICLES FOR

VERIFICATION OF HEALTH AND QUARANTINE

申请流水号 No: ＿＿＿＿＿＿

单位名称（盖章）	组织机构代码
Applicant （Stamp）＿＿＿＿＿＿	Code of Representative＿＿＿＿＿＿
单位地址	邮政编码
Address ＿＿＿＿＿＿	Postal Code ＿＿＿＿＿＿
联系人　　　　　　　联系电话	传真
Linkman ＿＿＿＿　Tel. ＿＿＿＿	Fax ＿＿＿＿＿＿

发货人
Consigner ＿＿＿＿＿＿＿＿＿＿＿＿＿＿＿＿＿＿＿＿＿＿＿＿＿＿＿＿＿＿＿＿＿＿

收货人	合同号
Consignee ＿＿＿＿＿＿	Compact No. ＿＿＿＿＿＿
特殊物品种类	特殊物品类别
Class of special articles＿＿＿＿	Sort of special articles＿＿＿＿
总数　　　　　　　重量	总货值
Quantity ＿＿＿＿ Weight ＿＿＿＿	Total Amount （USD）＿＿＿＿
生产厂家	生产批号
Manufacturer ＿＿＿＿＿＿	Produce mark ＿＿＿＿＿＿
输出/输入国家和地区	启运地　　　　　　目的地
Country & region from or to ＿＿＿＿	Port of loading ＿＿＿＿ Port of destination＿＿＿＿
批准部委	许可证（批文）编号
Authorized ministries and commissions ＿＿	License No. ＿＿＿＿＿＿
入境/出境口岸	入境/出境日期
Port of entry/departure ＿＿＿＿	Date of arrival/departure ＿＿＿＿

入境后的生产、加工、使用、存放地址
The place of manufacture, machining, use or hold after entry ＿＿＿＿＿＿

用途说明
Purpose describe＿＿＿＿＿＿

储存条件：　　□常温　　　　□冷藏　　　　□冷冻　　　□其他
Deposited condition: □Normal temperature □Refrigeration □Freeze □Others ＿＿＿＿

含有或可能含有的微生物	微生物危险性等级
Microbe which contain or likely contain ＿＿＿	Risk lever＿＿＿＿
使用单位实验室：	是否 P3 实验室：□ 是　□ 否
The lab of using unit ＿＿＿＿	Is it a P3 lab：□ Yes　□ No

随附文件 Attachment:
□1. 准出入证明（原件、复印件）；Licence（original and copy）
□2. 特殊物品描述性文件（中英文对照）；Descriptive Document（Chinese-English）
□3. 检验报告；Test Report
□4. 国内使用单位实验室生物安全等级证明（原件、复印件）；Licence for BSL of the lab （original and copy）
□5. 其他 Others：＿＿＿＿

本表所填内容真实，保证严格遵守出入境特殊物品卫生检疫的有关规定，特此声明。
I declare that all above is true, and I will scrupulously abide by all the rules of the import / export special articles of health and quarantine.

签名/盖章 Signature/official stamp：＿＿＿＿＿　　日期 Date：＿＿＿＿

表 3-3　《出入境特殊物品卫生检疫审批申请表（附表）》

中华人民共和国海关
CUSTOMS OF THE PEOPLE'S REPUBLIC OF CHINA
出入境特殊物品卫生检疫审批申请表（附表）
APPLICATION OF IMPORT / EXPORT SPECIAL ARTICLES FOR VERIFICATION OF HEALTH AND QUARANTINE （ATTACHMENT）

申请流水号 No：

中文名称 Chinese name	英文名称 English name	数量 Quantity	重量 Weight	主要成分列项 List of component	用途 Purpose

工作任务二　合理运用通关政策

学习目标

※【知识目标】

1. 了解我国通关管理的具体法规与制度。
2. 知晓跨境电商零售进出口商品监管措施。
3. 了解跨境电商综试区的优惠政策。

※【技能目标】

1. 理解通关管理政策合规要求。
2. 能够合理运用通关政策。

※【素质目标】

1. 能够主动思考、沟通并与团队合作。
2. 具有规则意识。
3. 具备一定的问题解决能力。
4. 具有一定的创新创业思维能力。
5. 培养知法守法、诚实守信的思想。

工作项目三 跨境电商通关政策

思维导图

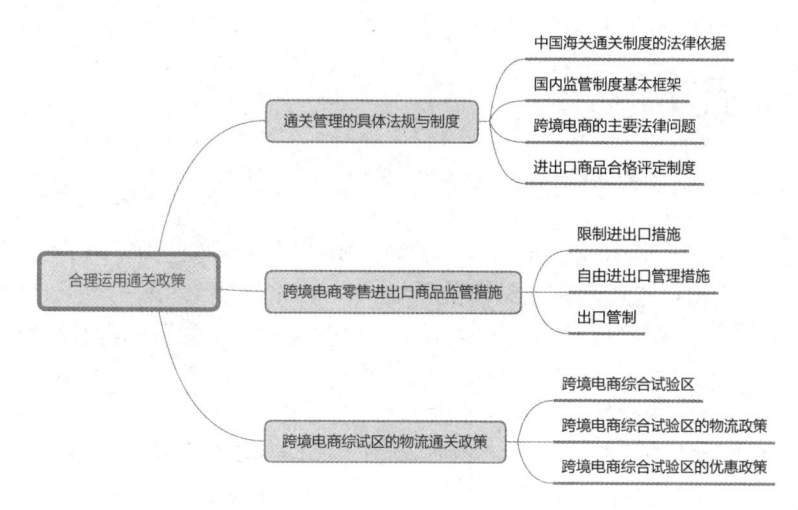

- 合理运用通关政策
  - 通关管理的具体法规与制度
    - 中国海关通关制度的法律依据
    - 国内监管制度基本框架
    - 跨境电商的主要法律问题
    - 进出口商品合格评定制度
  - 跨境电商零售进出口商品监管措施
    - 限制进出口措施
    - 自由进出口管理措施
    - 出口管制
  - 跨境电商综试区的物流通关政策
    - 跨境电商综合试验区
    - 跨境电商综合试验区的物流政策
    - 跨境电商综合试验区的优惠政策

案例导入

我国现存最早的通关管理法规——《津关令》

1983年12月到1984年1月,江陵张家山汉墓出土了1600多枚竹简,其中247号墓发掘的《二年律令》中除了《金布律》《效律》等20余种法令外,还有《津关令》一篇,共37枚。《津关令》是吕后二年(公元前186年)以制诏形式颁发的法律之一,完整记载了西汉初期的关津管理办法,是我国现存最早的通关管理制度文物。

据《津关令》(见图3-2)记载,汉代关、津设于水陆交通要塞,设关都尉等负责关津的日常管理,在检查行人和违禁物品、征收关税、缉拿罪犯、军事防御等方面起着重要作用。汉代实行严格的通关管理制度,吏民出入关津须携带"符""传"等有效证件。

图3-2 《津关令》

作为反映汉代关津制度的国家一级文物,《津关令》原件现存于荆州博物馆。2007年,经湖北省文物局批准,荆州博物馆为当时正在筹建的中国海关博物馆复制了一套(共37枚)张家山汉简《津关令》。

工作子任务2-1 通关管理的具体法规与制度

任务描述

在王一川对跨境电商可流通的商品有了初步认识后,其同事小张告诉他,要想成为

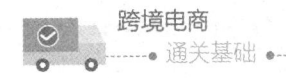

一名合格的报关员，需要先了解相关的通关流程和法律法规。那么，国家对通关有哪些具体的法律规定呢？跨境电商又涉及哪些法律问题呢？让我们和王一川一起了解通关的法规与制度吧！

知识准备

一、中国海关通关制度的法律依据

《海关法》规定"进出境运输工具、货物、物品，必须通过设立海关的地点进境或者出境""进口货物自进境起到办结海关手续止，出口货物自向海关申报起到出境止，过境、转运和通运货物自进境起到出境止，应当接受海关监管"。海关根据《海关法》和国家有关进出口的政策、法律、规定，监督管理货物和运输工具的合法进出，检查并处理非法进出、逃避关税等走私违法活动。

海关对进出境运输工具、货物、物品管理的基本要求主要有以下几点原则。

1. 依法如实申报的原则

任何进出境的运输工具、货物、物品在进出境时，必须向海关进行真实、准确、完整的申报，海关接受申报后，方可进行进出境活动。

2. 接受海关监管的原则

在海关未放行之前，一切活动均在海关监管之下，有关货物的各项活动应经过海关的准许，必要时应接受海关查验。

3. 海关放行后提取的原则

只有在海关按国家各项规定对申报情况和货物情况进行审核、查验，并征收相应税费后办理放行手续，货物所有人、运输工具负责人方可对其采取下一步处置措施。

二、国内监管制度基本框架

《中华人民共和国电子商务法》（以下简称《电子商务法》）规定："中华人民共和国境内的电子商务活动，适用本法。"根据《电子商务法》的规定，无论是电子商务交易活动还是跨境电子商务交易活动都适用于该法。同时《电子商务法》第二十六条规定："电子商务经营者从事跨境电子商务，应当遵守进出口监督管理的法律、行政法规和国家有关规定。"这条规定说明了跨境电子商务不仅仅要遵守电子商务的普遍规定，还要遵守有关进出口贸易的法律规定，包括海关、税收、进出境检疫等制度。

2016年，海关总署发布第26号文件《关于跨境电子商务零售进出口商品有关监管事宜的公告》，跨境电商开始建立管理体制。随着《关于促进跨境电商健康发展的若干意见》出台，国家也在逐渐完善跨境电商的监管体系。通关管理法规一览表如表3-4所示。

表 3-4　通关管理法规一览表

序号	公告	文号	内容	文件当前状态
1	《关于跨境电子商务零售进出口商品有关监管事宜的公告》	海关总署公告2016年第26号	跨境电商零售进出口商品监管	废止
2	《关于规范跨境电子商务支付企业登记管理的公告》	海关总署公告2018年第27号	跨境电商支付企业登记管理	废止
3	《关于跨境电子商务零售进出口商品有关监管事宜的公告》	海关总署公告2018年第194号	跨境电商零售进出口商品通关管理、税收征管、退货管理及其他事项	2019年1月1日实施，至今仍旧有效
4	《关于跨境电子商务企业海关注册登记管理有关事宜的公告》	海关总署公告2018年第219号	跨境电商企业海关注册登记管理	2019年1月1日实施，至今仍旧有效
5	《关于完善跨境电子商务零售进口监管有关工作的通知》	商财发（2018）486号	跨境电商零售进口参与主体的责任与义务	2019年1月1日实施，至今仍旧有效
6	《关于全面推广跨境电子商务进出口商品退货监管措施有关事宜的公告》	海关总署公告2020年第44号	跨境电商出口商品退货监管措施	2020年3月27日实施，至今仍旧有效
7	《关于跨境电子商务零售进口商品退货有关监管事宜的公告》	海关总署公告2020年第45号	跨境电商进口商品退货监管措施海关总署公告2018年第219号与本公告不一致之处，以本公告为准	2020年3月28日实施，至今仍旧有效

三、跨境电商的主要法律问题

跨境电商主要有税收、跨境支付、检验检疫、知识产权、平台责任、信息使用大数据、消费者权益保护、外资准入8个方面的法律问题。这些问题对于跨境电商的健康发展至关重要，其中最为重要的法律问题因具体情况而异，但通常认为跨境支付、知识产权是最为关键的两个法律问题。

（一）跨境支付

跨境支付包括银行间直接支付和跨境第三方支付。银行间直接支付是指根据2013年3月外汇局下发的《支付机构跨境电子商务外汇支付业务试点指导意见》，消费者用本国货币在境外网站下单，通过试点支付机构转化成外币付给境外商家。跨境第三方支付主要依据央行《关于金融支持中国（上海）自由贸易试验区建设的意见》和央行上海总部《关于上海市支付机构开展跨境人民币支付业务的实施意见》，其支付特点是以人民币结算，省去币种兑换，缩短支付周期，避免了汇差损失。

1. 银行间直接支付

银行间直接支付是指跨境电商平台与跨境买卖双方开设账户的商业银行直接沟通，通过与平台对接的银行入口进行支付结算。这种支付方式与传统外贸企业的支付方式没有本质区别，但它能够从根本上保障支付数据的安全。

知识拓展 3-4

就跨境电商出口收款而言，银行间直接支付可细分为境外外汇账户收款、境内经常项目外汇账户收款或跨境人民币账户收款。

直接收款模式流程图如图 3-3 所示。

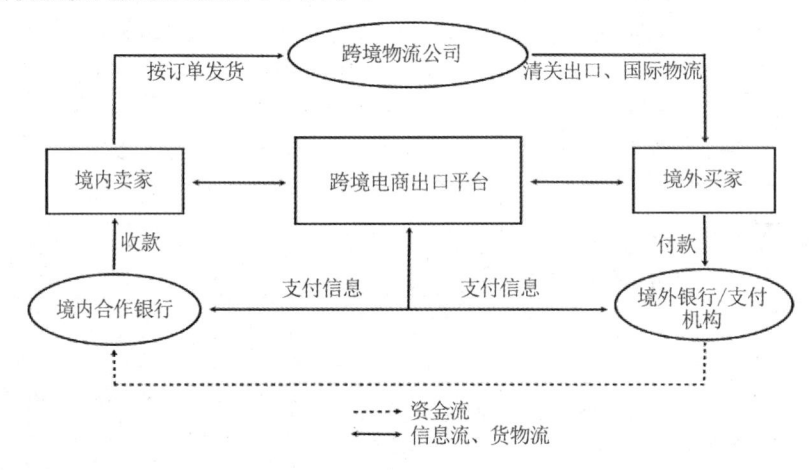

图 3-3　直接收款模式流程图

2. 跨境第三方支付

在跨境电商零售进出口业务模式中，第三方支付机构是指根据中国人民银行《非金融机构支付服务管理办法》的规定取得《支付业务许可证》，在收款人与付款人之间作为中介机构提供全部或部分货币资金转移服务的非银行机构，如支付宝、微信支付等。

跨境第三方支付背后的资金流和信息流颇为复杂，简而言之，即第三方支付机构在对应的银行有一个专用的备付金账户，境外买家付款后，货款先到达第三方支付机构的备付金账户，境外买家确认收货之后，第三方支付机构再从备付金账户打款给境内卖家的账户。例如，阿里巴巴开发的速卖通平台绑定了第三方支付机构——国际支付宝。

第三方支付机构解决了跨境电商平台单独对接各银行的难题，降低了平台开发成本和平台使用费率，不仅为用户提供了更加友好的跨境支付操作界面，还可以在买家和卖家的交易中发挥货款监管的作用，因此，跨境第三方支付是目前大多数跨境电商出口平台上境内卖家使用的收款方式。

跨境电子商务快速发展，跨境支付的重要性将愈加凸显，这是跨境电商出口平台的核心利益所在。跨境支付方式不同，合作平台和使用范围不同，手续费、交易时间、支付流程、数据风险及合作门槛等都存在差异。跨境人民币支付、数字人民币等业务逐渐成熟，为跨境支付提供了新思路。同时，数据安全问题也是跨境电子交易主体进行商务活动的"达摩克利斯之剑"。跨境电子交易主体要结合跨境支付方式的优点、缺点和适用条件,从自身情况出发,选择适合的跨境支付方式。

第三方支付收款模式流程图如图 3-4 所示。

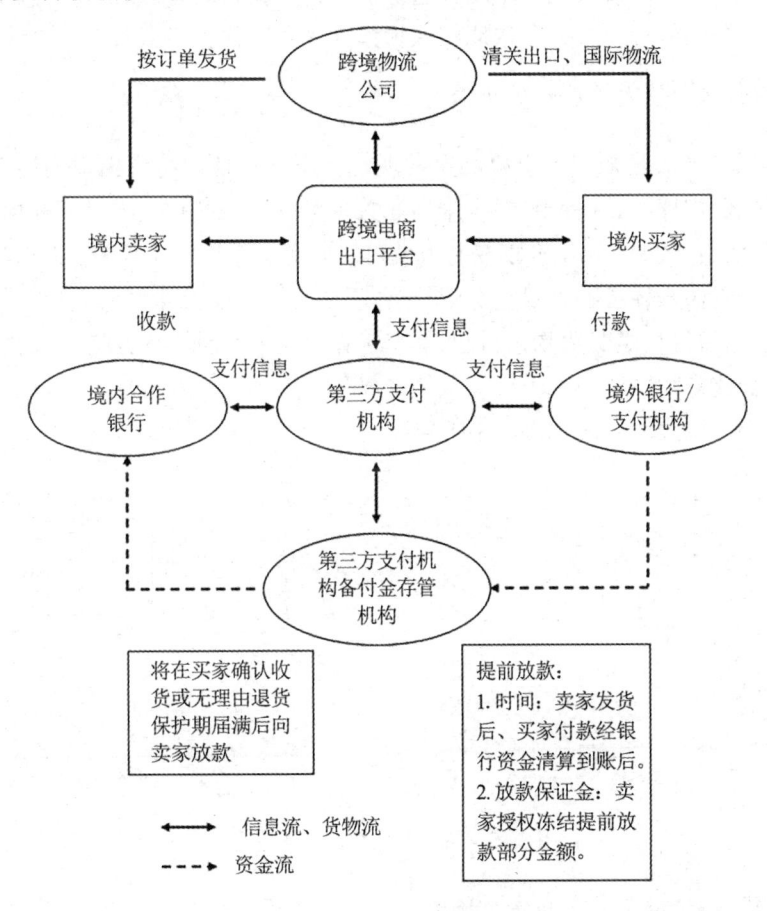

图 3-4　第三方支付收款模式流程图

（二）知识产权

知识产权是基于创造成果和工商标记依法产生的权利的统称。知识产权主要包括著作权、专利权、商标权 3 种。跨境电商知识产权主要是品牌抢注,境外公司在境内准备开展业务时有可能碰到该品牌在境内已经被人注册的情况,反之亦然。

知识产权权利人可以向海关递交申请书,请求海关扣留侵权嫌疑货物。申请书包括下列主要内容。

（1）知识产权权利人的名称或者姓名、注册地或者国籍等。

（2）知识产权的名称、内容及其相关信息。

（3）侵权嫌疑货物收货人和发货人的名称。

（4）侵权嫌疑货物名称、规格等。

（5）侵权嫌疑货物可能进出境的口岸、时间、运输工具等。

同时,知识产权权利人还要向海关提供侵权嫌疑货物的海关备案号,缴纳不超过货物本身价值的保证金,支付侵权嫌疑货物被扣留期间所产生的仓储、保管等费用。

按照是否由知识产权权利人主动提出保护申请,可将知识产权的保护模式分为依申请保护模式(被动保护模式)和依职权保护模式(主动保护模式)。

1. 依申请保护模式(被动保护模式)

依申请保护模式是知识产权权利人发现侵权嫌疑货物即将进出口而向当地海关提出并启动海关保护程序。这种模式下,未向海关备案的知识产权仍旧具有被保护的权力,只要是中国合法有效的,知识产权权利人就可以向海关申请给予保护。知识产权权利人应在海关扣留侵权嫌疑货物之日起 20 个工作日内向人民法院申请诉前停止侵权或财产保护裁定。自扣留侵权嫌疑货物之日起 20 个工作日内未收到人民法院协助执行通知的,海关将会放行该货物。

依申请保护模式流程图如图 3-5 所示。

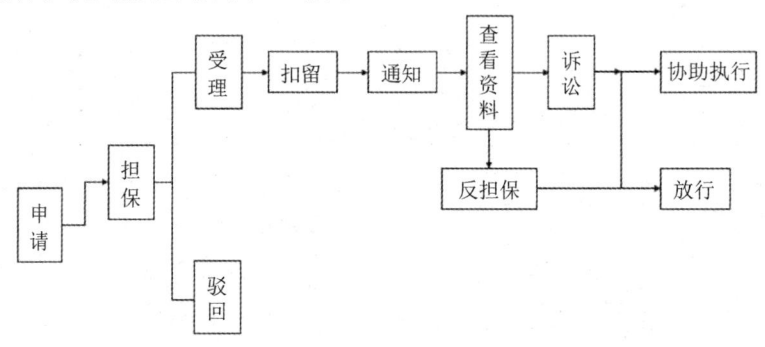

图 3-5　依申请保护模式流程图

2. 依职权保护模式(主动保护模式)

依职权保护模式是海关对进出口货物实施监管时,发现存在侵犯海关备案在册的知识产权的嫌疑货物而主动对侵权嫌疑货物实施扣留,并立即书面通知知识产权权利人。权利人自通知送达之日起 3 日内可递交保护申请,以启动主动保护程序,并提供不超过 10 万元的担保金。

在启动主动保护程序后,海关需要在 30 个工作日内完成对侵权嫌疑货物的调查,得出认定结论,从而帮助人民法院执行后续执行动作。一般认定结论有 3 种,分别是认定侵权、认定不侵权、不能认定侵权。

(1)认定侵权。经海关认定侵权嫌疑货物确有侵权行为,海关将没收货物并对当事人进行处罚。如果涉嫌犯罪的,将移交公安机关进行后续处理。

(2)认定不侵权。收货人或发货人有充分证据证明侵权嫌疑货物未侵犯他人知识产权的,海关将放行被扣留的侵权嫌疑货物。

(3)不能认定侵权。海关对扣留的侵权嫌疑货物进行调查,不能认定货物是否侵犯有关知识产权的,应当自扣留侵权嫌疑货物之日起 30 个工作日内书面通知知识产权权利人和收发货人。对海关不能认定有关货物是否侵犯其知识产权的,知识产权权利人可以向人民法院申请采取责令停止侵权行为或者财产保护措施。海关自扣留侵权嫌疑货物之日起 50 个工作日内收到人民法院协助扣押有关货物书面通知的,应当给予协助;未收到人民法院协助扣押通知或者知识产权权利人要求海关放行有关货物的,海关应当放行货物。

知识拓展 3-5

依职权保护模式流程图如图 3-6 所示。

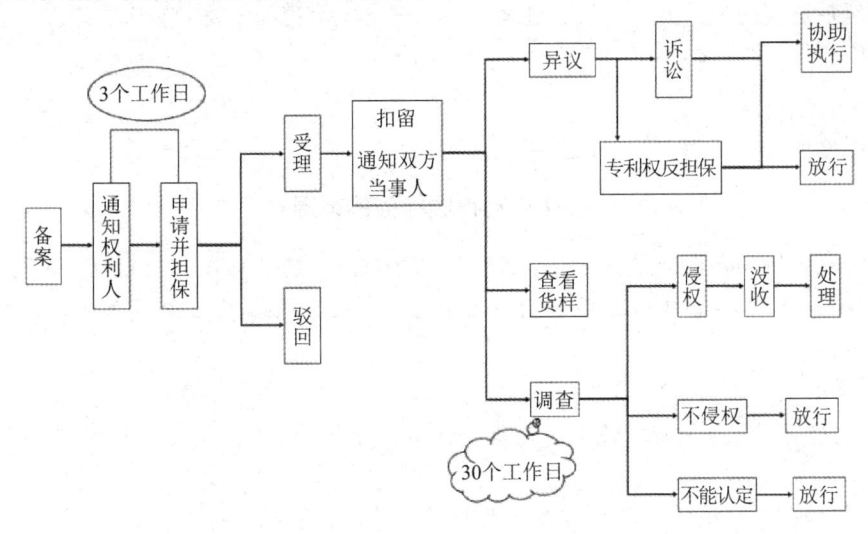

图 3-6　依职权保护模式流程图

四、进出口商品合格评定制度

进出口商品合格评定制度就是出入境检验检疫制度,是我国出入境重要制度之一。进出口商品合格评定制度中包括进出口商品检验制度、进出境动植物检疫制度、国境卫生监督制度和进出境食品安全检验制度。

(一)进出口商品检验制度

进出口许可管理制度是根据国家对外贸易方针和政策,对进出口货物由经贸主管部门签发许可证等方式来实施管理的一项制度。进出口许可证可以保护和稳定国内经济免受国际市场冲击。

商品检验对商品的质量、规格、数量、重量、包装,以及是否符合安全、卫生要求进行检验,并出具检验证书。我国商品检验的种类分为 4 种,分别是法定检验、合同检验、公证鉴定和委托检验。对法律、行政法规、部门规章规定有强制性标准或者其他必须执行的检验标准的进出口商品,依照法律、行政法规、部门规章规定的检验标准进行检验;未规定有强制性标准或者其他必须执行的检验标准的进出口商品,依照对外贸易合同约定的检验标准检验。

(二)进出境动植物检疫制度

为防止动物传染病,寄生虫病和植物危险性病、虫、杂草以及其他有害生物传入、传出国境，保护农、林、牧、渔业生产和人体健康，促进对外经济贸易的发展，国家规定对进出境的动植物及其产品实施检疫。凡属动植物检疫的进出境货物，无论以何种贸易方式进出境，都应当在报关前报请入境或出境口岸的动植物检疫机构实施检疫。在动植物检疫机构发放《检疫放行通知单》或在货运单据上加盖检疫放行章后，再向海关申报。

实施动植物检疫监督管理的方式有：实行注册登记、疫情调查、检测和防疫指导等。其内容包括进境检疫、出境检疫、过境检疫、进出境携带和邮寄物检疫，以及出入境运输工具检疫等。

知识链接

应实施动植物检疫的范围

应实施动植物检疫的范围包括：进出境的动植物、动植物产品和其他检疫物，装载动植物、动植物产品和其他检疫物的容器、包装物及来自动植物检疫区的运输工具。例如：

① 动物：家畜、家禽、兽、蛇、鱼、虾、蟹、贝、蚕、蜂等。

② 动物产品：生皮张、毛类、肉类、脏器、油脂、蛋类、血液、精液、胚胎、骨、蹄、角等。

③ 植物：栽培植物、野生植物及其种子、种苗、繁殖材料等。

④ 植物产品：粮食、稻类、棉花、油类、麻类、烟草、籽仁、干果、鲜果、蔬菜、生药材、木材、饲料等。

（三）国境卫生监督制度

设立国境卫生监督制度的目的是加强国境口岸和国际航行交通工具的卫生监督工作，改善国境口岸和交通工具的卫生面貌，控制和消灭传染源，切断传播途径，防止传染病由国外传入和由国内传出，保障人民身体健康。

国境卫生监督制度主要针对对外开放的港口、机场、车站、国境口岸和停留在这些处所的国际航行的船舶、飞机和车辆。其主要监督职能包括：进出境检疫、国境传染病监测、进出境卫生监督等。

（四）进出境食品安全检验制度

进出境食品安全检验制度是根据《中华人民共和国食品安全法》及其实施条例、《中华人民共和国进出口商品检验法》及其实施条例、《中华人民共和国进出境动植物检疫法》及其实施条例和《国务院关于加强食品等产品安全监督管理的特别规定》等法律法规制定的。

进出境食品安全检验制度的职能包括：对进口食品安全检疫、对境外食品安全情势监控预警、对出口食品安全抽检，以及评估和审查向我国出口食品的境外国家（地区）的出口食品安全管理体系和食品安全状况等。

工作子任务 2-2　跨境电商零售进出口商品监管措施

任务描述

了解了跨境电商的相关法律后，王一川跃跃欲试，想跟着小张一起去体验报关流程。小张问道："你知道我们公司的哪些商品可以自由进出口，哪些商品被限制进出口吗？哪些商品和店铺需要进出口许可证？货物的进出口许可证又如何办理呢？"这三连问让王一川哑口无言，无奈地摇摇头，只能继续求助。

知识准备

因为对外贸易管制是一项综合制度，所涉及的行业非常多，所以了解我国相关的监管制度和措施是每个外贸从业人员必备的技能。

一、限制进出口措施

目前，我国限制进出口货物管理按照其限制方式可分为进出口许可证管理和进口关税配额管理。

（一）进出口许可证管理

进出口许可证由国家对外经贸行政管理部门代表国家统一签发，不得买卖、转让、涂改、伪造或变造。根据进出口许可证制度，商品的进出口都要在申领了进出口许可证以后，方可对外签订合同或办理订货手续，没有进出口许可证，一律不准进出口。进出口许可证的主要内容包括：商品名称、规格、数量、进出口商国别、期限、总值、运输方式、贸易方式和支付方式等。

1. 进口许可证管理

按照管理方式，进口许可证管理分为许可证管理和绝对配额管理。按照许可证有无限制，许可证可分为一般许可证和特种进口许可证。根据进口许可证与进口配额的关系，进口许可证分为有定额的进口许可证和无定额的进口许可证。

我国对进口货物没有设置绝对配额管理，可实施进口许可证管理的商品包括以下两类。

（1）重点旧机电产品属于我国限制进口许可证件管理商品，包括：旧化工设备、旧金属冶炼设备、旧工程机械、旧印刷机械、旧纺织机械、旧船舶类、旧矽鼓、旧 X 射线管等 13 个大类。

（2）消耗臭氧层物质属于我国限制进口许可证管理商品，包括：甲基氯仿、三氯氟甲烷（CFC-11）、二氯二氟甲烷（CFC-12）等 49 个商品编号的商品。

对于这些进口物品的申报，为了统一管理，规范申报流程，我国规定了进口许可证申请模板（见表 3-5）和进口许可证申请流程（见图 3-7）。

表 3-5 进口许可证申请模版

中华人民共和国进口许可证

IMPORT LICENCE OF THE PEOPLE'S REPUBLIC OF CHINA

NO.××××××××

1.进口商： Importer	3.进口许可证号： Import license No.
2.收货人： Consignee	4.进口许可证有效截止日期： Import license expiry date
5.贸易方式： Trade mode	8.出口国（地区） Country/Region of exportation
6.外汇来源： Terms of foreign exchange	9.原产国（地区） Country/Region of origin
7.报关口岸 Place of clearance	10.商品用途 Use of goods

11.商品名称 Description of goods	商品编码 Code of goods

12.规格、型号 Specification	13.单位 Unit	14.数量 Quantity	15.单价 Unit price	16.总值 Amount	17.总值折美元 Amount in USD
18.总价 Total					

19.备注 Supplementary details	20.发证机关签章 Issuing authority's stamp & signature
	21.发证日期 License date

中华人民共和国商务部监制（××××）

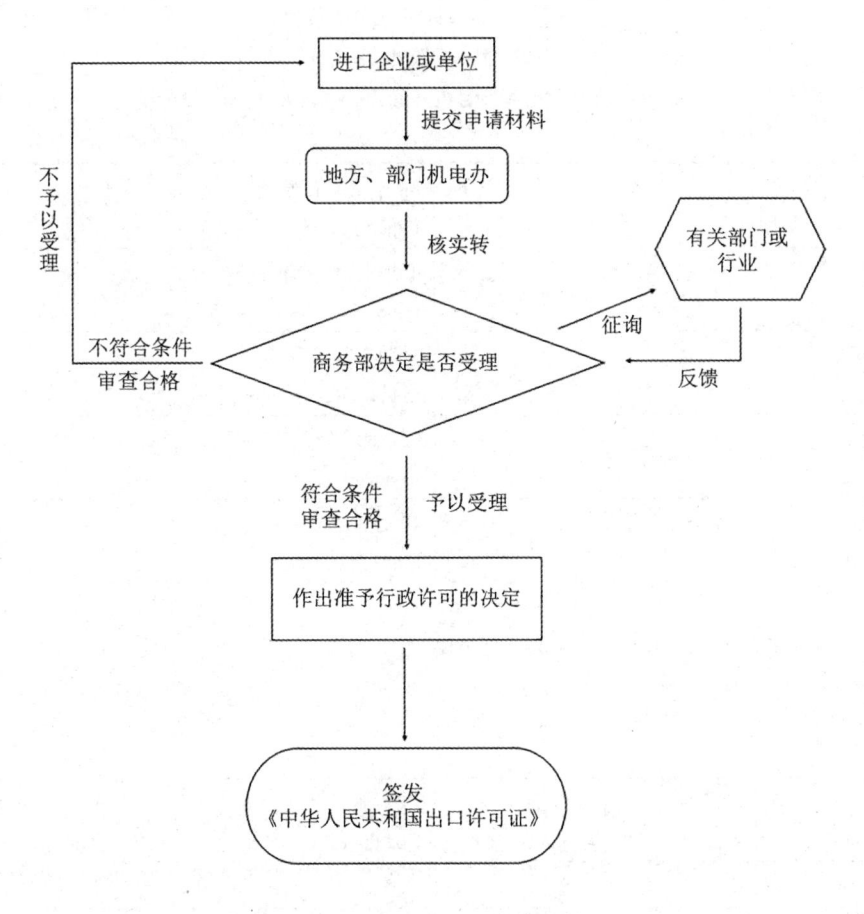

```
                    进口企业或单位
                         │
                         │ 提交申请材料
                         ▼
                   地方、部门机电办
   不                     │
   予                     │ 核实转
   以                     ▼                    有关部门或
   受     不符合条件    ╱商务部决定╲   征询       行业
   理     审查合格   ╱  是否受理    ╲◄─────
                    ╲              ╱──────►
                     ╲            ╱    反馈
                      ╲          ╱
                         │
                   符合条件│ 予以受理
                   审查合格▼
                   作出准予行政许可的决定
                         │
                         ▼
                       签发
                  《中华人民共和国出口许可证》
```

图 3-7　进口许可证申请流程

2. 出口许可证管理

按照管理方式，出口许可证管理分为配额许可证管理、配额招标管理和许可证管理。2024 年，实行许可证管理的出口货物有 43 种。对外贸易经营者出口目录内所列货物的，应向商务部或者商务部委托的地方商务主管部门申请取得出口许可证，凭出口许可证向海关办理通关验放手续。

商品的出口也需要审核，并持证上岗。为统一管理，规范申报流程，我国规定了出口许可证申请模板（见表 3-6）和出口许可证申请流程（见图 3-8）。

表3-6 出口许可证申请模版

中华人民共和国出口许可证
EXPORT LICENCE OF THE PEOPLE'S REPUBLIC OF CHINA

NO.××××××××

1.出口商： Exporter	3.出口许可证号： Export license No.
2.发货人： Consignor	4.出口许可证有效截止日期： Export license expiry date
5.贸易方式： Trade mode	8.进口国（地区） Country/Region of purchase
6.合同号： Contract NO.	9.付款方式 Payment
7.报关口岸 Place of clearance	10.运输方式 Mode of transport

11.商品名称 Description of goods		商品编码 Code of goods			

12.规格、型号 Specification	13.单位 Unit	14.数量 Quantity	15.单价 Unit price	16.总值 Amount	17.总值折美元 Amount in USD
18.总价 Total					
19.备注 Supplementary details			20.发证机关签章 Issuing authority's stamp & signature		
			21.发证日期 License date		

中华人民共和国商务部监制（××××）

```
                    ┌─────────────────┐
                    │  出口企业或单位  │
                    └────────┬────────┘
                             │ 提交申请材料
                             ▼
                    ┌─────────────────┐
   不予受理 ◄────── │  省级商务主管部门 │
                    └────────┬────────┘
                             │ 核实转
                             ▼                    ┌──────────┐
                         ◇─────────◇   征询      │ 有关部门或 │
   不符合条件     ─────◄│ 商务部决定 │──────────►│   行业    │
   审查合格            │ 是否受理   │◄──────────│          │
                      ◇─────────◇    反馈      └──────────┘
                             │ 予以受理
                   符合条件   │
                   审查合格   ▼
                    ┌─────────────────┐
                    │ 作出准予行政许可的决定 │
                    └────────┬────────┘
                             ▼
                    ┌─────────────────┐
                    │      签发        │
                    │《中华人民共和国  │
                    │    出口许可证》  │
                    └─────────────────┘
```

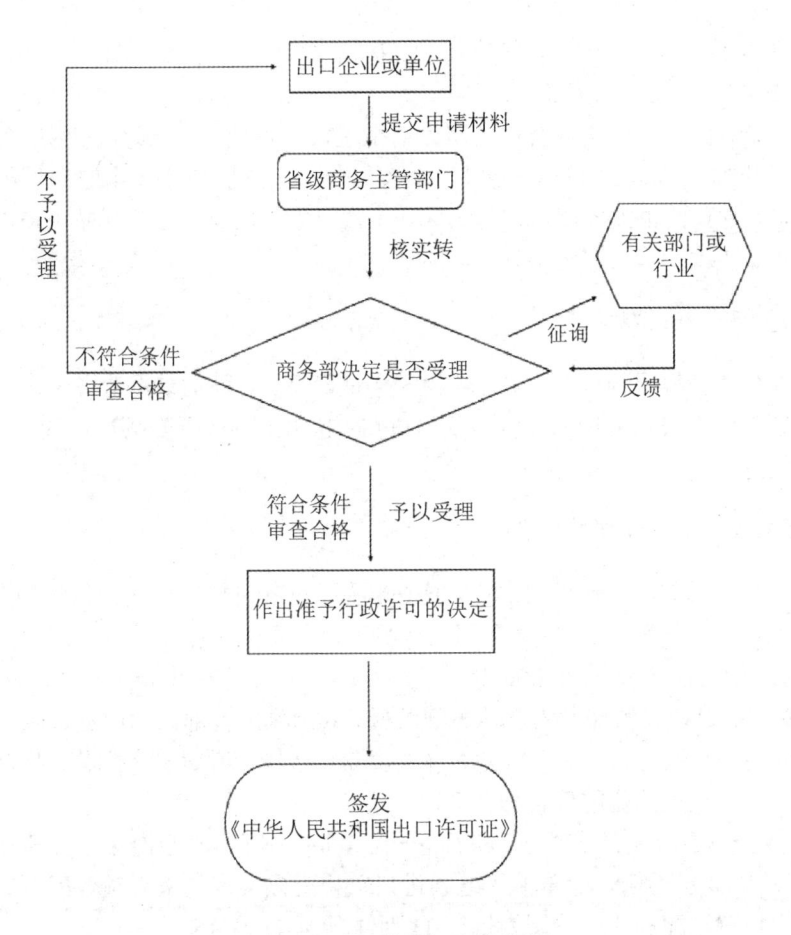

图 3-8　出口许可证申请流程

3．报关规范

（1）进口许可证的有效期为 1 年，当年有效。特殊情况需要跨年度使用时，有效期最长不超过次年 3 月 31 日，逾期将自行失效。

（2）出口许可证有效期最长不超过 6 个月，有效期截止时间不得超过当年 12 月 31 日，逾期将自行失效。除特殊情况，商务部视情况而定，可调整货物出口许可证的有效期。

（3）进出口许可证一经签发，不得擅自更改证面内容。如需更改，经营者需要在许可证有效期内提出更改申请，并将许可证原件交回原发证机构，由原发证机构重新换发许可证。

（4）进出口许可证实行"一证一关"管理。一般情况下，进出口许可证为"一批一证"。若要实行非"一批一证"，须同时在进出口许可证备注栏标注"非一批一证"字样，最多不超过 12 次，由海关在许可证背面"海关验放栏"逐批签注核减进出口数量。

（5）对实行"一批一证"进出口许可证管理的大宗、散装货物，以出口原油为例，其溢装数量在货物总量 3%以内予以免证，其他货物溢装数量在货物总量 5%以内的予以免证；对实行"非一批一证"制的大宗、散装货物，每批货物出口时，按其实际出口数量进行许可证证面数量核扣,在最后一批货物出口时,应按许可证实际剩余数量溢装上限,即5%以内计算免证数额。

(6)国家对部分出口货物实行指定出口报关口岸管理。出口此类货物,须向指定发证机构申领出口许可证,并在指定口岸报关出口;发证机构须按指定口岸签发出口许可证。例如,甘草的报关口岸指定为天津、上海、大连口岸;甘草制品出口的报关口岸指定为天津、上海口岸。

(二)进口关税配额管理

关税配额管理属限制进口,实行关税配额证管理。对外贸易经营者经国家批准取得关税配额证后允许按照关税配额税率征税进口;超出限额或无配额进口的,则按照配额外税率征税进口。

1. 实施关税配额管理的农产品

每年1月1日前,商务部、国家发展改革委通过各自授权机构向最终用户发放"农产品进口关税配额证",加盖"商务部农产品进口关税配额证专用章"或"国家发展和改革委员会农产品进口关税配额证专用章"。

(1)农产品进口关税配额为全球关税配额,其国家主管部门为商务部及国家发展改革委,企业通过一般贸易、加工贸易、易货贸易、边境小额贸易、援助、捐赠等贸易方式进口农产品均列入关税配额管理范围。

(2)"农产品进口关税配额证"实行"一证多批"制度,直至海关核注栏填满为止。

(3)以2024年为例,除羊毛、毛条进口关税配额实行先来先领分配方式以外,其他农产品出口关税配额的申请期为每年11月1日至11月15日。

(4)农产品进口关税配额的分类是根据申请者的申请数量和以往进口实绩、生产能力、其他相关商业标准或根据先来先领方式进行分配。分配最小数量将根据每种农产品商业上可行的转运量确定。

2. 实施关税配额管理的工业品

(1)化肥进口关税配额为全球配额,商务部负责全国化肥关税配额管理工作。关税配额内化肥进口,海关凭进口单位提交的"化肥进口关税配额证明",按配额内税率征税,并验放货物。

(2)"化肥进口关税配额证明"实行"一证多批"管理,需要延期或证面栏目内容需要变更的,一律重新办理,旧证同时撤销。

(3)商务部于每年的9月15日至10月14日公布下一季度的关税配额数量。申请单位应当在每年的10月15日至10月30日向商务部提出化肥关税配额的申请。

二、自由进出口管理措施

国家除禁止、限制货物的进出口之外,同样也有允许自由进出口的商品。这些商品不受进出口限制,基于进出口检测需要,在报关程序上会稍微轻松一些,签发自动进出口许可证。自动进出口许可证是国家对部分自由进出口的货物,对外贸易经营者向政府提出申请,应当获得批准,并不得附加任何其他限制条件。自动进出口许可证是对自由进出口货物实行有效监测的手段。我国的自动进出口许可证分为自动进口许可证和自动出口许可证两种。

自动进口许可证件由许可证局、各地特派办、地方发证机构及地方机电产品进出口机构签发。目前,涉及的管理目录是商务部公布的《自动进口许可管理货物目录》,对应的许可证件是"中华人民共和国自动进口许可证"。

自2018年10月起,在全国范围内对属于自动进口许可管理的货物许可证件申领和通关作业实行无纸化。进口单位按规定向商务部或者商务部委托的机构申领"自动进口许可证"电子证书,并以通关作业无纸化方式向海关办理报关验放手续。

自动进口许可证的有效期为6个月,但仅限公历年度内有效。同一进口合同项下,收货人可以申请并领取多份自动进出口许可证。

"自动进出口许可证"货物原则上实行"一批一证"管理,对部分货物也实行"非一批一证"管理。对实行"非一批一证"的货物,其许可证在有效期内可以分批次累计报关使用,但累计次数不超过6次。每次报关,海关将会留存复印件,最后一次使用后,海关留存正本。

对实行"一批一证"的自动进口许可证管理的大宗、散装货物,其溢装数量在货物总量3%以内的原油、成品油、化肥、钢材4种大宗散装货物予以免证,其他货物溢装数量在货物总量5%以内的予以免证;对实行"非一批一证"制的大宗、散装货物,每批货物进口时,按其实际出口数量核扣自动进口许可证额度数量,在最后一批货物出口时,应按自动进口许可证实际剩余数量的允许溢装上限,即5%以内计算免证数额。但是以加工贸易方式进口化肥报关时,需提交自动进口许可证。

三、出口管制

出口管制是国家出于政治、经济、军事和对外政策的需要,制定的商品出口的法律和规章,以对出口国别和出口商品实行控制。

(一)出口管制清单

国际上统一的做法是将需要纳入出口管制的物品统一编入清单,我国已编制的现行出口管理清单有《核出口管制清单》《两用物项和技术出口许可证管理目录》等。《中华人民共和国出口管制法》颁布后,国家出口管制管理部门将会根据维护国家安全和利益的形势需要和出口管制政策的变化,按照规定程序会同有关部门制定、调整管制物项出口管制清单,并及时公布。

(二)临时管制

临时管制的实施期限不超过2年。临时管制实施期限届满前应及时进行评估,根据评估结果决定取消临时管制、延长临时管制或临时管制物项纳入出口管制清单。

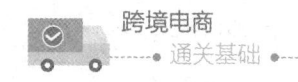

（三）禁止出口

禁令包括相关管制物项的出口禁令及出口对象的禁令，即根据维护国家安全和利益、履行防扩散等国际义务的需要，经国务院批准，或者国务院、中央军事委员会批准，国家出口管制管理部门会同有关部门可以禁止相关管制物项的出口，或者禁止相关管制物项向特定目的国家和地区，特定组织和个人出口。

（四）最终用户和最终用途风险管理制度

国家出口管制管理部门建立管制物项最终用户和最终用途风险管理制度，对管制物项的最终用户和最终用途进行评估、核查，加强最终用户和最终用途管理。国家对有下列情形之一的进口商和最终用户建立管控名单。

（1）违反最终用户或者最终用途管理要求的。

（2）可能危害国家安全和利益的。

（3）将管制物项用于恐怖主义目的的。

对列入管控名单的进口商和最终用户，国家出口管制管理部门可以采取禁止、限制有关管制物项交易，责令中止有关管制物项出口等必要的措施。

工作子任务 2-3　跨境电商综试区的物流通关政策

任务描述

同事小张给王一川普及完相关管制措施后，王一川有些担忧，这么多的管制措施会不会使商品物流的通关过程异常烦琐呢？小张解释道："国家已经出台了相关政策对跨境商品物流通关进行简化。"王一川又提起了兴趣。

知识准备

一、跨境电商综试区

为了有一个更好的跨境电商环境，帮助今后跨境电商解决发展中深层次矛盾和体制性难题，形成完整、良好的产业链和生态链，推动我国跨境电商健康发展，我国在部分城市设立跨境电子商务综合试验区（以下简称跨境电商综试区）先行试点。

杭州跨境电商综试区重点打造了"六体系两平台"方案。"六体系"包括信息共享服务体系、金融服务体系、智能物流体系、电商信用体系、风险防控体系和统计监测体系。"两平台"分别是线上"中国国际贸易单一窗口"平台和线下"综合园区"平台。

"六体系两平台"的建立旨在通过海关、国检、税务、外汇管理等部门的数据交换，形成"信息互换、监管互认、执法互助"的政府管理模式，从而实现通关一体化等诸多贸易便利；通过电商、物流、银行等机构的数据交换，实现金融服务、物流服务方面的便利，解决电商企业的融资困难、汇兑困难，降低物流运输成本。

二、跨境电商综试区的物流政策

在物流通关方面，跨境电商综试区对跨境电子商务实行"清单核放、集中纳税、代扣代缴"的便利化、一体化、无纸化通关模式，在跨境电子商务 B2B 方式相关环节进行先行先试，逐渐形成较为成熟的做法。

（1）线上"一站式"服务系统。以杭州为首的部分跨境电商综试区通关综合服务平台实现跨境电商"一站式"电子化服务。

（2）以"中国国际贸易单一窗口"为平台。建立信息交换共享机制，打通海关、国税、外汇管理、检验检疫、商品、物流、金融之间的信息壁垒，坚持"一点接入"原则，简化优化监管流程。

（3）针对 B2C 进口模式，建立线上信息核查库。以中国（合肥）跨境电子商务综合试验区为例，通过对接公安部门数据库，为海关提供跨境购物个人身份信息的验证，提供全国人员身份信息核查服务，实现本地、异地人口信息比对。

（4）针对 B2B 出口模式，推动海外仓发展，鼓励跨境电商企业，尤其跨境电商平台企业自建或租用海外仓，并建立进出口货物海外仓和精品商品体验馆相结合的"前展后仓"模式，加强售后服务、现场展示等功能。

知识链接

前展后仓模式

建立进出口货物海外仓并且和商品体验馆相结合，融合展会、直播、洽谈、签约、物流、配送等贸易全流程，直接服务中国出口企业，实现供应链高效对接的外贸新模式。以山东青岛在荷兰设立的展贸一体项目为例，通过在仓库内开辟专门的商品展示区，可以协助中国企业将产品样品运送到荷兰展仓基地、邀请欧洲本地采购商到现场选购，该仓库也顺势成为后续贸易的中转仓。

（5）简化通关手续，实行"简化申报、清单核放、汇总统计"，不再汇总形成报关单，全程推进无纸化便利通关。例如，杭州打造了全球首个跨境电商数字口岸，可实现一键申报、全国通关、一次申报、一次查验、一次放行的快速通关流程。

三、跨境电商综试区的优惠政策

商务部、海关总署、税务总局等部门出台了一系列支持跨境电商综试区发展的政策措施，最具含金量的主要有以下 4 个方面。

（一）无票免税

"无票免税"是指出口企业只要登记相应的销售方名称、纳税人识别号、货物名称、数量、单价和总金额等进货信息，就可以享受免征增值税的优惠。在跨境电商综试区内注册的企业，其出口货物没有取得有效进货凭证且不属于官方明确取消出口退（免）税的货物。该货物通过跨境电商综试区所在地海关办理了电子商务出口申报手续的，也适用无票免税的政策，此类企业可进行核定征收，跨境电商综试区内核定征收的跨境电商企业采用应税所得率的方式核定征收企业所得税，应税所得率统一按照4%确定。无票免税大大减轻了跨境电商企业的人力、时间成本，加快了退税进程。

（二）所得税核定征收

为配合落实好"无票免税"政策，自建跨境电子商务销售平台或利用第三方跨境电子商务平台开展电子商务出口的企业，实行企业所得税核定征收政策。

由于跨境电商企业可以准确核算收入，为简化纳税人和税务机关操作，跨境电商综试区内核定征收的跨境电商企业统一采用核定应税所得率方式核定征收企业所得税。同时，为进一步减轻企业负担，促进出口业务发展，跨境电商综试区核定征收的跨境电商企业的应税所得率统一按照4%执行。

（三）通关便利化

海关通过采用"清单核放，汇总申报"的便利措施进行监管验放，提高企业通关效率、降低通关成本。

在汇总申报过程中，要根据海关要求的"八同原则"进行汇总，分别是：同一收发货人、同一运输方式、同一生产销售单位、同一运抵国、同一出境关别、同一最终目的国、同一10位海关商品编码、同一币别。

（四）放宽进口监管

对跨境电商零售进口商品不执行首次进口许可批件、注册或备案要求，按个人自用进境物品监管。但对相关部门明令暂停进口的疫区商品和对出现重大质量安全风险的商品启动风险应急处置时除外。

工作任务三 查询商品归类

学习目标

※【知识目标】

1. 识记HS码的结构。
2. 概述《协调制度》商品归类规则。

3. 辨识我国海关进出口商品的主要分类目录。
4. 知晓商品编码的查找方法。
5. 了解海关归类争议的处理。

※【技能目标】

1. 能够区分国际通行编码和本国编码。
2. 能够说出 HS 码的组成部分。
3. 能够根据 HS 码前四位说出商品的章、目、子目。
4. 能够快速查询进出口商品的 HS 码。
5. 能够根据给定商品快速查找商品所属范围。
6. 能处理海关归类时出现的异常情况。

※【素质目标】

1. 能够主动思考、沟通并与团队合作。
2. 具备一定的问题解决能力。
3. 具有一定的创新创业思维能力。

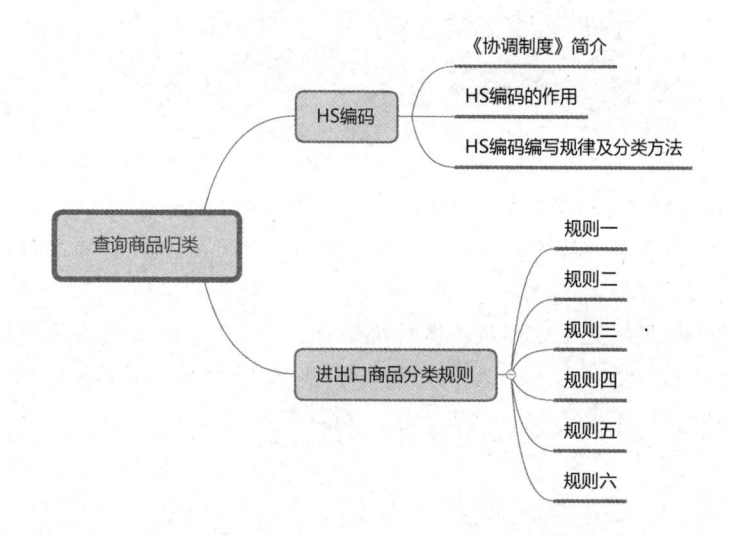

思维导图

```
                          ┌─ 《协调制度》简介
              ┌─ HS编码 ──┼─ HS编码的作用
              │           └─ HS编码编写规律及分类方法
查询商品归类 ──┤
              │                    ┌─ 规则一
              │                    ├─ 规则二
              │                    ├─ 规则三
              └─ 进出口商品分类规则 ┼─ 规则四
                                   ├─ 规则五
                                   └─ 规则六
```

案例导入

荷荷巴油的归属

2021 年 8 月 24 日，上海浦江海关发布关于辽宁晟麦实业股份有限公司在申报过程中，对商品编码申报不实的违法行为作出罚款人民币 28000 元的行政处罚。

2019 年 9 月 18 日，当事人委托上海瑞廷国际货运代理有限公司向海关申报进口一般贸易项下2项货物,其中第2项货物荷荷巴油10080千克,申报总价108864欧元,申报商品编号3301299999,关税税率15%,报关单号220120191000422907。经查,上述货物实际商品编号应为1515901000,关税税率20%。经核定,本案涉案货物价值人民币1153972.27元,涉及税款人民币48082.18元。根据《海关法》第八十六条,当事人上述行为违反海关监管规定。

荷荷巴油,又名霍霍巴油、西蒙德木,由其外文名Jojoba的谐音所取中文译名。辽宁晟麦实业股份有限公司将荷荷巴油归入商品编号3301299999。该商品编号的商品描述为:其他非柑橘属果实的精油。而荷荷巴油所属的类目为:第六类化学工业及其相关工业的产品(第二十八章至三十八章),章节为第三十三章:精油及香膏;芳香料制品及化妆盥洗品。品目为3301:精油(无萜或含萜),包括浸膏及净油;香膏;提取的油树脂;用花香吸取法或浸渍法制成的含浓缩精油的脂肪、固定油、蜡及类似品。荷荷巴植物如图3-9所示。

图 3-9 荷荷巴植物

《税则注释》1515品目注释中明确注明:西蒙德木油即霍霍巴油。西蒙德木油与荷荷巴油为同一种类商品。其次,其所归类目、章节、品目皆与实际货物的来源及特性相符:即属植物油及其分离品。

由此可见,进出口企业应按照归类总规则,再结合商品归类的法律依据以及货物的实际状况对其进出口货物进行合理、准确归类,避免因归类不当造成申报不实、漏缴税款等情况。同时,也不要为了减少上缴税款而抱有侥幸心理。

工作子任务 3-1 HS 编码

任务描述

在了解海关相关通关政策之后,王一川拿起桌上的海关编码工具书,海关编码让他看得头疼。这些海关编码到底是什么含义?为什么有些编码较长,有些编码较短?请帮助王一川一起查找资料,了解海关编码是如何组成的。

知识准备

商品分类是指根据一定的管理目的，满足商品生产、流通、消费活动的全部或部分需要，以选择的适当的商品基本特征作为分类标志，逐次归纳为若干个范围更小、特质更趋一致的子集合体（类目），从而使该范围内所有商品得以明确区分与体系化的过程。

一、《协调制度》简介

《协调制度》的全称是《商品名称及编码协调制度》，简称 HS 编码。它实际上就是一个国际贸易商品分类目录，是开展国际贸易的通用语言和标准工具。《协调制度》是由世界海关组织的前身"海关合作理事会"所创设。

目前，《协调制度》已经建立了完整、系统、通用、准确的国际贸易商品分类体系，成为国际贸易商品分类的一种"标准语言"。它较好地满足了国际贸易各方面的需要，为国际贸易的发展提供了一个有效的工具。世界上 201 个国家和地区采用了《协调制度》，98%以上的国际贸易是在《协调制度》的协调下进行的。

二、HS 编码的作用

HS 编码主要有以下作用。

1. 体现商品信息。通过 HS 编码进行查询，可以通过系统快速准确地显示相关信息。更重要的是，根据 HS 编码的编写逻辑，能够大致了解商品所处的商品范围，为后续工作带来便利。

2. 便于海关对商品进行监管。通过 HS 编码，方便海关对进出口的商品进行相关的监管以及统计，便于后续商品的处理和追踪。企业也可以根据 HS 编码查询，提供监管条件证明对商品进行申报。

3. 统一税率。商品使用 HS 编码后，根据编码数字的前几位能够确定一般商品范围所需要的税种；再结合 HS 编码后几位数字，能够精确商品种类并给出明确的税种税率规定。税务局也可以根据 HS 编码，明确对商品进行相关税种的征收等。

HS 编码共有 22 个大类 98 章，章以下再分目、子目。HS 编码共有 1241 个四位数的税目，5113 个六位数子目。国际通行的 HS 编码由 2 位码、4 位码和 6 位码编制而成，6 位以后的编码由各国自定。我国从 1992 年起采用 HS 编码体系，现在由 10 位编码组成。

《中华人民共和国进出口税则》确定前四位编码，《中华人民共和国进出口税则品目注释》确定商品第五位、第六位的品目，《中华人民共和国进出口税则本国子目注释》确定商品第七位、第八位子目，HS 编码的第九位、第十位为商品的附加码。

以全脂奶粉为例，全脂奶粉的海关编码名称为脂肪量>1.5%未加糖固状乳及稀奶油。其海关编码为 0402210000。其中 04 为章号，即该商品属于第一类第四章"乳品；蛋品；天然蜂蜜；其他食用动物产品"；02 为在第四章下排在第二位次的分类内容："浓缩、加

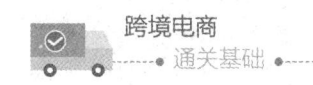

糖或其他甜物质的乳及奶油",即该商品的顺序号;2和1分别是第四章下的一级子目和二级子目;倒数第三位和第四位"00"是中国本国编写的子目;最后两位是海关附加编号。

三、HS 编码编写规律及分类方法

1. 编写规律

海关商品目录的编写是有一定规律的,无论是独立的章节还是相关联的章节,一般都按商品加工程度的深浅来排列。例如第一章至第二十四章,从动植物的活体开始,随着加工程度的不同,遵循的是从原料到半成品、成品和制成品这样的规律。单一章节的如第三十九章,也是遵循从塑料的原材料到半成品再到塑料制成品这样的规律,其他很多章节除机电产品类及少量商品以外大都遵循这个规律。因此,一般的商品可以根据对其加工程度的判断来确定其大体章节及在章节中的大体位置。

从分类上看,基本以社会生产进行分类。HS 编码目录大体根据第一产业到第三产业进行编写,农业、畜牧业为先;之后是第二产业的工业、制造业、建筑业等;一些价值量高和管制用品放在目录靠后的位置,这些商品在出口时需要满足许多监管条件和限制条件并且不是经常流通。从章上看,大致以商品的自然属性、功能和用途进行划分;从品目上看,排列顺序是原材料先于成品,加工程度低的产品为先,加工程度高的产品为后,具体品名先于一般品种。例如电脑用的散热风扇,税则书中风扇和电脑零件都有列名,应该按电脑零件来归还是按风扇来归,显然风扇比电脑零件列名具体,即更能具体描述出该商品的特征,所以该商品应归在 8414 的风扇内,而不应该归在 8471 的电脑零件中。

部分 HS 编码系统类章目如图 3-10 所示。

2. 分类方法

(1)品名归类。

商品在归类时,依照其详细名称归类,商品名称与海关编码名称统一,这种归类方法也叫详细归类、详细列明归类。世界各地对同一种商品的叫法不同,商品名称与海关编码名称相一致的现象为少数,因此需要获取该商品尽量详细的资料,例如主要用途、使用方法、成分等,有利于更加快速准确查询到商品编码。品名归类相较于其他商品归类方法较为简单,可以直接对应海关编码,但要非常注意类注、章注或子目注释的说明。

(2)用途归类。

如果申报商品不似第一类商品可直接用品名匹配到,那么可以根据商品的用途来将其归类。例如,冷藏容积 500 升的冷藏设备,其最显著的用途特征之一就是冷藏,应归在机械设备下冷藏装置,HS 编码为 8418692090。

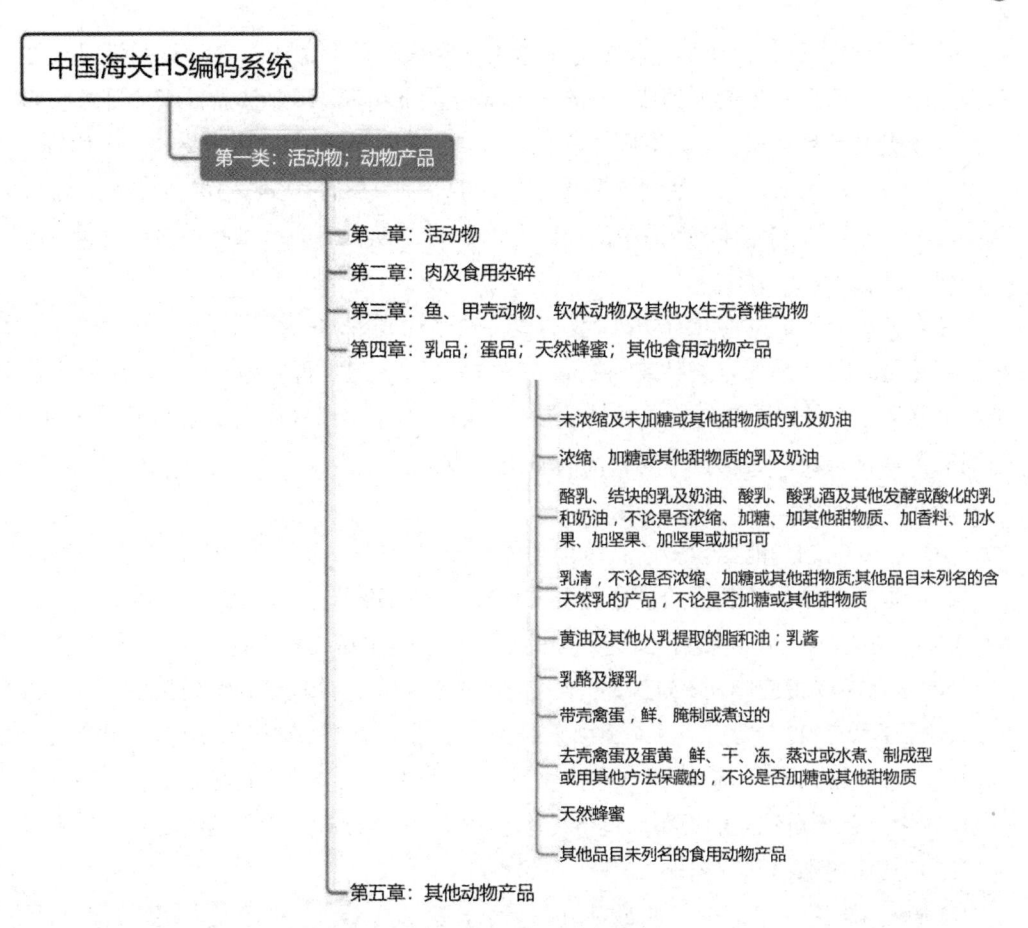

```
中国海关HS编码系统
  └─ 第一类：活动物；动物产品
        ├─ 第一章：活动物
        ├─ 第二章：肉及食用杂碎
        ├─ 第三章：鱼、甲壳动物、软体动物及其他水生无脊椎动物
        ├─ 第四章：乳品；蛋品；天然蜂蜜；其他食用动物产品
        │     ├─ 未浓缩及未加糖或其他甜物质的乳及奶油
        │     ├─ 浓缩、加糖或其他甜物质的乳及奶油
        │     ├─ 酪乳、结块的乳及奶油、酸乳、酸乳酒及其他发酵或酸化的乳和奶油，不论是否浓缩、加糖、加其他甜物质、加香料、加水果、加坚果、加坚果或加可可
        │     ├─ 乳清，不论是否浓缩、加糖或其他甜物质；其他品目未列名的含天然乳的产品，不论是否加糖或其他甜物质
        │     ├─ 黄油及其他从乳提取的脂和油；乳酱
        │     ├─ 乳酪及凝乳
        │     ├─ 带壳禽蛋，鲜、腌制或煮过的
        │     ├─ 去壳禽蛋及蛋黄，鲜、干、冻、蒸过或水煮、制成型或用其他方法保藏的，不论是否加糖或其他甜物质
        │     ├─ 天然蜂蜜
        │     └─ 其他品目未列名的食用动物产品
        └─ 第五章：其他动物产品
```

图 3-10 部分 HS 编码系统类章目

（3）成分归类。

成分归类，又叫混合分类。倘若商品里面由多种成分构成，但是没有编码和该产品名称相符合，要按照组成这一产品本质属性的材料或构件分类。

在实际应用中，涉及多种成分的进出口商品类别繁多，如食品、金属制品、纺织品等。在做此类分类时，我们要把握以下 3 个原则。

① 不许含有原则：该原则指在条文或注释中不允许含有某种成分，哪怕 0.01%也不行。从另一个角度来看，该原则可以说是百分比界定原则的特例，即含有某种成分的最大百分比限定为零，否则便要其归入其他类别。例如第二十八章、第二十九章的化学品除注释有说明的之外，都是不能含有其他物质的化学品，否则一律归入第三十八章。

② 百分比界定原则：该原则是指在含有多种成分的商品中，按条文或注释规定的商品某些成分是否超过或低于某个固定百分比的情况来进行归类。例如，第十三章章注一规定，按重量计蔗糖含量在 10%以上或制成糖食的甘草浸膏应当归入品目 17.04。

知识拓展 3-6

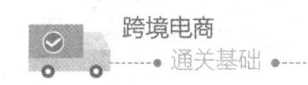

③ 重量最大原则：该原则指的是在含有多种成分的商品中，在进行归类时，往往参考此产品中所含重量最大的成分。若各个成分重量相等，则要按品目或子目顺序归入税则号较大的品目或子目。该原则是多种成分商品归类原则中最为重要的一个原则，使用面也比较广。例如，某一快餐产品按重量计算含有15%的鸡肉、10%的猪肉、65%的蔬菜，其余为配料，因为该产品中的动物原料超过20%，鸡肉重量超过猪肉重量，所以它应归入品目 1602.3100。

除多种成分制成的商品分类外，我们也会经常遇到各种完整品设备和零部件的归类。根据商品是否已经具备完整品或制成品的基本特征，决定是否以完整品标准进行申报归类。如果是零部件，需要判断是否具备独立功能。如果零部件在完整品中不可分割，则按照机器零件归类；否则按照完整品设备来申报归类。

（4）靠后归类。

当一种商品的功能比较多而其每项功能又相对比较平均，无法认定其主要功能时，一般在税则书上排列较后面的税号优于排列较前面的税号。例如，组合音响具有 CD 功能、DVD 功能、收音功能等，像这一类商品，很难确定哪一种功能比较主要，CD 机应归在 8520，DVD 机应归在 8521，收音机应归在 8527，这时就必须用到从后原则。因为8520、8521 和 8527 这 3 个税号在税则书上的排列中，8527 最靠后，所以该组合机的正确归类应归在 8527 中，但这有一个前提，实现以上 3 种功能的设备必须是装在同一个机壳内，若由 3 台相对独立的设备通过电缆相互连接，则必须按 3 种不同的税号单独申报。

（5）其他类别模糊归类法。

其他类别模糊归类法，又叫最贴近归类法，随着高新科技的迅猛发展，新式商品不断涌现，出现商品无法适用以上归类方法。该方法遵循"品名—用途—成分—类别"的原则，使用该方法可找出与商品最为接近的类别。

工作子任务 3-2　进出口商品分类规则

任务描述

在了解商品编码的组成之后，王一川又开始了新的思考，如果有新的商品被纳入进出口名单中又应该如何分类呢？分类的标准是什么？出现分歧又应该如何解决呢？请同学们帮助王一川，知晓海关编码的类别，正确处理商品归类争议问题。

知识准备

为了能够方便快速查找商品对应的 HS 编码，避免商品归类出现争议而难以界定的情况，《协调制度》中编写了商品在归类上应遵循的规则，指导并保证商品归类统一的法律依据。归类总规则的优先级顺序是：规则一优先于规则二，规则二优先于规则三，以此类推。

规则一

类、章及分章的标题，仅为查找方便而设。具有法律效力的归类，应按品目条文和有关类注或章注确定，如品目、类注或章注无其他规定，按以下规则确定。

橡胶防水雨靴

根据章标题，该商品既可以作为橡胶制品归类到第七类中的第四十章"橡胶及其制品"，也可以作为鞋靴归类到第十二类中的第六十四章"鞋靴、护腿和类似品及其零件"。但标题不是归类的依据。根据第四十章注释二"本章不包括：（二）第六十四章的鞋靴及其零件"，"橡胶防水雨靴"不归入第四十章，应归入第六十四章，再根据品目进行更细化分类。

规则二

（1）品目所列货品，应包括该项货品的不完整品或未制成品，只要在进口或出口时该项不完整品或未制成品具有完整品或制成品的基本特征；还应包括该项货品的完整品或制成品（或按本款可作为完整品或制成品归类的货品）在进口或出口时的未组装件或拆散件。

（2）品目中所列材料或物质，应视为包括该种材料或物质与其他材料或物质混合或组合的物品。品目所列某种材料或物质构成的货品，应视为包括全部或部分由该种材料或物质构成的货品。由一种以上材料或物质构成的货品，应按规则三归类。

规则二举例如下。

① 钢铁制齿轮毛坯。

该产品属于齿轮的未制成品，虽未加工制成，但已初具齿轮的形状，一般只用于加工成齿轮，可以认为具有齿轮的基本特征，所以按齿轮归入品目8483"传动轴（包括凸轮轴及曲柄轴）及曲柄；轴承座及滑动轴承；齿轮及齿轮传动装置等"。

② 涂蜡的软木塞。

该商品由软木和蜡制成，根据规则二（2）的规定，品目4503"天然软木制品"的范围扩大为天然软木加其他材料或物质所构成的货品，所以该产品应归入品目4503。

规则三

根据规则二（2）或其他原因，货物分为两项或两项以上时，应按下列规则分类。

（1）较具体项目的清单应优先于所列的一般项目。但是，如果两个或两个以上的项目仅指混合或组合货物或零售包装的一部分所含的材料或物质的某一部分，即使其中一个项目更全面和详细地描述了货物,这些货物的名称在有关标题中也应被视为同样具体。

(2)混合物、不同物料或不同部分的成分,以及一套零售货物,如不按照规则三(1)分类,则在本款可适用的条件下,应按构成货品基本特征的材料或部件归类。

(3)在货物不能根据3个规则的(1)或(2),可在标题下被包含一列的最后一个序列号进行分类。

规则三举例如下。

① 钢化玻璃制的小轿车挡风玻璃。

该商品涉及品目7007的"钢化玻璃制的安全玻璃"和品目8708"机动车辆的零件、附件",第七十章和第八十七章及相应的类中均没有涉及该产品的排他性注释,所以规则一不能解决品目的归类。其中品目7007的"钢化玻璃制的安全玻璃"列名比品目8708的"机动车辆的零件、附件"更为具体,那么该商品应归入品目7007。

② 包装在一起销售的一瓶葡萄酒和一个打火机。

根据分析,葡萄酒和打火机的搭配不符合零售成套货品的第二个条件,所以,葡萄酒和打火机应该分别归类。

③ 一块面饼、一个脱水蔬菜包、一个调味包和一个塑料叉构成的方便面。

一碗方便面的构成内容需要上述的所有材料才能构成一件商品,所以可以一并归类。其中,方便面构成该零售成套货品的基本特征,按面归入品目1902。

规则四

根据上述规则无法归类的货品,应归入与其最相类似的品目。

许多商品贸易的文件都会有兜底条文,所以规则四在实际运用中使用较少。

规则五

除上述规则外,本规则适用于下列货品的分类。

(1)制成特殊形状仅适用于盛装某个或某套物品并适合长期使用的,如照相机套、乐器盒、枪套、绘图仪器盒、项链盒及类似容器,如果与所装物品同时进口或出口,并通常与所装物品一同出售的,应与所装物品一并归类。但本款不适用于本身构成整个货品基本特征的容器。

(2)除规则五(1)规定的以外,与所装货品同时进口或出口的包装材料或包装容器,如果通常是用来包装这类货品的,应与所装货品一并归类。但明显可重复使用的包装材料和包装容器可不受本款限制。

规则五举例如下。

① 装电动剃须刀的皮套。

该皮套符合上述所有条件,所以应该与所装的电动剃须刀一并归类。

② 装有普通茶叶的银质茶叶罐。

茶叶罐相对于茶叶而言较为贵重,构成了整个货品的基本特征,因而不能与茶叶一起归类,应与茶叶分开归类。

规则六

货品在某一品目项下各子目的法定归类,应按子目条文或有关的子目注释以及以上各条规则来确定,但子目的比较只能在同一数级上进行。除《协调制度》条文另有规定的以外,有关的类注、章注也适用于本规则。

规则六举例如下。

确定木制衣箱的两杠子目的过程:

先确定品目:木制衣箱属木制品,同时又属于衣箱类商品。因此,可考虑按第四十四章木制品或第四十二章的衣箱类归类,但依据第四十四章的注释一(五)规定,第四十四章不包括税目 4202 的物品,因此木制的衣箱应归入税目 4202。

再确定一杠子目:税目 4202 项下共列出了 4 个五位数子目。衣箱(4202.1)、手提包(4202.2)……同级比较后,将木制衣箱归入 4202.1 项下。

最后确定两杠子目:在 4202.1 项下共列出了 3 个两杠子目,即用皮革、再生皮革或漆皮作面的(4202.11),用塑料或纺织材料作面的(4202.12)衣箱,用其他材料制的(4202.19),同级比较后,木制衣箱应按其他材料作面的归入税则号列 4202.19。

工作任务四 确定商品正确的税率

学习目标

※【知识目标】

1. 了解关税种类。
2. 知晓进出口商品应缴纳的基本税种。
3. 掌握跨境电商进出口货物适用的关税税率及计征方法。
4. 了解进出口税费的缴纳与退补。

※【技能目标】

1. 能够根据给定的商品查询应缴纳的税种。
2. 能够根据给定的商品查询进出口国家的税率。
3. 能够根据给定商品计算出应缴纳的税款。
4. 能够概述跨境电商出口退税流程。

※【素质目标】

1. 能够主动思考,善于沟通。
2. 具备一定的问题解决能力,能进行团队合作。
3. 培养依法纳税意识。

思维导图

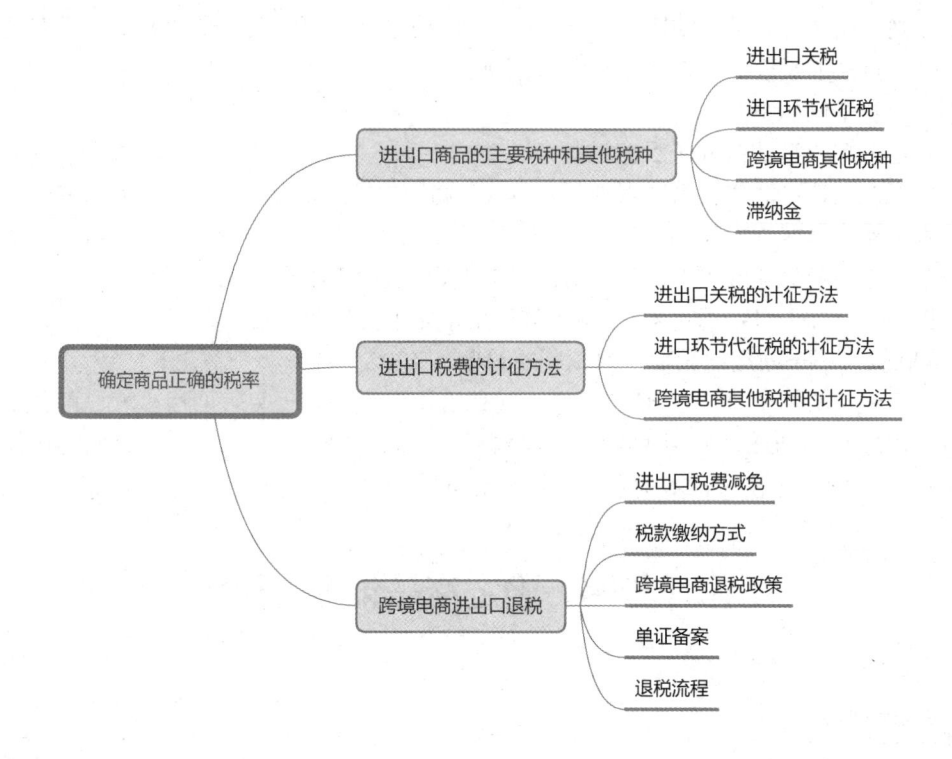

- 确定商品正确的税率
  - 进出口商品的主要税种和其他税种
    - 进出口关税
    - 进口环节代征税
    - 跨境电商其他税种
    - 滞纳金
  - 进出口税费的计征方法
    - 进出口关税的计征方法
    - 进口环节代征税的计征方法
    - 跨境电商其他税种的计征方法
  - 跨境电商进出口退税
    - 进出口税费减免
    - 税款缴纳方式
    - 跨境电商退税政策
    - 单证备案
    - 退税流程

案例导入

退税可以，骗退税不行

税务总局通报了一起跨境电商涉税违法案件，涉案金额为 1.31 亿元。

江西省九江市税务部门与公安部门联合依法查处一起虚开骗税案件，抓获犯罪嫌疑人 23 名，捣毁犯罪窝点 16 个。经查，该犯罪团伙通过注册多家企业，购置废旧二手设备营造虚假生产的假象，以虚开发票、低值高报、伪造合同、买卖外汇等方式骗取出口退税，虚开增值税专用发票 33230 份，价税合计金额 51.41 亿元，骗取出口退税 1.31 亿元。该案已由检察机关依法提起公诉。

江西省九江市税务局有关负责人表示，下一步，税务部门将充分运用税收大数据，推动实现对虚开骗税等违法犯罪行为的惩处从事后打击向事前事中精准防范转变。同时，依托税务、公安、检察、海关、人民银行、外汇管理六部门联合打击涉税违法犯罪行为的工作机制，继续保持打击虚开骗税等涉税违法犯罪行为的高压态势，精准有效打击"假企业""假出口""假申报"等违法犯罪行为。

退税政策是为了鼓励跨境电商商家和外贸企业积极地出口货物，在经济上给予一定的优惠补助，为企业减负、保持外贸稳定增长。对于跨境电商平台公司来说必须走合规经营之路，每一次不合规经营之举，就是在为自己埋雷，面临的将是更为严酷的惩罚。

工作子任务 4-1　进出口商品的主要税种和其他税种

任务描述

王一川最近接到了主管布置的任务，在跨境电商平台进行进口产品的上架。在平台窗口上，王一川需要把进口商品的相关税费勾选出来。王一川有点摸不着头脑，赶紧上网查询相关信息。跨境电商商品需要缴纳哪些税费呢？请同学们帮助王一川一起解决。

知识准备

一、进出口关税

关税是一国海关根据该国法律规定，对通过其关境的进出口货物征收的一种流转税。

（一）按照货物的流向分类

1. 进口关税

进口关税是指一国家或地区海关对进入其境内的货物和物品为课税对象所征收的关税。

2. 出口关税

出口关税是指一国家或地区海关对离开其境内的货物和物品为课税对象所征收的关税。许多国家为了鼓励出口，促进国家经济发展，一般不设置出口关税。但是，为了限制和调控部分商品的出口，防止商品过度出口、出口无序的情况，会对这部分商品征收少量的出口关税。

3. 过境关税

过境关税是一国海关对通过本国国境或关境，销往第三国的外国货物征收的一种关税。过境税最早产生、流行于欧洲各国，其目的是增加国家财政收入。目前过境关税已很少见，大多采取税款担保形式操作，以保障过境货物依法原状运出关境。

（二）按照是否施惠分类

1. 普通关税

普通关税也称一般关税，是指一国对来自未建交的国家或未签订贸易协定的国家或地区的产品征收的关税。普通关税一般都高于优惠关税，一般比优惠税率高 1～5 倍，少数商品甚至更高。仅有个别国家对极少数（一般是非建交）国家的出口商品实行这种税率，大多数只是将其作为其他优惠税率减税的基础。因此，普通税率并不是被普遍实施的税率。

2. 优惠关税

优惠关税是对特定的国家或地区的进口货物在关税方面给予一定的优惠待遇，通常比普通关税税率要低。优惠关税一般包括最惠国待遇关税、协定优惠关税、普遍优惠制关税、特定优惠关税。

（1）最惠国待遇关税。

最惠国待遇关税又称正常关税，是适用于世界贸易组织（WTO）成员间（"互不适用"者除外）及与该国签订有最惠国待遇条款的贸易协定的国家或地区所进口商品的关税。最惠国待遇既存在两个国家之间，也通过多边贸易协定在缔约方之间实施。

（2）协定优惠关税。

协定优惠关税指两个或两个以上的国家之间，通过缔结关税贸易协定而制定的关税。

协定关税有性质截然不同的两种类型：一种是自主协定关税，即通过协议，在自愿对等的基础上相互给予对方以某种优惠待遇的关税税率；另一种是片面协定关税，即一国在另一国胁迫下签订协议，片面给予优惠待遇的关税税率。

（3）普遍优惠制关税。

普遍优惠制关税是指发达国家对从发展中国家或地区输入的商品，特别是制成品和半制成品，给予普遍的、非歧视的和非互惠的优惠关税，称为普惠制税。普惠制税率低于最惠国税率。我国是发展中国家，对进口货物不存在普惠税率。

（4）特定优惠关税。

特定优惠关税又称特惠关税，原产于与我国签订含有特殊关税优惠条款的贸易协定的国家或地区的进出口货物，适用特惠税率。

（三）按照是否根据税则征收分类

1. 正税

正税亦称主税、本税或独立税。正税指通过法定程序由最高权力机关公布税法、或授权拟定条例以草案形式发布开征，具有独立的计税依据并正式列入国家预算收入的税收。正税具有规范性、相对稳定的特点。中国现行税制中，如增值税、消费税、营业税、各类所得税、农业税等，按照规定税率，独立征收，都是正税。有些税种，如外商投资企业和外国企业所得税、农业税，在征收正税之外，还要征收附加税或地方附加税。

2. 附加税

附加税是"正税"的对称，是随正税加征的税。其纳税义务人与独立税相同，但是税率另有规定。附加税以正税的存在和征收为前提和依据，一般具有临时性的特点。世界贸易组织不准其成员国在一般情况下随意征收附加税,只有符合世界贸易组织反倾销、反补贴的相关规定时才可以征收。附加税包括反倾销税、反补贴税、保障措施关税、报复性关税等。

(1)反倾销税。

反倾销税是为保护国家产业发展而征收的一种进口附加税。一国的产品以低于正常价值的方式出口到其他国家,从而对缔约国领土上的既定产业造成物质损害或物质伤害的威胁,或严重阻碍在该国建立新产业,这种行为构成倾销。在实践中,抵制倾销最重要和最有效的措施是征收反倾销税,也是我国目前附加税中主要征收的税种。

(2)反补贴税。

反补贴税亦称"反津贴税""抵销关税"。对接受出口补贴或津贴的进口商品所征收的一种进口附加税,是差别关税的一种形式。所征税额一般与该商品所接受的补贴额相等。反补贴税的目的在于抵消国外竞争者得到奖励和补助产生的影响,从而保护进口国的制造商。

(3)保障措施关税。

根据《中华人民共和国保障措施条例》规定,有明确证据表明进口产品数量增加,在不采取临时保障措施将对国内产业造成难以补救的损害的紧急情况下,可以作出初裁决定,并采取临时保障措施。根据进口商品对国内同类商品造成的严重程度,分临时保障措施关税和最终保障措施关税。其不分国别,对来自所有国家和地区的同一产品,一般只适用一个税率。

(4)报复性关税。

报复性关税又称惩罚性关税。是指当出口国某种商品的出口违反了与进口国之间的协议,或者未按进口国的规定办理进口手续时,由进口国海关对该进口商品所征收的一种具有惩罚或罚款性质的进口附加税。税率由具体情况决定。

二、进口环节代征税

进口商品在办理通关手续获得放行后,进入国内市场流通,这个过程中进口商品与普通的国内同类商品一样需要缴纳对应的国内税。这些国内税依法由海关在进口环节征收。

目前,海关主要代征税种有增值税和消费税两种。

(一)增值税

增值税是以商品的生产、流通和劳务服务各个环节所创造的新增价值为课税对象的一种流转税。实行价外税,也就是由消费者负担,有增值才征,没增值不征税。课税对象是境内销售货物或提供加工、修理修配劳务和进口货物取得的增值额。

2019年4月1日起,增值税一般纳税人发生增值税应税销售行为或者进口货物,原适用 17%税率的，税率调整为 13%；原适用 10%税率的，税率调整为 9%。进口环节增值税的起征点为人民币 50 元，低于 50 元的免征。

适用基本税率（13%）的范围包括：纳税人销售或者进口除适用低税率的货物以外的货物，以及提供加工、修理修配劳务。

适用低税率（9%）的范围包括：农产品（含粮食）、自来水、暖气、石油液化气、天然气、食用植物油、冷气、热水、煤气、居民用煤炭制品、食用盐、农机、饲料、农药、农膜、化肥、沼气、二甲醚、图书、报纸、杂志、音像制品、电子出版物。

（二）消费税

消费税是以消费品的流转额作为征税对象的各种税收的统称。它是政府向消费品征收的税项，征收范围和征收方法都具有选择性。消费税的设置目的是调节产品结构，引导消费方向，保证国家财政收入。

我国进口应税消费品的消费税采用从价、从量和复合计税的方法计征。进口消费税的起征点为人民币 50 元，低于 50 元的免征。

知识链接

消费税的征收范围

（1）一些过度消费会对人类健康、社会秩序、生态环境等方面造成危害的特殊消费品，如烟、酒、鞭炮、焰火等。

（2）奢侈品、非生活必需品，如贵重首饰、化妆品等。

（3）高能耗及高档消费品，如小轿车、摩托车等。

（4）不可再生和替代的石油类消费品，如汽油、柴油等。

（5）具有一定财政意义的产品，如汽车轮胎、护肤护发品等。

三、跨境电商其他税种

（一）综合税

根据财关税（2018）49 号公告，跨境电商零售进口商品的税收政策适用于综合税，即将关税、进口环节增值税、消费税三税合并征收。

跨境电商综合税规定，在优惠限额内，消费者单次跨境消费额度在 2000 元及以内，年度消费额度在 20000 元及以内，将被征收增值税和消费税之和 70%的税额；超过优惠限额的，即单次大于 2000 元，或者全年累计大于 20000 元，再或者完税价格超过 2000元限值的单个不可分割商品，就要按一般贸易进行全额征税。

（二）行邮税

行邮税是行李和邮递物品进口税的简称，是海关对个人携带、邮递进境的物品关税、进口环节增值税和消费税合并征收的进口税。由于其中包含了进口环节的增值税和消费税，故也为对个人非贸易性入境物品征收的进口关税和进口工商税收的总称。

1. 入境游客携带的行李物品

我国对游客从境外带回国内的行李物品做了以下规定。

（1）进境居民旅客携带在境外获取的个人自用进境物品，总值在 5000 元人民币以内（含 5000 元）的予以免税；进境居民旅客携带超出 5000 元人民币的个人自用进境物品，经海关审核确属自用的，对超出部分的个人自用进境物品征税，对不可分割的单件物品，全额征税。

（2）非居民旅客携带拟留在中国境内的个人自用进境物品，总值在 2000 元人民币以内（含 2000 元）的，海关予以免税放行；进境非居民旅客携带拟留在中国境内的个人自用物品，超出人民币 2000 元的，海关仅对超出部分的个人自用进境物品征税，对不可分割的单件物品，全额征税。

（3）以上情况中，出现单一品种限自用、合理数量，但烟草制品、酒精制品等另按有关规定办理。

2. 邮递入境的个人物品

根据《关于调整进出境个人邮递物品管理措施具体事宜》的要求，对入境的个人物品做如下规定。

（1）个人邮寄进境物品，海关依法征收进口税，但应征进口税税额在人民币 50 元（含 50 元）以下的，海关予以免征。

（2）个人寄自或寄往港、澳、台地区的物品，每次限值为 800 元人民币；寄自或寄往其他国家和地区的物品，每次限值为 1000 元人民币。

（3）个人邮寄进出境物品超出规定限值的，应办理退运手续或者按照货物规定办理通关手续。但邮包内仅有一件物品且不可分割的，虽超出规定限值，经海关审核确属个人自用的，可以按照个人物品规定办理通关手续。

（4）邮运进出口的商业性邮件，应按照货物规定办理通关手续。

四、滞纳金

滞纳金是对不按纳税期限缴纳税款的纳税人，按滞纳天数加收滞纳税款一定比例的款项，它是税务机关对逾期缴纳税款的纳税人给予经济制裁的一种措施。按照规定，关税、进口环节增值税、进口环节消费税的纳税义务人或其代理人，应当自海关填发税款缴款书之日起 15 日内向指定银行缴纳税款。否则，要从滞纳之日起，按日加收滞纳税款万分之五的滞纳金。

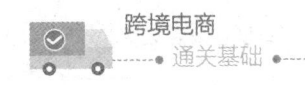

滞纳金按每票货物的关税、进口环节增值税和消费税单独计算，起征点为50元人民币，不足50元人民币的免于征收。其计算公式为：

关税滞纳金额＝滞纳关税税额×0.5‰×滞纳天数

进口环节海关代征税滞纳金金额＝滞纳进口环节海关代征税税额×0.5‰×滞纳天数

滞纳金的滞纳期限国家进行了相应的规定。税款缴纳期限内含有星期六、星期日或法定节假日的不予扣除。税款缴纳日如遇休息日或法定节假日的，应当顺延至休息日或法定节假日之后的第一个工作日。若出现国务院临时调整休息日与工作日的，则按照调整后的情况计算缴款期限。

我们来举一个例子：旅客A购买了一瓶洗发水入境中国，海关在9月16日填发税款缴款书。因国庆长假国务院决定将9月29日、30日与10月4日、5日进行相互调换，那么纳税人应当最迟于何时到指定银行缴纳税款？（日期表如表3-7所示。）

我们先来看日期没有调换前的计算方式，税款缴纳起始日为9月16日，截止日为9月30日（星期日），根据缴款期限遇休息日、节假日顺延至休息日或法定节假日之后的第一个工作日的规定，国庆假期法定假为3天（10月1日—3日为法定节假日），最终截止日为10月4日。根据题干信息，9月29日、30日与10月4日、5日进行相互调换，即9月29日、30日成为工作日，此时截止日期变成9月30日，10月1日开始即构成滞纳。

表3-7　日期表

	星期日	星期一	星期二	星期三	星期四	星期五	星期六
9月						14	15
	16	17	18	19	20	21	22
	23	24	25	26	27	28	29
	30						
10月		1	2	3	4	5	6

工作子任务4-2　进出口税费的计征方法

任务描述

王一川在了解进出口商品相关税种后，系统给出了商品需要缴纳的税种和相应的税率。王一川按照给出的相应信息，比对着勾选完成。进入下一栏目的填写，"含税价""完税价格"的情况，又让王一川犯了难，这些税费又是如何根据含税价计算出来的？王一川开始查阅《进出口税则》，请同学一起和王一川了解一下商品的含税价。

知识准备

一、进出口关税的计征方法

（一）从价计征

从价计征是指以货物、物品的价格为计税标准，按一定比例征税。从价税的价格随着商品价格的升降而变化，所以在价格上升时，税额增加，保护作用大，价格下降时，税额减少，保护作用小。

从价计征的关税计算公式为：

$$应纳关税税额=完税价格×进口（出口）从价关税税率$$

完税价格是计算关税的基础，完税价格分为进口货物的完税价格和出口货物的完税价格。出口货物完税价格指的是以出口商将货物运至出口港装货以前所有的费用作为计价基础的价格，即出口货物完税价格=FOB-出口关税，但只有当进出口商申报的价格被海关接受后才能成为进出口货物的完税价格。进口货物的完税价格一般用 CIF 价。

$$应纳关税税额=完税价格×进口（出口）税率$$

或

$$应纳关税税额=FOB/（1+出口关税税率）×出口关税税率$$

（二）从量计征

从量计征是指以货物和物品的计量单位（重量、数量、容量等）作为计税标准。目前，我国现行的盐税、燃油特别税、车船使用税、屠宰税等，都是从量税。从量税的优点是便于计征和管理，收入不受价格变化的影响，比较稳定可靠，纳税人的税负也相对稳定。

从量计征的关税计算公式为：

$$应纳关税税额=完税数（重）量×进口（出口）从量税关税税率$$

在计算某些商品的税费时，需要在成交计量单位与法定计量单位之间进行折算。如申报进口汽油，需要折合成法定计算单位后方可计算，汽油折算比例为 1 吨，约合 1388 升。涉及从量计征税款的税种时，需要时刻考虑此问题。

知识拓展 3-7

（三）复合计征

复合计征是指对某种商品征收关税时同时采用从价计征和从量计征的征税方式。

复合计征时，分别按照上述从价计征和从量计征两个步骤计算，结果相加便可。计算公式如下。

$$进口关税税额=从价税额+从量税额$$

二、进口环节代征税的计征方法

（一）增值税

增值税的计征方式采用从价计征方式。进口环节增值税组成的计税价格包括了完税价格、关税税额和消费税税额，在计算增值税组成计税价格时需要先计算出进口关税价格和消费税税额，最后按照公式计算便可。计算公式如下。

$$增值税应纳税额=增值税组成计税价格×增值税税率$$
$$增值税组成计税价格=关税完税价格+关税税额+消费税应纳税额$$

（二）消费税

国家对消费税的计征方式规定了从价定率、从量定额、从价定率和从量定额的复合计税三种方式，计算时需要根据具体的应税商品选择国家规定的进口环节消费税计税方法。

1. 从价定率方式

计算从价定率方式征收的消费税时，采用价内税的计税方法，即其计税价格的组成中包含消费税税额。计算公式如下。

$$消费税应纳税额=消费税组成计税价格×消费税比例税率$$
$$消费税组成计税价格=（关税完税价格+关税税额）÷（1-消费税比例税率）$$

2. 从量定额方式

我国目前对啤酒、黄酒、成品油、生物柴油等采用从量定额方式计征。注意在计算过程中，需要确定应征消费税的进口数量和单位定额税率。计算公式如下。

$$消费税应纳税额=应征消费税进口数量×消费税定额税率$$

3. 从价定率和从量定额的复合计税方式

我国对香烟、白酒、威士忌、白兰地等烈性酒等进口商品实行复合计税方式，应缴税款是从价定率与从量定额方式应缴税款的总和。计算公式如下。

$$消费税应纳税额=消费税组成计税价格×消费税比例税率+应征消费税进口数量×消费税定额税率$$
$$消费税组成计税价格=（关税完税价格+关税税额+应征消费税进口数量×消费税定额税率）÷（1-消费税定额税率）$$

三、跨境电商其他税种的计征方法

（一）综合税的计税方法

综合税采用从价税的计征方法，计算公式如下。

跨境电商综合税税额=完税价格×跨境电商综合税税率

跨境电商综合税税率=[（消费税税率+增值税税率）÷（1-消费税税率）]×70%

（二）行邮税的计税方法

行邮税的计税方法为从价税。由于行邮税针对游客个人进行征税，入境物品类别非常繁杂，所以海关总署重新修订了《中华人民共和国进境物品归类表》和《中华人民共和国进境物品完税价格表》（部分内容见表3-8），其中规定了进境物品的归类原则和商品的完税价格的确定。行邮税税额的计算公式如下。

行邮税税额=完税价格×行邮税税率

表3-8 《中华人民共和国进境物品完税价格表》（部分）

税号	品名及规格	单位	完税价格（人民币：元）	税率
01000000	食品、饮料			
01010000	一食品			
01010700	一一奶粉	千克	200	13%
01010800	一一调味品	千克	200	13%
04010000	一衣着			
04010100	一一外衣	件	300	20%
04010200	一一外裤	条	200	20%
04010400	一一衬衫/T恤衫	件	200	20%
09020000	一清洁/护理类化妆品			
09020100	一一洗面奶/洁面霜	支、瓶	100	20%
09020700	一一爽肤水	支、瓶	150	完税价格≥10元/毫升（克），税率为50%；完税价格<10元/毫升（克），税率为20%
09020800	一一护手霜	支、瓶	50	完税价格≥10元/毫升（克），税率为50%；完税价格<10元/毫升（克），税率为20%
09020900	一一防晒霜（露、乳液）	支	150	完税价格≥10元/毫升（克），税率为50%；完税价格<10元/毫升（克），税率为20%
25000000	体育用品			
25010000	一高尔夫球及球具			
25010100	一一球杆	根	1000	50%

工作子任务 4-3　跨境电商进出口退税

任务描述

一路过关斩将的王一川，终于把商品的"含税价"都计算出来并填写到平台上。很快王一川就收到了第一笔订单，这让王一川非常兴奋。突然系统提示跳出来，询问王一川商品是否需要退税处理。有哪些类别的退税、减免税类别呢？退税商品的条件是什么？退税的流程又是如何？请同学们帮助王一川来解答一下。

知识准备

出口退税是对我国报关出口的货物退还在国内各生产环节和流转环节按税法规定缴纳的增值税和消费税，即出口环节免税且退还以前纳税环节的已纳税款。出口退税主要是通过退还出口产品的国内已纳税款来平衡国内产品的税收负担，使本国产品以不含税成本进入国际市场，与国外产品在同等条件下进行竞争，从而增强竞争能力，扩大出口创汇。

知识拓展 3-8

一、进出口税费减免

根据《海关法》《进出口关税条例》和其他相关规定，国家对一些进出口货物的税费给予减征或免征。关税减免主要分为法定减免税、特定减免税。

（一）法定减免税

进出口货物属法定减免税的，进出口人或其代理人无须事先向海关提出申请，海关征税人员可凭有关证明文件和报关单证按规定予以减免税，海关对法定减免税货物一般不进行前期审批，也不进行后续管理，并且不做减免税统计。

法定减免的进口货物有以下条件。

（1）关税税额在人民币 50 元以下的货物。

（2）无商业价值的广告品和货样。

（3）外国政府、国际组织无偿赠送的物资。

（4）在海关放行前损失的货物。

（5）进出境运输工具装载的途中必需的燃料、物料和饮食用品。

因品质或者规格原因，出口货物（进口货物）自出口之日（进口之日）起 1 年内原状复运进境（出境）的，不征收进口（出口）关税。

（二）特定减免税

特定减免税亦称政策性减免税，是指在法定减免税以外，由国务院或国务院授权的机关颁布法规、规章特别规定的减免。政策性减免税货物一般受地区、企业和用途的限制，海关需要进行后续管理，并进行减免税统计。

特定减免的进口货物有以下条件。

1. 特定区域

保税区、出口加工区等特定区域进口的区内生产性基础项目所需的机器、设备和基建物资可以免税。

2. 外商投资项目的进口自用设备

属于国家鼓励发展产业的外商投资企业，外商研究开发中心，先进技术型、产品出口型的外商投资企业，在企业投资额以外的自有资金（指企业储备基金、发展基金、折旧、税后利润）内，对原有设备更新和维修进口国内不能生产或性能不能满足需要的设备；以及上述设备配套的技术、配件、备件，可以免征进口关税和进口环节增值税。

3. 残障人士专用品

民政部直属企事业单位和省、自治区、直辖市民政部门所属福利机构和康复机构进口的残疾人专用物品，免征进口关税和进口环节增值税、消费税。

4. 救灾捐赠物资

对外国民间团体、企业、友好人士和华侨、港澳居民和台湾同胞无偿向我国境内受灾地区捐赠的直接用于救灾的物资，在合理数量范围内，免征关税和进口环节增值税、消费税。

5. 扶贫慈善捐赠物资

对境外捐赠人无偿向受赠人捐赠的直接用于扶贫、慈善事业的物资，免征进口关税和进口环节增值税。

二、税款缴纳方式

（一）税费征收方式

海关税费征收方式主要有两种，即自报自缴方式和海关审核纳税方式。2017年后，海关税费征收方式开始全面向自报自缴方式转变，仅个别类型单据仍保留海关审核纳税方式。

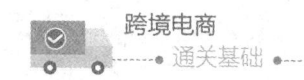

1. 自报自缴方式

企业自报自缴是指进出口企业、单位向海关申报报关单及随附单证、税费电子数据，并自行缴纳税费的行为。由企业依法如实、规范、正确申报报关单税收要素，进行自主计算、申报税费后自行缴纳税款，货物即可放行。海关在放行后根据风险分析结果对纳税义务人申报的税收要素进行抽查审核。

自报自缴以企业诚信管理为前提，为守法企业提供快速便捷的通关服务。将复杂的涉税报关单审核由"放行前"移到"放行后"，在进一步缩短通关时间的同时，便利企业操作。

2. 海关审核纳税方式

海关审核纳税方式指海关在货物放行前对纳税义务人申报的税收要素进行审核，并进行相应的货物查验，核定货物应缴税款，纳税义务人缴纳税款后货物方可放行。

知识链接

税收要素

税收要素的构成主要包括纳税人、课税对象、税率、减税免税、纳税环节、纳税期限六方面。

（1）纳税人即"纳税义务人"，是税法规定的直接负有纳税义务的单位和个人，一般分为法人和自然人。

（2）课税对象又称为"征税对象"，是税法中规定的征税的目的物，体现各税种的征税范围。

（3）税率是计算税额的尺度，关系着国家的收入多少和纳税人的负担程度。

（4）减税免税是对有些纳税人或课税对象的鼓励或照顾措施。

（5）纳税环节是税法规定的课税对象从生产到消费的流转过程中应缴纳税款的环节。

（6）纳税期限是纳税人向国家缴纳税款的法定期限。

（二）税费缴纳方式

汇总征税是海关总署为推进贸易便利化、降低通关成本，而推出的一种新型集约化征税模式，简单来说就是"先放后税，汇总缴税"。与现行逐票征税模式不同，海关对符合条件的进出口纳税义务人在一定时期内多次进出口货物应纳税款实施汇总征税。

汇总征税期限为期一个月。企业要在每月的第五个工作日结束前，完成上月应纳税款的电子支付。税款缴库后，企业担保额度自动恢复。企业办理汇总征税业务出现欠税的，海关向担保机构发起担保索偿后，对应的担保即终止使用。

三、跨境电商退税政策

(一) 适用跨境电商出口退税的对象

适用出口退税、免税的跨境电子商务企业，是指自建跨境电子商务销售平台或利用第三方跨境电子商务平台开展电子商务出口的单位和个体工商户。不包括为电子商务出口企业提供交易服务的跨境电子商务第三方平台。

(二) 出口退税条件

(1) 跨境电子商务零售出口货物（海关监管方式代码 9610）需要同时符合下述条件，可享受增值税和消费税的退（免）税政策。

① 电子商务出口企业属于增值税一般纳税人且已经向所在地主管税务机关办理出口退（免）税的资格认定。

② 出口产品货物取得海关出口货物的报关单（需出口退税专用），并和海关出口货物的报关单的电子信息相符。

③ 出口的产品货物在退（免）税申报期限截止之日之内收汇。

④ 电商出口企业是为外贸企业的，则购进出口货物获取相应的增值税专用发票、消费税专用缴款书（分割单）、海关进口增值税或者消费税专用缴款书，且以上凭证的有关内容与出口货物报关单（出口退税专用）相关内容相匹配。

(2) 跨境电子商务企业对企业出口货物（海关监管方式代码 9710、9810），参照一般贸易（海关监管方式代码 0110）出口货物相关政策办理出口退税。这 3 种监管模式退税需要满足以下条件。

① 货物向海关报关后实际离境。

② 在财务上做销售。

③ 销售对象为境外单位和个人。

④ 按期收汇。

(3) 保税跨境贸易电子商务（海关监管方式代码 1210）的监管模式下，由于货物存放在出口国的海关特殊监管区域或保税监管场所的仓库中，所以这种模式下的货物可以多次先出口，经过监管区，可在每月月底将一个月的出口量进行汇总，一次性口岸集报，生成一份正式报关单，然后由跨境电商企业去税务局办理退税。

(4) 有下列情形之一的，纳税义务人自缴纳税款之日起 1 年内，可以申请退还关税，并应当以书面形式向海关说明理由，提供原缴款凭证及相关资料：

① 已征进口关税的货物，因品质或者规格原因，原状退货复运出境的。

② 已征出口关税的货物，因品质或者规格原因，原状退货复运进境的，并已重新缴纳因出口而退还的国内环节有关税收的。

③ 已征出口关税的货物，因故未装运出口，申报退关的。

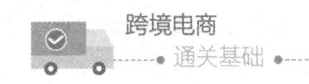

海关应当自受理退税申请之日起 30 日内查实并通知纳税义务人办理退还手续。纳税义务人应当自收到通知之日起 3 个月内办理有关退税手续。

四、单证备案

跨境电子商务出口企业应在申报出口退（免）税后 15 日内，将下列备案单证妥善留存，并按照申报退（免）税的时间顺序，制作出口退（免）税备案单证目录，注明单证存放方式，以备税务机关核查。

（1）出口企业的购销合同（包括：出口合同、外贸综合服务合同、外贸企业购货合同、生产企业收购非自产货物出口的购货合同等）。

（2）出口货物的运输单据（包括：海运提单、航空运单、铁路运单、货物承运单据、邮政收据等承运人出具的货物单据，出口企业承付运费的国内运输发票，出口企业承付费用的国际货物运输代理服务费发票等）。

（3）出口企业委托其他单位报关的单据（包括：委托报关协议、受托报关单位为其开具的代理报关服务费发票等）。

纳税人无法取得上述单证的，可用具有相似内容或作用的其他资料进行单证备案。除另有规定外，备案单证由出口企业存放和保管，不得擅自损毁，保存期为 5 年。

纳税人发生零税率跨境应税行为，不实行备案单证管理。

纳税人可以自行选择纸质化、影像化或者数字化方式，留存保管上述备案单证。选择纸质化方式的，还需在出口退（免）税备案单证目录中注明备案单证的存放地点。

税务机关按规定查验备案单证时，纳税人按要求将影像化或者数字化备案单证转换为纸质化备案单证以供查验的，应在纸质化单证上加盖企业印章并签字声明与原数据一致。

五、退税流程

（一）有关证件的送验及登记表的领取

企业在获得相关部门批准该经营出口产品业务的文件与工商部门核发的工商登记的证明之后，应当于 30 日内办理出口企业退税登记手续。

（二）退税登记的申报和受理

企业领到"出口企业退税登记表"后，即按照登记表以及法律法规的要求填写，并且加盖企业公章以及有关人员印章之后，连同公司的出口产品经营权批准文件、工商登记证明文件等资料一起报送到当地税务机关，税务机关经过审核确定无误之后，则受理。

（三）填发出口退税登记证

税务机关接到企业的正式申请，经过审核确定无误之后按照规定的程序批准，然后核发给该企业"出口退税登记"资格。

（四）出口退税登记的变更或注销

当企业的经营状况发生某些变化或者有些退税政策发生改变时，应当根据实际需要变更或者注销来办理退税登记。《出口退（免）税备案表》如表 3-9 所示。

表 3-9　《出口退（免）税备案表》

以下信息由备案企业填写				
统一社会信用代码/纳税人识别号：					
纳税人名称					
海关企业代码					
对外贸易经营者备案登记表编号企业类型		内资生产企业（　）外商投资企业（）外贸企业（　） 其他单位（　）		
退税开户银行					
退税开户银行账号					
办理退（免）税人员	姓名		电话	
	身份证号			
	姓名		电话	
	身份证号			
退（免）税计算方法		免抵退税（　）　免退税（　）　免税（　）　其他（　）		
是否提供零税率应税服务					
享受增值税优惠政策出口退（免）税管理类型附送资料					

本表是根据国家税收法律法规及相关规定填报的，我单位确定它是真实的、可靠的、完整的。

　　　　　　　　　　　　　经办人：
　　　　　　　　　　　　　财务负责人：
　　　　　　　　　　　　　法定代表人：
　　　　　　　　　　　　　　　（印章）
　　　　　　　　　　　　　　年　　月　　日

以下信息由主管税务机关从税务登记信息中提取				
工商登记	证照号码		法定代表人（个体工商户负责人）	姓名	
	开业（设立）日期			身份证	
	营业期限止				
	注册资本			电话	
注册地址				
生产经营地址				
联系电话				
纳税人类型		增值税一般纳税人（　）增值税小规模纳税人（　）其他（　）		
登记注册类型			行业	
纳税信用级别			纳税人状态	
以下信息由主管税务机关填写				
主管税务机关代码			主管税务机关名称	
退税机关代码			退税机关名称	
企业分组			分类管理类别	
备案状态				
撤回标识			撤回时间	
其他扩展信息				

知识闯关

一、单项选择题

1. 下列税费中，不足人民币 50 元免予征收的是（　　）。
   A．消费税　　　B．增值税　　　C．滞纳金　　　D．以上都是

2. 出口货物应当以海关审定的（　　）作为完税价格。
   A．FOB 价　　　　　　　　　　B．FOB 价减出口关税
   C．CIF 价　　　　　　　　　　D．CIF 价减出口关税

3. 海关于 2021 年 6 月 4 日（周五）填发税款缴款书，纳税人应当最迟于（　　）到指定银行缴纳关税。
   A．6 月 21 日　　B．6 月 20 日　　C．6 月 19 日　　D．6 月 18 日

4. 海关于 2006 年 4 月 17 日（星期一）填发海关专用缴款书。国家调整休息日，5 月 1 日至 5 月 7 日为节假日，5 月 8 日正常上班，为避免产生滞纳金，纳税义务人最迟应缴纳税款的日期是（　　）。
   A．4 月 30 日　　B．5 月 2 日　　C．5 月 8 日　　D．5 月 9 日

5. 消费者王女士在某电商跨境平台上购买了一款面膜，该面膜售价为 415 元，运费为 0 元，规格为 6 片，单价为 69.166 元/片，大于 15 元/片，属于高档消费品，需要征收消费税。那么，王女士应纳税额为多少呢？（已知消费税税率为 15%，增值税税率为 13%）（　　）
   A．94 元　　　　B．95.69 元　　　C．95.19 元　　　D．96 元

6. 海关若无法确切认定货物是否侵犯有关知识产权的，自侵权嫌疑货物扣留的（　　），应当向收货人或发货人发出书面通知。
   A．10 个工作日内　　　　　　B．15 个工作日内
   C．25 个工作日内　　　　　　D．30 个工作日内

7. 维生素 C 出口属于下列哪种出口许可证管理？（　　）
   A．出口配额许可证　　　　　　B．出口配额招标
   C．出口许可证　　　　　　　　D．边境小额贸易

8. 某工厂购买了一批旧印刷机，申请进口许可证应该申请（　　）。
   A．无定额的进口许可证　　　　B．有定额的进口许可证
   C．特种进口许可证　　　　　　D．公开一般许可证

9. 知识产权权利人应在海关扣留侵权嫌疑货物之日起的（　　）向人民法院申请诉前停止侵权或财产保护裁定。
   A．10 个工作日内　　　　　　B．20 个工作日内
   C．30 个工作日内　　　　　　D．50 个工作日内

10. 出口许可证有效期最长不超过（　　）。
    A．3 个月　　　B．6 个月　　　C．1 年　　　　D．2 年

二、是非判断题

（　　）1. 在实际计算纳税期限时，应从海关填发税款缴款书之日的第二天起计算，当天不计入。

（　　）2. 如果税款缴纳期限内含有星期六、星期天或法定假日，则予以扣除。

（　　）3. 跨境第三方支付缩短了外贸企业货款回流周期，提高了资金周转效率，减少了经营风险。

（　　）4. 已征出口关税的货物，因故未装运出口申报退关的，可办理退税手续。

（　　）5. 中国商品检验的种类分为法定检验、合同检验和公证鉴定。

能力实训

1. 根据 HS 编码对商品进行归类

（1）按照归类总规则中的规则一对皮革砑光机进行归类。

（2）按照归类总规则中的规则二对缺少车门的小轿车进行归类。

（3）按照归类总规则中的规则三对 50%大麦和小麦构成的混合麦进行归类。

（4）按照归类总规则中的规则五对装有压缩液化气体的钢瓶进行归类。

（5）按照归类总规则对新鲜的冷水小虾虾仁进行分类。

2. 计算税费和滞纳金

（1）某贸易公司于 2022 年 1 月 2 日（星期三）进口一批货物，海关于当日开出税款缴款书，其中关税税额为 48000 元人民币，增值税税款为 70200 元人民币，消费税税款为 17800 元人民币。该贸易公司于 1 月 25 日向海关交回税款缴款书。经查，该贸易公司实际缴款日期为 1 月 22 日。那么，该贸易公司应交的滞纳金是多少？

（2）上海某家外贸公司受某手表厂委托进口一台瑞士数控机床，成交价格为 FOB Zurich SFR200000，运费为 40000 元人民币，保险费为报价的 3‰，增值税税率为 13%，该数控机床应缴纳增值税税额是多少？

（3）进出口企业 A 从国外购进一批货物，载着这批货物的海轮 B 于 2022 年 4 月 18 日（星期一）向海关申报进境，但企业 A 于 2022 年 5 月 13 日（星期五）才向海关申报进口该货物。已知 2022 年劳动节国家法定节日为 4 月 30 日至 5 月 4 日，该货物的成交价格为 CIF 上海 150000 美元，其适用中国人民银行公布的基准汇率为 1 美元=7.0648 元人民币，请计算应征收的滞纳金金额。

工作项目四　跨境电商出口通关

工作任务一　9610模式出口通关流程

学习目标

※【知识目标】

1. 了解9610模式的适用范围。
2. 熟悉9610模式出口通关流程。

※【技能目标】

1. 明确9610模式出口通关的前期准备事项。
2. 能够绘制9610模式出口通关流程图。

※【素质目标】

1. 形成规则意识，初步具备报关业务人员的基本职业认知和职业道德操守。
2. 具备9610模式出口通关需要的规则意识和团队协作意识。
3. 熟悉国家法律法规和政策对9610模式出口通关的规定。
4. 具备较强的责任意识和能够配合海关查验的沟通能力。

思维导图

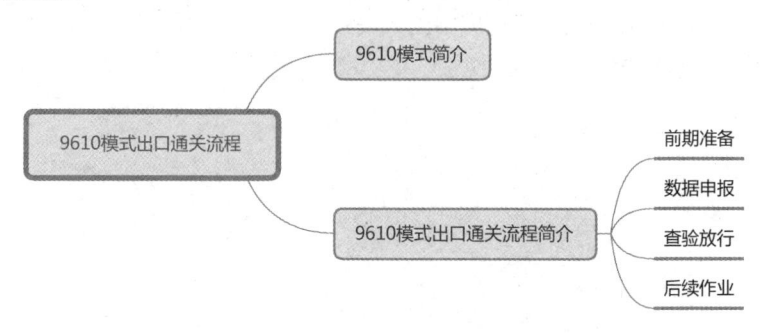

9610模式出口通关流程
- 9610模式简介
- 9610模式出口通关流程简介
  - 前期准备
  - 数据申报
  - 查验放行
  - 后续作业

工作项目四 跨境电商出口通关

案例导入

跨境电商 9610 模式迎来首单，贵州跨境电商出口全模式开通

10 月 29 日，在贵阳海关所属贵阳龙洞堡机场海关的监管下，一批保温杯在贵阳龙洞堡国际机场搭乘飞机出口国外。贵州首单跨境电商 9610 出口业务顺利完成。

相比传统非贸出口，9610 出口模式优势明显：海关为企业制定快速通关、阳光结汇及出口退免税等"一条龙"监管方案，让跨境电商企业真正感受到申报更便捷，通关更高效。

此次首单 9610 业务的完成标志着贵州真正意义上跨境贸易电子商务出口模式的全面开通，让贵州跨境电商模式更加齐全，业态更加丰富。海关查验跨境电商出口商品如图 4-1 所示。

图 4-1 海关查验跨境电商出口商品

（案例来源：海关总署网站）

任务描述

阳光跨境电商服务有限公司是一家中小型跨境电商一站式综合服务平台，通过互联网与线下服务相结合的方式为中小企业提供通关、物流、检验、退税、收付汇等跨境电商交易所需的各环节服务。现在，该公司接到百联进出口有限公司的 9610 模式出口通关业务的委托，百联进出口有限公司的业务员王一川负责与阳光跨境电商服务有限公司的业务员李晓明（化名）对接相关工作，请你帮他们一起查找海关关于 9610 模式的规定和 9610 模式出口通关流程，了解办理跨境电商出口业务的流程和步骤。

知识准备

一、9610 模式简介

跨境电商 B2C 一般出口采用 9610 出口监管方式，符合条件的电子商务企业或平台与海关联网，境外买家跨境网购后，电子商务企业或平台将电子订单、支付凭证、电子运单（"三单"）的信息传输给海关，海关将"三单"信息及前期企业和商品的备案信息生成清单数据并发送给海关通关系统。同时，企业将售出的货物交给物流公司，并在海关现场监管下，流水线自动放行。货物以邮件、快件方式被运送出境，货物离境后，企业定期对清单进行申报、退税、结汇，海关可以据此进行贸易统计。跨境电商综试区所在地海关采用"简化申报、清单核放、汇总统计"的方式通关，其他海关采用"清单核放、汇总申报"的方式通关。根据 9610 出口监管方式，出口企业接到海外订单后，可先将清单信息推送至跨境电商公共服务平台，然后关检部门对清单进行审核，办理实货放行手续。在货物出境后，企业定期汇总已核放清单数据，形成出口报关单，并向海关申报，此举大大降低了企业通关成本，提高了通关效率。

知识拓展 4-1

二、9610 模式出口通关流程简介

（一）前期准备

为按照海关要求传输相关交易的电子数据，在开展跨境电商 B2C 出口贸易前，需要做好前期准备工作，包括企业备案、商品备案等。

1. 企业备案

跨境电商企业、物流企业等参与跨境电商零售出口业务的企业，应当向所在地海关办理信息登记；如需办理报关业务，向所在地海关办理注册登记。

2. 商品备案

（1）整理商品的 HS 编码明细表。

按照海关和商检的要求，统一在跨境电商通关服务平台进行产品备案，具体信息按照各监管地要求整理，包括 HS 编码、产品名称、品牌、制造商等。

（2）形成出口商品预归类表并备案。

跨境电商通关服务平台根据 HS 编码、相同退税原则将出口商品明细表形成预归类表，报海关审核，海关审批同意后完成商品备案。

3. 形成订单

企业将通过海关预归类审批的商品在跨境电商平台上架展示，国外消费者在平台下单并完成支付，形成订单。

（二）数据申报

1. 三单信息上报

跨境电商零售出口商品申报前，跨境电商企业或其代理人、物流企业应当分别通过"中国国际贸易单一窗口"平台向海关传输订单、支付单、运单等电子数据信息，并对数据的真实性承担相应的法律责任。

具体操作方法：登录"中国国际贸易单一窗口"平台之后，选择"跨境电商"，在下拉框中选择"出口申报"，"中国国际贸易单一窗口"平台登录界面如图 4-2 所示。

图 4-2　"中国国际贸易单一窗口"平台登录界面

进入跨境电商申报界面之后，根据页面右边的具体细分模块，选择"跨境电商出口"模块，跨境电商申报界面如图 4-3 所示。

（1）订单申报。

跨境电商企业或电商平台通过跨境电商通关服务平台向监管部门推送订单信息。订单信息包括订购人信息、订单号、支付单号、物流单号及商品信息等。"中国国际贸易单一窗口"平台中的订单信息（跨境零售出口）如表 4-1 所示。

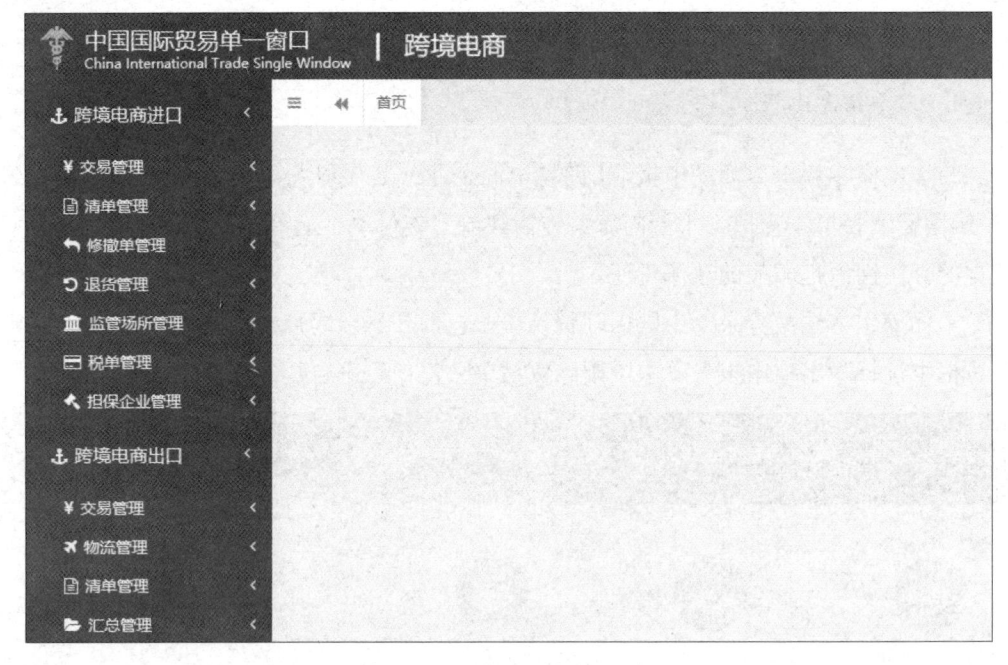

图 4-3　跨境电商申报界面

表 4-1　"中国国际贸易单一窗口"平台中的订单信息（跨境零售出口）

订单详细信息							
订单编号		报送类型		业务状态		报送时间	
电商平台代码		电商平台名称		电商企业代码		电商企业名称	
订单类型		商品金额		运杂费		币制	
入库时间		备注					
订单表体信息							
商品序号		企业商品序号		企业商品名称		企业商品描述	
条码		数量		单位		单价	
总价		币制		备注			

（2）支付单申报。

订单对应的支付单，由支付公司通过跨境电商通关服务平台向监管部门推送支付信息。支付单信息包括支付人信息、支付金额、订单号、支付单号等。

（3）运单申报。

订单对应的物流信息，由物流企业通过跨境电商通关服务平台向监管部门推送物流信息。交易订单形成后，企业将相关商品打包发货，工作人员根据已形成的订单准备商品后打单发货，打印物流面单。之后将商品交给物流企业，由物流企业集中运输到指定跨境监管区域，形成商品的运单信息。运单信息包括物流单号、订单号、商品信息、收货人等。"中国国际贸易单一窗口"平台中的运单信息（跨境零售出口）如表 4-2 所示。

表 4-2 "中国国际贸易单一窗口"平台中的运单信息（跨境零售出口）

物流运单详细信息			
运单编号	报送类型	业务状态	报送时间
物流企业代码	物流企业名称	电商企业代码	电商企业名称
运费	保价费	币制	电商企业电话
件数	毛重	入库时间	主要货物信息
备注			

2. 清单申报

海关收到三单后，向跨境电商通关服务平台发送入库成功回执。跨境电商通关服务平台生成清单，该清单内容必须符合海关公布的《中华人民共和国海关跨境电商零售出口商品申报清单》的填制规范要求，并把清单推送给海关。具体操作方法：点击"中国国际贸易单一窗口"平台中的"清单管理"选项，在下拉框选择"清单录入"选项，并把具体的申报信息填写在界面右边的"清单表头""清单表体"信息框中，填写完并审核无误后，点击"申报"按钮。出口申报清单信息录入界面如图 4-4 所示。

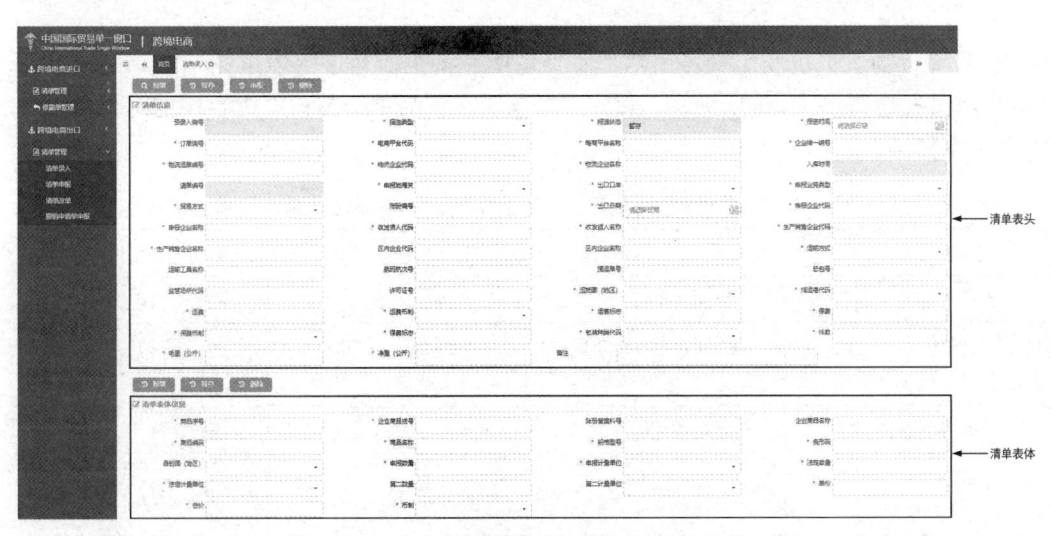

图 4-4 出口申报清单信息录入界面

海关将订单、支付单、运单中的订购人信息，收件人信息，商品及价格信息和清单中的订购人信息，收件人信息，商品及价格信息进行数据校验比对。校验比对的过程就是"三单对碰"。如果比对结果没有问题，就会收到申报成功回执。如果有问题，就会收到申报失败回执，海关会反馈相应的错误代码信息，按照海关回执，通过申报信息修改，可重新申报处理，否则需要做退单处理。三单申报和清单申报如图 4-5 所示。

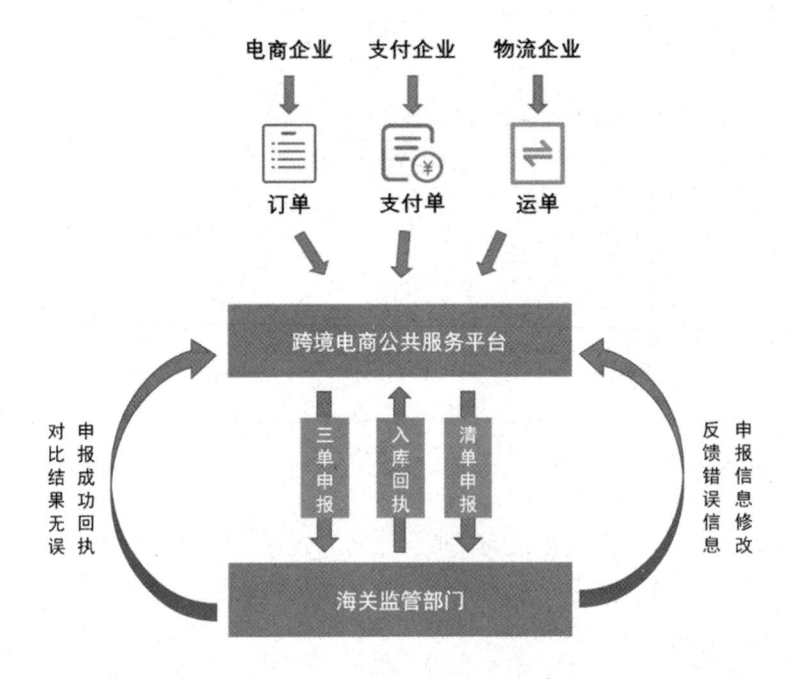

图 4-5　三单申报和清单申报

3. 运抵单申报

跨境货物运抵机场监管场所后，监管场所经营企业通过跨境电商场站辅助管理系统向海关发送跨境货物的运抵单信息。"中国国际贸易单一窗口"平台中的运抵单信息（跨境零售出口）如表 4-3 所示。

表 4-3　"中国国际贸易单一窗口"平台中的运抵单信息（跨境零售出口）

运抵单详细信息							
预录入编号		报送类型		业务状态		报送时间	
监管场所经营人代码		监管场所经营人名称		申报地海关代码		企业唯一编号	
监管场所代码		物流企业代码		物流企业名称		进出口标志	
境内运输工具编号		运输方式		提运单号		入库时间	
备注							
运抵单表体信息							
序号		物流运单编号		总包号		备注	

4. 清单总分单申报

监管场所经营企业的运抵申报审核通过后，向海关推送清单总分单。清单总分单申报完成后，企业可以在申报系统查看清单总分单的海关放行或者查验回执。"中国国际贸易单一窗口"平台中的清单总分单信息（跨境零售出口）如表 4-4 所示。

表 4-4 "中国国际贸易单一窗口"平台中的清单总分单信息（跨境零售出口）

清单详细信息						
预录入编号		企业唯一编号		报送类型		业务状态	
申报地海关		申报企业代码		申报企业名称		报送时间	
物流企业代码		物流企业名称		航班航次号		提运单号	
监管场所代码		境内运输工具编号		运输方式		运输工具名称	
毛重		报文总数		报文序号		入库时间	
备注							
总分单表体信息						
序号		出口清单编号		物流运单编号		总包号	
备注							

（三）查验放行

海关对货物实行集中申报、集中办理放行手续。货物抵达机场口岸海关监管库后，以检疫监管为主，基于商品质量安全的风险程度，实施监督抽查，抽查后海关确认放行，将放行信息反馈到跨境电商综合服务平台。

商品通过运输工具运输离境，跨境电商综合服务平台将信息反馈给跨境电商企业和物流企业。物流企业申报离境清单，海关系统审核后按出口清单结关。

（四）后续作业

国家对跨境电商综试区企业出口未取得有效进货证、同时符合条件的货物试行增值税、消费税免税政策。因此，多数跨境电商出口企业一般不办理退税业务，海关直接按清单核放，后续无须汇总申报。

如果跨境电商出口企业取得有效进货凭证（增值税发票、消费税发票），就可以申请出口退税，但需要代理报关企业每月月初汇总上一个月的清单数据集中向海关汇总申报，生成报关单。因此，9610 模式出口业务的汇总申报是针对有退税需求的跨境电商企业，并非必需的流程。

1. 归类合并

跨境电商零售商品出口后，跨境电商企业或其代理人应当于每月 15 日前（当月 15 日是法定节假日或法定休息日的，顺延至其后的第一个工作日），将上一个月结关的《申报清单》依据表头"八个同一"规则进行合并，汇总形成报关单向海关申报。"八个同一"规则是指同一收发货人、同一运输方式、同一生产销售单位、同一运抵国、同一出境关别，以及清单表体同一最终目的国、同一 10 位海关商品编码、同一币制的规则。

2. 汇总申报

汇总申报，即出口电商企业定期汇总清单形成报关单进行申报，海关为企业出具报关单退税证明，可解决企业退税难题。申报企业向通关服务系统导入汇总申请单数据后，海关根据汇总申请单数据生成汇总结果单和汇总报关单。

汇总申报完成后，企业查询汇总报关单信息，根据报关单信息完成后续出口退税操作。

3. 办理退税

海关为企业出具报关单退税证明，由跨境企业将增值税、发票、收汇联、报关单等数据推送给外汇管理部门，实现退税。

4. 退货申报

退货申报不是必需的操作。如果跨境电商企业出口的货物有退运入境的，就可以按照《关于全面推广跨境电子商务出口商品退货监管措施有关事宜的公告》的要求办理退货申报。

> **知识链接**
>
> **广州黄埔海关通关放行全国首批跨境电商物品退货申报**
>
> 1月5日，广州黄埔海关关员接受菜鸟国际174票、总价值14169.31元人民币的跨境电商包裹出口退货商品申报，查验无异常后准予通关放行。全国首批成功退运进境的跨境电商包裹出口商品，标志着跨境电商出口退货通道成功打通。黄埔海关关员审核退货申报数据如图4-6所示。CT设备检查退货包裹如图4-7所示。

图4-6　黄埔海关关员审核退货申报数据

图 4-7 CT 设备检查退货包裹

申请开展退货业务的跨境电商企业应保证退货商品为原出口商品，并承担相关的法律责任。原出口的商品可以全部或部分商品申请退货，退货商品可单独运回也可批量运回，退货商品应在出口放行之日起 1 年内退运进境。9610 模式出口通关流程如图 4-8 所示。

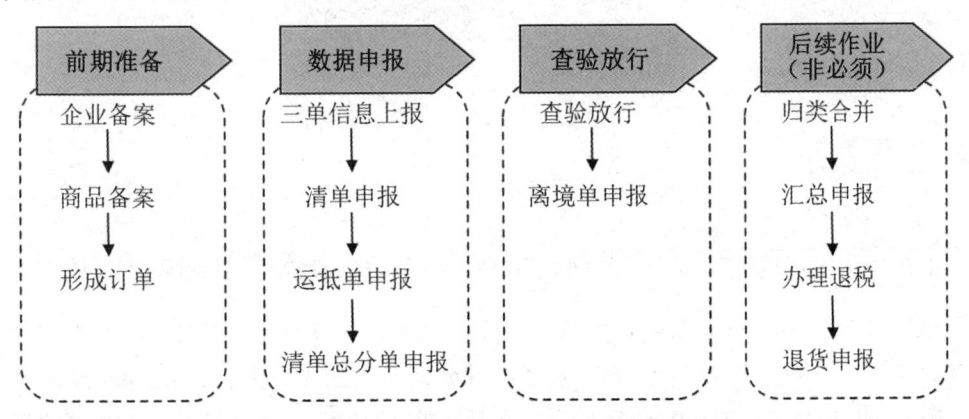

前期准备	数据申报	查验放行	后续作业（非必须）
企业备案	三单信息上报	查验放行	归类合并
商品备案	清单申报	离境单申报	汇总申报
形成订单	运抵单申报		办理退税
	清单总分单申报		退货申报

图 4-8 9610 模式出口通关流程

工作任务二 1210 模式出口通关流程

知识拓展 4-2　知识拓展 4-3

学习目标

※【知识目标】

1. 了解 1210 模式的适用范围。
2. 熟悉 1210 模式出口通关流程。

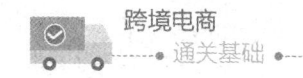

※【技能目标】

1. 明确1210模式出口通关的前期准备事项。
2. 能够绘制1210模式出口通关流程图。

※【素质目标】

1. 具备1210模式出口通关需要的规则意识和团队协作意识。
2. 熟悉国家法律法规和政策对1210模式出口通关的规定。
3. 具备较强的责任意识和能够协调货物入区、出区的沟通能力。

思维导图

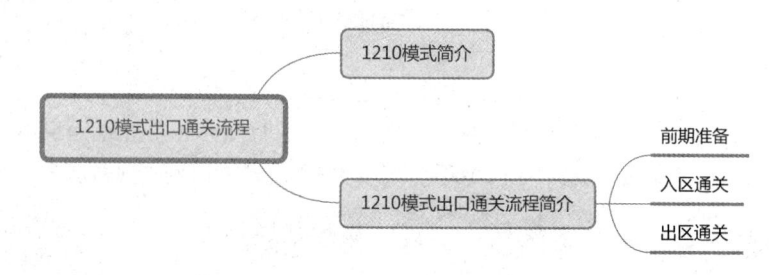

```
                          ┌── 1210模式简介
1210模式出口通关流程 ──┤
                          │                              ┌── 前期准备
                          └── 1210模式出口通关流程简介 ──┼── 入区通关
                                                         └── 出区通关
```

案例导入

山东自由贸易试验区济南片区模式突破，带动全市跨境电商交易额增长40倍

位于章锦综合保税区内的乐购仕展销中心，展示着来自日本的洗化、美妆、营养保健、母婴、个护等八大品类1000多个品种的商品，包括资生堂、SK-Ⅱ、狮王等品牌。Laox在2020年12月落地开仓后，启动的是1210保税进口模式，需要线上下单后通过第三方物流派送，不久后就推出了"线下速提"模式，顾客最快可以30分钟把货物提走。

绿地（济南）全球商品贸易港的跨境电商专区可根据市场预测和消费者需求，先从国外源头采购，后经进口及集中仓储流程，再根据消费者所下订单，以个人物品方式出区配送到消费者手上，在通关效率、商品质量、性价比方面都有明显优势，让消费者以优惠超值的价格买到国外知名及热门商品，真正实现轻松实惠"买全球"，收获贸易创新发展所带来的全新的、便利的消费体验。

跨境电商是山东自由贸易试验区济南片区重点发展和引进的业态。济南片区实现跨境电商新模式突破，日本乐购仕中国区跨境电商中心仓实现1210保税进口模式的突破，聚集菜鸟、抖音、苏宁等国际仓分拨中心落户综保区，培育"中欧班列+跨境电商"新业态，完成全省首批跨境电商B2B模式货物出口，带动全市跨境电商进出口额增长40倍。

任务描述

百联进出口有限公司现有一批跨境电商 1210 模式货物需要出口,再次委托阳光跨境电商服务有限公司负责通关业务。百联进出口有限公司的业务员助理王一川负责与阳光跨境电商服务有限公司的业务员李晓明对接相关工作,请你帮他们一起查找海关对于 1210 模式的规定和出口通关流程,了解办理跨境电商出口业务的流程。

知识准备

一、1210 模式简介

跨境电商 B2C 特殊区域出口模式,即保税出口模式。海关总署于 2014 年第 57 号公告中增列了海关监管方式代码 1210,全称为"保税跨境贸易电子商务"。该监管方式适用于境内个人或电子商务企业在经海关认可的电子商务平台实现跨境交易,并通过海关特殊监管区域或保税监管场所进出的电子商务零售进出境商品。

特殊区域出口是指符合条件的跨境电商企业或平台与海关联网,跨境电商企业把整批商品按一般贸易报关进入海关特殊监管区域,企业实现退税;对于已入区退税的商品,境外网购后,海关凭清单核放,由邮政企业、快递企业分送出区离境。出区离境后,海关定期将已放行清单归并形成出口报关单,跨境电商企业凭此办理结汇手续,并纳入海关统计。这种出口模式的特点是整批进、分包裹出,能够有效解决跨境电商企业的碎片化订单出口过程中存在的一系列问题,实现"入区即退税",提升跨境电商出口的合规性,同时降低海外库存风险。

1210 模式监管可实现跨境出口两种模式:一是跨境电商特殊区域包裹零售出口模式;二是跨境电商特殊区域出口海外仓零售模式。

跨境电商特殊区域包裹零售出口是指企业将商品批量出口至特殊区域(中心),海关对其实行账册管理,境外消费者通过电商平台购买商品后,在区内打包再为已销商品办理出境手续,离境后通过物流快递形式送达境外消费者的模式。

跨境电商特殊区域出口海外仓零售是指国内企业将商品按货物报关(0110 模式),批量出口至区域(中心),企业在区域(中心)内完成理货、拼箱后,批量出口(1210 模式)至海外仓,通过跨境电商平台完成零售后再将商品从海外仓送达境外消费者的模式。

二、1210 模式出口通关流程简介

(一)前期准备

1. 申请账册

海关对进出特殊区域的货物实施电子账册管理,保税监管场所仓

知识拓展 4-4

储企业需要向海关申请适用于特殊区域的物流账册，方便海关对进出特殊区域货物的监管。跨境电商 1210 出口模式下，跨境电商企业根据海外市场预期，将物品提前备货运进特殊区域的保税仓库存储一段时间，因此报关企业（区内仓储企业一般兼营报关业务）需要事先申请保税物流账册。

2. 办理商检

在跨境电商 B2C 特殊区域出口模式下，跨境电商企业需要先将拟销售的货物整批运进特殊区域，这一阶段的操作按"一般贸易"的模式进行报关。

大多数商品在一般贸易出口时不需要办理商检手续，但少数商品需要办理商检手续，这根据海关对不同货物的监管政策来定，可按货物的 HS 编码查询货物的监管条件。如果商品需要办理商检手续，应在报关前完成。

3. 核注清单（进口）申报

跨境电商企业一般委托区内仓储企业进行报关。进行入区报关操作前，区内仓储企业先申报保税核注清单（进口），再申报出口报关单。

报关企业在"中国国际贸易单一窗口→加工贸易海关特殊监管区域→保税核注清单（进口）"功能模块中录入保税核注清单（进口），系统在核注清单中自动生成报关单表体草稿。

在跨境电商 1210 出口模式下，货物进入特殊区域的核注清单录入操作与 1210 进口模式下基本相同，但也有部分不同。针对不同业务的核注清单（进口）录入比较如表 4-5 所示。

表 4-5 针对不同业务的核注清单（进口）录入比较

核注清单栏目	1210 进口业务	1210 出口业务
清单类型	普通清单	
手（账）册编号	物流账册编号	
料件成品标志	料件	
报关标志	报关	
进境关别	（按实际填写）	（特殊区域海关）
启运国（地区）	（按实际填写）	中国
监管方式	保税电商	料件进出区
运输方式	（按实际填写）	其他运输
报关类型	对应报关	关联报关
报关单类型	进口报关单	出口报关单

4. 出口报关单申报

核注清单申报成功后，系统会在核注清单中自动生成一份报关单草稿编号和出口报关单草稿表体内容，报关人员即可办理出口报关单录入的操作。

> 知识链接

跨境电商 1210 模式下货物入区的出口报关单录入

与一般贸易项下出口报关单的内容相比，跨境电商 1210 模式下货物入区的出口报关单录入时有些栏目是一样的，例如监管方式为一般贸易，征免性质为一般征税，征免方式为照章征税。但需要注意以下几点内容的填写。

（1）境内发货人、生产销售单位一般是特殊监管区域内的仓储企业，申报单位可以是仓储企业，也可以是其他报关企业。境外收货人可填写"NO"。

（2）备案号不用填写。

（3）随附单证代码为保税核注清单的代码"a"，随附单证编号栏为关联的核注清单（进口）的编号。

（4）备注栏要注明"跨境电子商务"等。

此外，录入时要注意：由于货物未实际出境，出境关别为"特殊区域海关"，运输方式根据特殊区域的类型填写，成交方式为"FOB"，贸易国、运抵国（地区）均为中国，指运港、离境口岸、境内货源地均为货物运抵的特殊区域。

待海关审核通过核注清单后，报关企业在"中国国际贸易单一窗口"平台中按一般贸易（0110）监管方式补充出口报关单所有必填数据，审核无误后发送给海关。

需要说明的是，跨境电商特殊区域出口模式下，电商企业的货物运入特殊区域后视同货物已经出口，企业可以办理出口退税，因此后续不再办理电商清单的汇总申报。

（二）入区通关

1. 入区核放单申报

出口报关单被海关审核通过后，报关企业申报入区核放单。1210 出口模式下货物入区核放单上的填制内容与 1210 进口模式下的基本相同，都是货物进入特殊区域前需要申报的信息，但 1210 出口模式下货物入区核放单中的核放单类型为"二线进出区"，其他内容与 1210 进口模式下类似。

2. 货物运抵特殊区域

在报关企业做好申报货物入区的准备工作的同时，跨境电商企业安排货车将货物运往特殊区域。入区核放单申报成功后，货物就可进入特殊区域。

货物到达特殊区域通过卡口前，需要办理"车单关联"手续，就是将运输车辆、装载货物与入区核放单进行关联，方便特殊区域海关对货物进出进行监控和管理。车辆入区时，卡口凭入区核放单验放。

车辆通过卡口后，触发报关单结关和核注清单核扣。核放单由未过卡变为已过卡，核注清单由预核扣状态变为已核扣状态。系统中的账册底账数据核增，第一次入区的商品会新增备案序号项，已有备案序号项的商品会直接核增底账数量。

3. 海关查验

若入区的货物被海关布控查验，则货物运抵特殊区域后，海关在指定查验场所对货物进行查验作业，根据查验结果进行相应的处置。

4. 理货入库

货物入区以后，特殊区域海关将直接放行或者查验后放行。海关放行后，场站公司进行理货，向海关发送理货报告，并将货物存入保税仓库。货物进入保税仓库后，跨境电商企业可以申请退税。

（三）出区通关

存入特殊区域的商品运往境外的物流方式有两种：小包裹和大货。小包裹是指电商企业把电商平台上成交的每个小包裹直接交给物流企业，由物流企业运给境外的消费者个人；大货是指电商企业先把货物批量运往境外的海外仓，再根据后续订单由海外仓直接配送给境外的消费者个人。

1210 出口模式下物流方式为小包裹时，出口通关的流程与 9610 出口模式类似，也需要申报电商清单信息，但监管方式为 1210 时，无须申报报关单。1210 出口模式下物流方式为大货时，因为未产生电商订单，所以无须申报电商清单，出口通关的流程与 9810 出口模式类似，需要申报报关单，但监管方式为 1210。

1. 电商清单申报

1210 出口模式下小包裹出口时需要申报电商清单。货物存入特殊区域的保税仓之后，申商企业在跨境电商平台销售货物，成交后形成订单信息、运单信息和支付信息，分别由电商企业、物流企业、支付企业或其代理人将数据发送给海关，海关系统进行"三单"对碰通过后，由电商企业或其代理报关企业向海关申报电商清单，确认电商清单数据无误后向海关发送。

2. 核注清单（出口）申报

1210 出口模式下，货物出区前特殊区域的报关企业要先向海关申报保税核注清单（出口），核注清单商品项信息通过电商清单表体导入（小包裹出口）或其他方式录入（大货出口）。不同业务的核注清单（出口）录入比较如表 4-6 所示。

表 4-6　不同业务的核注清单（出口）录入比较

核注清单栏目	1210 进口业务	1210 出口业务
清单类型	保税电商	
手（账）册编号	物流账册编号	
料件成品标志	料件	
监管方式	料件进出区	

续表

核注清单栏目	1210进口业务	1210出口业务
出境关别	（特殊区域海关）	（按实际填写）
运抵国（地区）	中国	（按实际填写）
运输方式	其他运输	（按实际填写）
报关标志	非报关	小包裹：非报关；大货：报关
报关类型	—	小包裹：/；大货：对应报关
报关单类型	—	小包裹：/；大货：出口报关单

3. 出境备案清单申报

1210出口模式下物流方式为大货时，要申报报关单。核注清单被海关审核通过后，报关企业向海关申报《中华人民共和国海关出境货物备案清单》（特殊监管区货物报关时以"备案清单"替代"报关单"，二者内容相同）。

> **知识链接**
>
> **跨境电商1210模式"出境货物备案清单"录入**
>
> 与一般贸易项下"出境货物备案清单"内容相比，跨境电商1210模式货物出区的"出境货物备案清单"录入时需要注意以下几点内容。
>
> （1）境内发货人、生产销售单位一般是跨境电商企业，申报单位可以是区内仓储企业，也可以是其他报关企业。境外收货人可填写"NO"。
>
> （2）备案号填写对应的物流账号编号。
>
> （3）随附单证代码为保税核注清单的代码"a"，随附单证编号栏为对应的核注清单（出口）的编号。
>
> （4）备注栏要注明"跨境电子商务"等。
>
> 1210出口模式下，由于货物实际出境，因此出境关别、运输方式、贸易国、运抵国（地区）和指运港、离境口岸都按实际情况填写，境内货源地为货物所在的特殊区域。

4. 出区核放单申报

核注清单被海关放行后、货物出区前，报关企业填报货物运离特殊监管区域的出区"核放单"。

5. 货物出区

保税仓库根据订单和运单信息，将同一目的地的零售货物集中在一起，贴快递单后进行打包，做好出运准备。若货物被海关布控查验，则先将货物进行过机查验，再根据查验结果进行处置。

在保税仓库打包的同时，仓储企业在出区"核放单"被海关审核通过后办理"车单关联"，然后装载货物的车辆凭出区"核放单"出区运往机场或其他出境口岸。

货物到达机场或其他出境口岸后，口岸海关根据核注清单放行或查验，便可将货物运往境外。

1210模式出口的货物如果有退货操作，其要求与9610模式的退货要求相同。

1210模式出口通关流程如图4-9所示。

前期准备
申请账册
↓
办理商检
↓
核注清单（进口）申报
↓
出口报关单申报

入区通关
入区核放单申报
↓
货物运抵特殊区域
↓
海关查验
↓
理货入库

出区通关
电商清单申报
↓
核注清单（出口）申报
↓
出境备案清单申报
↓
出区核放单申报
↓
货物出区

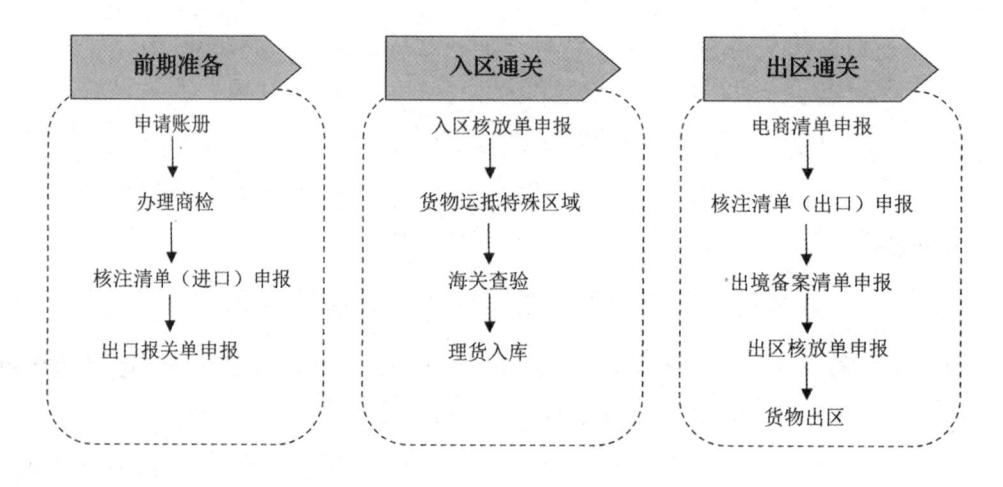

图4-9　1210模式出口通关流程

知识链接

相比9610监管方式下的出口，1210监管方式下的出口提前备货至特殊区域，增加了物流、申报等环节（有入区、仓储、出区等作业），因此会增加成本。但特殊区域出口优势明显，具体如下。

（1）便利的"入区即退税"（保税区除外），可有效缩短企业资金运转周期，减少退货时间成本。

（2）货物批量入区及集货运输出口，可有效降低企业物流成本。

（3）畅通跨境电商出口退货渠道，保障跨境商品"出得去，退得回"，解决企业后顾之忧。

（4）在还没有被买家下单前，商品就从企业成品仓库进入海关特殊监管区域。境外买家一下单，商品就能快速根据平台订单情况从区内直接打包运往目的地，使国内企业物流运营成本更低，境外买家购买商品也更便捷。

知识拓展4-5

工作任务三　9710/9810 模式出口通关流程

学习目标

※【知识目标】

1. 了解 9710/9810 模式的适用范围、参与主体和申报要求。
2. 熟悉 9710/9810 模式出口通关模式的区别。
3. 掌握 9710/9810 报关单申报模式的出口通关流程。

※【技能目标】

1. 能对比 9710/9810 模式的区别及优势。
2. 能绘制 9710/9810 报关单申报模式的流程图。

※【素质目标】

1. 具备 9710/9810 模式出口通关需要的规则意识和团队协作意识。
2. 熟悉国家法律法规和政策对 9710/9810 模式出口通关的规定。
3. 具备较强的责任意识和沟通能力。

思维导图

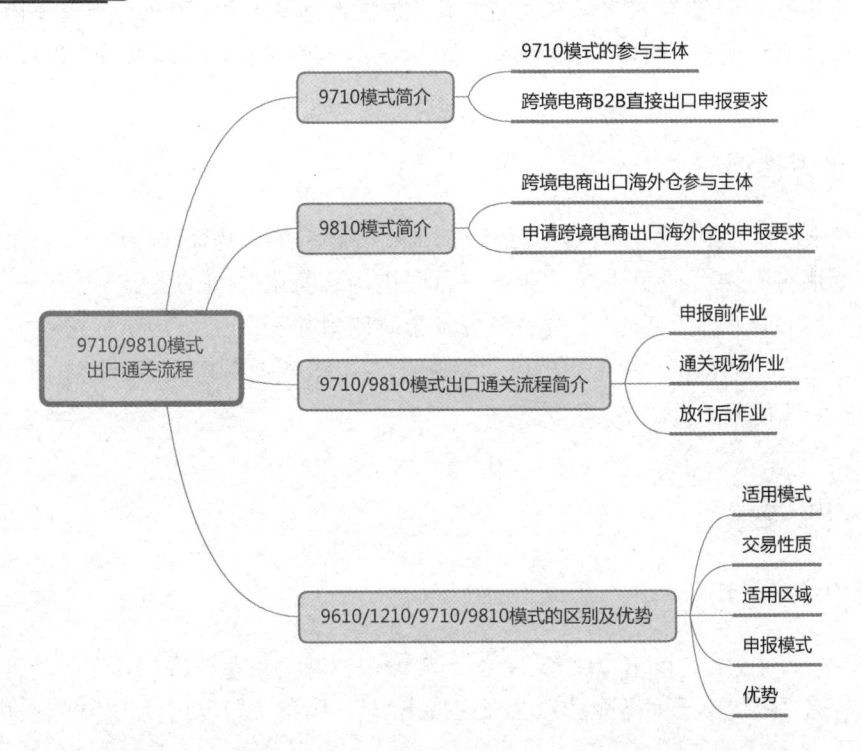

- 9710/9810 模式出口通关流程
  - 9710 模式简介
    - 9710 模式的参与主体
    - 跨境电商 B2B 直接出口申报要求
  - 9810 模式简介
    - 跨境电商出口海外仓参与主体
    - 申请跨境电商出口海外仓的申报要求
  - 9710/9810 模式出口通关流程简介
    - 申报前作业
    - 通关现场作业
    - 放行后作业
  - 9610/1210/9710/9810 模式的区别及优势
    - 适用模式
    - 交易性质
    - 适用区域
    - 申报模式
    - 优势

案例导入

9710、9810 模式助国货"直通全球"

7月1日开始,我国启动跨境电商企业对企业(B2B)出口监管试点。试点的主要内容是,增设 9710 和 9810 两个出口监管代码,分别对应"跨境电商 B2B 直接出口"和"跨境电商出口海外仓"。

试点效果怎么样?一组数据可作为参考:7月1日起,北京等 10 个海关率先启动试点,仅仅两个月后,青岛等 12 个海关就加入"试点群";截至 9 月 30 日,试点海关累计验放跨境电商 B2B 出口 1145.67 万票。换句话说,平均每天验放超过 12 万票货物。

为什么这项试点取得的效果这么好呢?从海关监管规则中可以寻找到答案。根据新规,企业可以通过"一次登记""一点对接",享受海关"优先查验""一体通关""自动比对""便利退货"等诸多优惠措施,实现全程通关无纸化,申报清单更加精简、便捷。

"相比较之前,申报流程更简单,通关和物流效率更快,成本更低,有助于增强我们在海外市场的竞争力,拓展国外市场。"山东海外购贸易有限公司参与试点一个月,就通过跨境电商 B2B 模式出口了 9000 多单。

新冠疫情全球大流行使全球贸易受到巨大冲击,但跨境电商以其线上交易、非接触式交货、交易链条短等优势稳定增长。海关统计显示,前三季度,跨境电商管理平台进出口额为 1873.9 亿元,同比增长 52.8%。同期,我国外贸整体增速为 0.7%。

跨境电商 B2B 出口监管试点大幅扩围,体现出我国扩大开放的脚步在不断加快,同时反映出世界对中国的需求在增强,这是互利共赢的举措,未来发展空间还很大。

任务描述

百联进出口有限公司现有跨境电商 9710/9810 模式的货物需要出口,再次委托阳光跨境电商服务有限公司负责通关业务。百联进出口有限公司的业务员王一川负责再次与阳光跨境电商服务有限公司的业务员李晓明对接相关工作,请你帮他们一起查找海关对于 9710/9810 的规定和出口通关流程,了解在这两种模式下跨境电商办理出口通关业务的流程和步骤。

知识准备

一、9710 模式简介

跨境电商 B2B 直接出口属于 B2B 范畴,依据海关总署公告,其海关监管代码为 9710,全称"跨境电子商务企业对企业直接出口",简称"跨境电商 B2B 直接出口",

用于跨境电商 B2B 直接出口的货物。一般来说，国内跨境电商企业通过 B2B 跨境电商平台开展线上商品、企业信息展示，并与国外企业建立联系，在线上或线下完成沟通、下单、支付并履约的流程。从业务模式上看，跨境电商 B2B 直接出口是境内跨境电商企业，按照境外企业买家在电子商务网站上下的订单，将商品发往境外企业买家的贸易形式。

（一）9710 模式的参与主体

跨境电商 B2B 直接出口企业为参与跨境电商 B2B 出口业务的境内企业，包括跨境电商企业、受跨境电商企业委托的代理报关企业、跨境电商平台企业（境内或境外 B2B 平台）、物流企业等。这些企业应当依据海关报关单位注册登记的有关规定在海关办理注册登记，同时在海关企管系统中勾选相应的跨境电商企业类型。已办理注册登记未勾选企业类型的，在"中国国际贸易单一窗口"平台提交注册信息变更申请。

跨境电商 B2B 直接出口业务可以分为两种申报模式，分别是清单申报模式和报关单申报模式。在清单申报模式下，涉及的市场主体主要有跨境电商企业、物流企业、监管场所及境外采购企业四大类，订单的报送需通过数据接入报文方式申报。在报关单申报模式下，涉及的市场主体有实际开展电商出口业务的境内电商卖家、报关企业及境外采购企业，报关企业需要具备代理报关资质，如果境内电商卖家自行报关，那么跨境电商企业和报关企业为同一家企业。报关单申报有两种方式：通过数据接入报文申报和通过"中国国际贸易单一窗口"平台录入。

（二）跨境电商 B2B 直接出口申报要求

跨境电商企业或其委托的代理报关企业、境内跨境电商平台企业、物流企业应当通过"中国国际贸易单一窗口"平台或"互联网＋海关"平台向海关提交申报数据，传输电子信息，并对数据的真实性承担相应的法律责任。

选择跨境电商 B2B 直接出口的企业申报前需上传交易平台生成的在线订单截图等交易电子信息，并填写收货人名称、货物名称、件数、毛重等在线订单内的关键信息。跨境电商 B2B 出口监管试点分为清单和报关单两种方式申报。以清单方式申报的，出口申报前，跨境电商出口企业或其代理人（含境内跨境电商平台企业）应向海关传输交易订单电子信息；物流企业向海关传输物流电子信息，具备条件的可加传收款信息，收款单信息为可选项，企业可以选择不申报，并对数据的真实性负责。以报关单方式申报的，出口申报前，跨境电商出口企业或其代理人（含平台企业）应向海关传输交易订单电子信息，具备条件的可加传收款信息，并对数据的真实性负责。

> **知识链接**

跨境电商 B2B 直接出口的优势

1. 降低中小企业参与国际贸易的门槛

在传统外贸业态中，中小微企业或个人因规模小、资金不足，很难取得相应的进出口资质，因此很难独自参与到国际贸易中，只能借助外贸代理商实现进出口，需承担较大的资金成本和风险。而且中小微企业通常只生产中间产品，无法及时与终端客户沟通，获得市场的有效反馈，从而丧失了建立自身品牌和高溢价的可能性。现阶段，跨境电商 B2B 平台将碎片化、小单化、移动化的贸易流程变得十分简明，操作起来更加容易。中小微企业和个人可以通过跨境电商 B2B 平台寻找全球各地的买家，极大地降低了参与全球贸易的门槛。

2. 有利于获得新外贸用户

跨境电商 B2B 改变了过去"工厂—外贸企业—国外商贸企业—国外零售企业—海外消费者"的贸易链条，使国内出口企业能够直接对话海外消费者和小企业这两大目标群，使中国成为支撑全球卖家的定制化供应链服务中心。

3. 有利于抢占新市场

当前，东盟、中东、非洲、拉丁美洲等已经成为跨境电商快速增长的新兴市场，中小外贸企业通过跨境电商平台能够平等地参与新兴市场的竞争，凭借自身灵活的供应链，能够较快地适应新兴市场的个性化消费需求，获取新的市场空间。

二、9810 模式简介

跨境电商出口海外仓属于 B2B 范畴，只适应出口，出自海关总署公告。其海关监管方式代码为 9810，全称"跨境电子商务出口海外仓"，简称"跨境电商出口海外仓"，适用于跨境电商出口海外仓的货物。一般来说，就是国内企业通过跨境物流将货物以一般贸易方式批量出口至海外仓，经跨境电商平台完成线上交易后，货物再由海外仓送至境外消费者手中的一种货物出口模式。在 9810 模式出口业务中，境内的跨境电商企业将所销售的货物批量出口至海外仓，当境外消费者下订单后，再从海外仓将商品发出去。

从商品运输轨迹可以看出，9710 出口业务的运输是境内到境外，属于一段式，而 9810 出口业务的运输是商品从境内运往境外海外仓，再从海外仓运往境外消费者，属于两段式。9810 与 9710 的区别主要在于企业通过跨境物流将货物运至海外仓后送达消费者。

知识拓展 4-6

知识链接

中国在世界各地超 1800 个海外仓，助力"中国造"畅销全球

海外仓已成为跨境电商发展不可缺少的重要环节和重要平台，通过在目的地国设立海外仓，以批量的方式把商品运输过去，根据当地市场情况进行分拣、包装、运输等，能够有效提升物流效率并降低综合运营成本。中国在世界各地建有超过 1800 个海外仓，主要分布在俄罗斯、日本、韩国、美国等国家和地区。

自营 40 万平方米的海外仓，在全球多个国家建立了 20 个仓储和营销中心。宁波豪雅进出口集团有限公司（以下简称豪雅集团）是宁波跨境电商领军企业，凭借成熟的海外仓模式，集团经营业绩飞速增长。

10年前，豪雅集团主营的是单价低、利润薄的日用商品。如今，豪雅集团已经在欧美市场上销售超20个品类1.5万多种产品，日均订单量超3万单。海外仓是豪雅集团从传统外贸企业成功转型的秘诀。40万平方米的海外仓，不仅实现了海外仓储功能，还具备运输、销售等综合功能，能够为出口企业提供专业化仓储服务。

黑龙江俄速通国际物流有限公司于2015年在俄罗斯莫斯科开仓，是中国跨境电商在俄罗斯建立的首个海外仓，占地面积1.1万平方米，对接俄罗斯本土快递，最快可实现当日送达。

"单未下，货先行"，海外仓为中国卖家与海外消费者搭建了桥梁，借助海外仓模式，中国卖家实现了销量逆势增长。

（一）跨境电商出口海外仓参与主体

在跨境电商出口海外仓模式中，主要涉及跨境电商出口企业、物流企业、外贸综合服务企业、公共海外仓经营企业、跨境电商平台企业（境内或境外B2C平台）、境外物流企业、境外消费者等参与主体。开展跨境电商出口海外仓业务的境内企业应在海关办理注册登记，且企业信用等级为一般信用及以上。

（二）申请跨境电商出口海外仓的申报要求

申请跨境电商出口海外仓业务模式备案，企业应当向主管地海关递交以下资料。

（1）两个登记表：《跨境电子商务海外仓出口企业备案登记表》和《跨境电子商务海外仓信息登记表》（一仓一表），一式一份。

（2）海外仓证明材料：海外仓所有权文件（自有海外仓）、海外仓租赁协议（租赁海外仓）、其他可证明海外仓使用的相关资料（如海外仓入库信息截图、海外仓货物境外线上销售相关信息、情况说明）等。

（3）海关认为需要的其他资料，如企业营业执照。

企业应将上述资料递交给企业主管地海关，如有变更，应及时向海关更新相关资料。

选择跨境电商出口海外仓的企业在申报前需上传海外仓委托服务合同等海外仓订仓单电子信息，并填写海外仓地址、委托服务期限等关键信息。出口货物入仓后需上传入仓电子信息，并填写入仓商品名称、入仓时间等关键信息。代理报关企业应填报货物对应的委托企业工商信息。企业申报的"三单"信息应为同一批货物信息，申报企业应对上传的电子信息、填报信息的真实性负责。

知识链接

申请跨境电商出口海外仓的优势

跨境电商出口海外仓的本质是跨境电商B2C零售出口的升级演变，通过海外仓的前置备货，使商品更快地送达海外消费者手中，其目的是更高效地服务海外跨境电商消

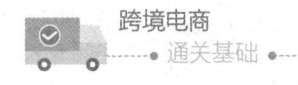

费者，提高跨境电商零售出口整体运行效率。

1. 提升配送时效

跨境电商 B2B 直接出口的跨境物流链条相对较长，主要环节包括国内物流、国内海关、国外海关、国外物流等，即便在空运物流形式下，也要 15 天左右才能到达消费者手中，还要面临破损率高、旺季拥堵等风险。而在海外仓出口模式下，商品到达消费者手中只需要经历国外本土物流一个环节，其他环节都已经前置完成，大大缩短了物流时间，甚至能够实现当日达、次日达，同时有效降低破损率、丢包率，提升消费者购买体验，促进消费者复购。

2. 提高销量

商品进入海外仓后，在跨境电商平台中，商品所在地即为本地，海外消费者在选购商品时，为缩短收货时间，通常会优先选择当地发货，因此海外仓出口有助于提高销量。此外，由于海外仓出口模式下物流时间大幅缩短，所以因物流时间过长和物流信息不及时导致的物流纠纷明显减少，对提高商品交易量和快速回款有明显帮助。

3. 物流成本更低

跨境电商 B2C 直邮出口以邮政小包为主，其物流通常采用航空带货方式。伴随着 E 邮宝价格逐年上涨，而在海外仓出口模式下，先将商品以一般贸易方式批量出口到海外仓，物流方式通常以海运为主，成本相对更低。以 3C 数码产品为例，同一个时间段，B2C 直邮运费约 120 元，而在海外仓出口模式下，海运至海外仓运费约 60 元。更低的物流成本意味着出口企业可以拥有更高的利润空间。

4. 售后更有保障

在 B2C 模式下，商品发生退换货问题时，由于再发货成本过高和时间过长，大多数卖家会进行退单处理，而商品通常在本地进行销毁、废弃，即便是换货，海外消费者大概率也会给出负面评价，如售后体验较差等。而在 B2B2C 模式下，通过海外仓可以对商品进行有效的退换货处理，退货的商品可以通过海外仓进行维修和二次包装，或者批量复运回国内进行维修，给消费者带来更高品质的售后服务保障。

三、9710/9810 模式出口通关流程简介

9710/9810 出口通关的报关模式都有两种：清单申报模式和报关单申报模式。

跨境电商 9710/9810 方式下，报关单申报模式没有订单货值限制，但适合单票金额 5000 元以上的订单，或涉证、涉检、涉税的货物，报关流程参照一般贸易（0110）出口。由于清单申报模式参照 9610 出口模式办理，所以下面详细介绍跨境电商 9710/9810 报关单申报模式的出口通关流程。

（一）申报前作业

1. 海外仓备案

跨境电商企业、跨境电商平台企业、物流企业等参与跨境电商企业对企业出口业务的境内企业，应当依据海关报关单位注册登记有关规定在海关办理注册登记，并在跨境电商企业类型中勾选相应的企业类型；已办理注册登记未勾选企业类型的，可在"中国

国际贸易单一窗口"平台提交注册信息变更申请。

开展跨境电商出口海外仓业务（9810 模式）的企业，海关信用等级为一般信用及以上，还应在海关办理出口海外仓业务模式备案。海外仓业务备案时，要提交《跨境电商出口海外仓企业备案登记表》（见表4-7）和《跨境电商海外仓信息登记表》（见表4-8），还要提供海外仓证明材料、海关认为需要的其他资料。海外仓证明材料包括海外仓所有权文件（自有海外仓）、海外仓租赁协议（租赁海外仓）、其他可证明海外仓使用的相关资料（如海外仓入库信息截图、海外仓货物境外线上销售相关信息）等。

表4-7 《跨境电商出口海外仓企业备案登记表》

企业名称		申请时间	
主管海关			
海关注册编码		统一社会信用代码	
企业法人		通信地址	
联系人		联系电话	
线上销售平台			
主要海外仓名称			
海外仓说明及随附资料			
		申请人签名　　　　年　　月　　日	
其他说明			
审核意见		年　　月　　日	
备注		年　　月　　日	

表4-8 《跨境电商海外仓信息登记表》

企业名称		海关注册编码	
海外仓名称		面积（平方米）	
所在国家		所在城市	
海外仓地址		仓库性质	
线上销售平台			
备注			

知识链接

海外仓——中国制造"走出去"的新驿站

"双十一"期间，西班牙的一名消费者在全球速卖通平台上购买了一台中国生产的电视机，通过海外仓发货，下单后半天就送到了家中。

海外仓是跨境电商企业在境外实现本土化运营的重要依托，物流更快，消费者体验更好。与传统物流模式相比，海外仓在目的地国就近发货，大大缩减了运输时间。在印度尼西亚，依托于京东搭建的仓配一体化物流，配送服务覆盖七大岛屿和483个城市，

85%订单的配送时效从 5~7 天缩短为 1 天。海外仓的模式让商家可以自主规划出口哪些商品、在什么时间出口、运到哪些市场，提前让商品抵达目的国，从而更好地规划供应链。

在政策支持下，如今的海外仓已经脱离传统仓库模式，成为具备多重功能、提供综合服务的智能化仓库。海外仓不仅可以为外贸企业提供一站式通关、合规咨询、高质量售后、个性化定制等服务，还建立起"门对门"物流体系，提高物流效率，实现了本土化运营。

2. 订单/订仓单申报

跨境电商企业对企业出口申报前，跨境电商企业或其委托的代理报关企业、境内跨境电商平台企业、物流企业通过"中国国际贸易单一窗口"平台开展系统接入及联调，确保在出口申报环节能按要求分别向海关传输交易订单/海外仓订仓单、物流信息等跨境贸易电子数据。

订单（9710 模式）/订仓单（9810 模式）的数据申报参照 9610 出口模式办理。订单/订仓单申报完成后，后续流程参照一般贸易（代码 0110）出口业务的监管要求办理。

3. 申请检验检疫

由于少数出口货物属于法定检验货物，所以需要在出口申报前申请检验检疫。申请检验检疫时，由报检企业在海关备案的报检人员办理报检手续，代理报检的，需向海关提供委托书。

知识链接

检验检疫

1. 报检地点和时限

凡是实施出口检验检疫的货物，企业应在报关前向产地/组货地海关申请检验检疫（出口报检）。法定检验的出口商品未经检验或者经检验不合格的，不准出口。

出境货物最迟应在出口报关或装运前 7 天报检，对于个别检验检疫周期较长的货物，应留有相应的检验检疫时间。需隔离检疫的出境动物在出境前 60 天预报，隔离前 7 天报检。

2. 报检流程

企业向海关办理报检业务，应当遵守《中华人民共和国进出口商品检验法》《中华人民共和国进出口商品检验法实施条例》及针对某类商品的专项管理政策。

（1）准备报检单证。

报检人员应根据货物性质和海关的有关规定，准备好报检需要的单证材料，并确认单证材料齐全、真实、有效。报检的基本单证包括外贸合同、发票、装箱单、厂检单等，必要时还需要提交规定的其他资料，例如：国家实施许可制度管理的货物，应提供有关证明；出境危险货物的，必须提供出境货物运输包装性能检验结果单及出境危险货物运输包装使用鉴定结果单。

（2）录入报检电子数据。

报检企业在"中国国际贸易单一窗口"平台中的"出境检验检疫申请"功能模块录入报检数据，上传有关单证和资料的扫描件。

申请出口检验检疫，一般只要求企业提供单证和资料的电子信息，企业保证电子化单证信息的真实性和有效性，并按规定保存相关纸质单证。海关监管过程中按照风险布控、签注作业等要求需要验核纸质单证的，申请人应当补充提交相关纸质单证。

（3）海关受理报检。

海关对报检企业提交的材料进行审核。申报信息经系统审核校验通过的，由系统自动受理，若申报信息不符合要求，报检人员应当按照海关要求修改数据后重新申报。海关成功受理报检后，报检人员可通过系统打印出纸质报检单。

（4）抽样、检验。

海关检验部门根据不同的货物形态，采取随机取样方式抽取样品。报检企业应提供存货地点情况，并配合海关检验人员做好抽样工作。海关检验部门可以使用感官分析、化学分析、仪器分析等各种技术手段对出口商品进行检验。

（5）建立电子底账，签发证书。

海关检验部门对检验合格的商品建立电子底账，向企业反馈电子底账数据号。企业报关时应在报关单"随附单证"栏填写电子底账数据号，办理出口通关手续。

报检企业申请出证的，海关实施检验检疫监管后签发相应的检验证书。

4. 整理报关资料

我国境内发货人一般委托专业报关行代理报关。报关行在报关之前，需要签订代理报关协议，整理委托方提交的报关资料，以便做好报关的准备工作。

知识链接

整理报关资料

1. 接单

（1）签订委托报关协议。

报关企业可以代理外贸企业从事报关工作，其主要工作包括：填单申报；申请、联系和配合实施检验检疫；辅助查验；代缴税款；设立手册（账册）；核销手册（账册）；领取海关相关单证；其他。报关企业代理报关业务需要向海关提交电子委托报关协议或纸质委托报关协议。

在办理委托时，双方都需要注意核实对方的海关信用等级，因为当双方适用的信用等级不同时，海关采用"从低"原则，所以外贸企业应尽量找高级认证企业或一般认证企业代理报关，这样既可提高通关效率，又可降低业务风险。

（2）签收报关资料。

在签收委托方提供的报关资料时，报关企业应安排专人签署，并做好资料的登记工作，做好内部交接工作。

2. 理单

（1）确认货物及贸易信息。

报关人员应确认货物信息是否完整，以便确认货物的 HS 编码和申报要素。若货物信息不全，报关人员应根据实际需要催促委托方及时补充。若是法定检验出口货物，报关人员要核实报检电子底账数据编号。若是涉及知识产权保护的货物，报关人员应要求委托方提供知识产权授权书。

除了货物信息，报关人员还需要核实相关贸易信息，如外贸企业是否需要退税、成交方式及运保费金额、境内货源地等，以帮助外贸企业设计合适的监管方式。

（2）检查报关资料。

一般代理报关都是直接代理的性质，报关行以委托人的名义进行报关。根据《海关法》规定，委托人要对报关资料的真实性负责，报关行的主要义务是"合理审查"。如果未尽"合理审查"义务导致申报违规，报关行将承担相应的法律责任。在理单环节，报关行必须检查报关资料是否合格，合格的标准是齐全、有效、一致。

"齐全"是指单证资料的种类、单证的内容是否符合报关要求。报关所需的单证可以分为报关单和随附单证两大类。随附单证包括基本单证和特殊单证两种，基本单证包括出口装货单据、贸易合同、商业发票、装箱单等，特殊单证包括原产地证明。

"有效"是指相关的证明、许可证件、批件等的抬头是否与其他单据的抬头一致，是否在有效期之内使用，是否符合法律法规的规定。

"一致"是指报关人员应检查报关资料的内容，做到各资料之间"单单一致""单证一致"。"单单一致"是指报关单的数据与其他报关资料的数据要一致，"单证一致"是指报关单数据与许可证件的数据一致。在有实物样品的情况下，报关人员还需要核对"单货一致"，即报关资料与实物保持一致。若发现资料内容互相矛盾，报关人员应催促委托方及时修正并确认。

3. 制单和复核。

具体内容见本教材工作项目六"工作任务一 填制报关单"。

（二）通关现场作业

1. 报关单申报

（1）登录申报平台。

在"中国国际贸易单一窗口"平台的"中央"或"地方"系统中选择"货物申报"并登录后进行数据的录入、导入、保存、查询、打印、上传单据、申报等。

（2）电子申报。

进入"中国国际贸易单一窗口"平台的出口报关单录入界面后，逐项录入报关单的内容。报关企业可在进出口货物到达海关监管场所后发送完整的报关单数据，也可根据海关规定在确认舱单数据已向海关申报后、货物运抵前向海关提前申报。

(3) 查看报关单回执状态。

报关单位发送报关单之后,海关通关作业管理系统进行规范性、逻辑性检查,对舱单、许可证件、电子备案信息等进行核注。对于符合条件的,海关接受申报,向企业发送接受申报回执;对于不符合条件的,系统自动退单,发送退单回执。

对于海关已接受的报关单,企业要注意跟踪查询报关单回执状态,包括"海关入库成功""海关退单""审结""删单""放行""结关""查验通知"等。收发货人可通过"互联网+海关"一体化网上办事平台、"掌上海关"App、"掌上海关"微信小程序订阅本企业申报报关单回执数据。

2. 配合海关查验

报关单发送后,如果有错误或查验后需要修改,企业可以向海关申请修改或撤销报关单,并根据《中华人民共和国海关进出口货物报关单修改和撤销管理办法》的规定办理。报关单审核通过后,可能被海关直接放行,也可能遇到海关查验。

海关查验是指海关为确定进出口货物收发货人向海关申报的内容是否与货物的真实情况相符,或者为确定商品的归类、价格、原产地等,依法对货物进行实际核查的行政执法行为。出口报关单申报成功后,被海关风险防控中心布控查验指令命中的报关单,由口岸海关现场查验人员实施查验操作,报关单位应配合完成。

知识链接

配合查验

在配合查验阶段,报关工作内容包括接收查验通知、确定查验时间和查验地点、配合海关查验、确认查验结果等。

1. 海关查验原因

海关查验需要花费一定的时间,如果货物存在申报问题,查验关员会将货物转给海关其他岗位进一步处置,这会影响进出口货物的正常运转。因此,进出口货物的收发货人都不愿意遇到查验,但海关会设置一定的查验率,主要有以下两种原因会导致货物被海关查验。

(1) 计算机随机布控。

海关对一段时期内的进出口货物进行风险分析,根据风险级别的高低对货物进行分类,设置风险参数,风险参数高的商品布控查验的概率就高。这个是随机布控,但如果某类商品出现较多违规事件或申报错误较多,海关会调整该类商品的风险级别。

(2) 现场人工审单布控。

海关的审单、征税、查验、放行等环节的关员在审核申报单据时对进出口货物存有疑虑,可由人工操作在海关业务操作系统下达布控指令。另外,缉私部门接到情报后,也会向海关业务现场要求人工布控。

2. 接收查验通知

当在"中国国际贸易单一窗口"平台中查询报关状态时,若是"查验通知",则表示此票报关单被海关布控查验。海关在决定对某批申报的货物进行查验时,会通过系统向相关单位发出查验指令,存放货物的海关监管场所收到指令后安排吊取货柜,送达查验场所后通知海关货柜已到场,这样海关就可以派单查验了。报关企业在报关系统中通过查询报关单回执状态收到查验指令后,可打印"查验通知书"。

3. 向海关申请安排查验计划

收到海关查验通知单以后,报关企业向海关申请安排查验计划,确定查验时间、查验地点和查验方法,与存放货物的堆场联系落实查验货物已经到达查验场所。

(1)准备好查验资料。报关企业在收到查验通知后会要求境内收发货人准备好海关查验时可能需要的相关资料,包括合同、商业发票、装箱单、装箱示意图。

(2)查验时间。申报人签收海关查验通知单时,应向海关约定查验时间。查验时间一般约定在海关正常工作时间内。

(3)查验地点。查验地点应当在海关监管区内,在海关发送的查验通知单中有说明,也就是存货地点。

4. 配合查验

在现场海关发出派单查验的任务后,报关人员应及时联系查验关员(一般有两位关员,计算机系统自动派单),陪同查验关员一起到现场办理查验工作,并做好如下工作。

(1)负责按照海关要求搬移货物、开拆包装,以及重新封装货物。

(2)预先了解和熟悉所申报货物的情况,如实回答查验人员的询问及提供必要的资料。

(3)协助海关提取需要做进一步检验、化验或鉴定的货样,收取海关出具的取样清单。

(4)查验结束后,认真阅读查验关员填写的"海关进出境货物查验记录单"。

(5)查验后向查验关员提供查验堆场提供的新铅封,供关员重新施封。

海关查验方式为彻底查验或抽查,查验方法为人工查验和设备查验。人工查验时,海关可以只查验外形,也可以开箱查验。

海关查验后,如果查验记录准确清楚、对查验结论没有异议的,配合查验的报关人员审阅后应签名确认。若报关人员不签名,则由海关查验人员在查验记录中予以注明,并由货物监管场所经营人签名证明。

进出口收发货人对海关查验结论有异议时,可提出复验要求,经海关同意后,海关可对已查验货物进行复验,即第二次查验。此外,海关认为有必要时也可以实施复验。

经海关通知查验,进出口货物收发货人或其代理人届时如果未到场或进出口货物有违法嫌疑,海关可以"径行开验"。

5. 支付海关查验产生的费用

海关查验是会产生一些额外费用的,但这些费用不是海关收取的,而是码头收取的吊柜费、拆柜费等,因为有海关查验才有此费用,所以码头一般把这些费用称为海关查验费。这些查验费由境内收发货人承担,由报关企业垫付后向收发货人收取。

3. 海关放行

海关现场放行是指海关接受出口货物的申报,审核电子数据报关单或纸质报关单及随附单证(被布控查验的货物在查验货物无异常以后),对出口货物作出结束海关进出境现场监管决定,允许出口货物装运出境的工作环节。企业通过"互联网+海关"一体化网上办事平台或"中国国际贸易单一窗口"平台中的"查询统计"功能查询获知海关放行信息之后，就可以安排装运货物了。

4. 货物装运出境

在无纸通关模式下，海关放行后，出口货物的发货人或其代理人从"中国国际贸易单一窗口"平台自行打印海关通知放行的凭证（海关放行通知书），连同出口货物装货凭证（如装货单）一起凭以将出口货物装运到运输工具上，然后离境。

（三）放行后作业

1. 出口退税申报

跨境电商企业对企业出口业务中，电商企业可以分为生产型和贸易型两种，退税制度和申报手续略有不同。

生产企业出口退税，实行"免、抵、退"税管理办法。免税，是指对生产企业出口的自产货物，免征企业生产销售环节的增值税；抵税，是指生产企业出口的自产货物所耗用原材料、零部件等应予以退还的进项税额，抵顶内销货物的应纳税款；退税，是指生产企业出口的自产货物在当期内因应抵顶的进项税额大于应纳税额而未抵顶完的税额，经主管退税机关批准后，予以退税。

外贸企业出口退税，是指不具有生产能力的外贸企业出口货物，免征增值税，相应的进项税额予以退还。申报出口退税业务的外贸企业，需要凭出口结关报关单和对应的供货商开具的增值税专用发票，采集相关数据向税务局进行申报。

2. 报关单证归档

跨境电商企业在通关过程中及报关单结关后，应将报关单及随附单证资料进行归档。应列入企业保管的报关单及随附单证范围包括：进出口报关单和进出境备案清单；《中华人民共和国海关进出口货物申报管理规定》明确的单证；合同、发票、装箱清单、载货清单（舱单）、提（运）单、报关委托书/委托报关协议、进出口许可证件等随附单证；其他应随报关单归档的单证。9710/9810 报关单模式出口通关流程如图 4-10 所示。

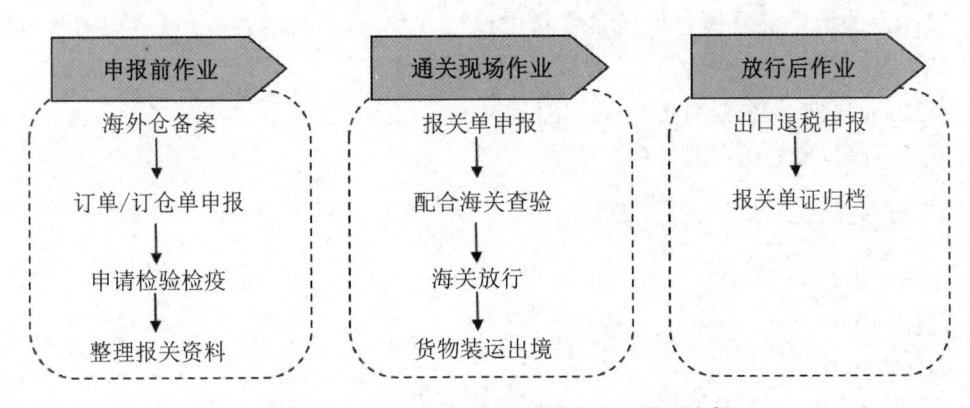

图 4-10　9710/9810 报关单模式出口通关流程

9710/9810 与其他模式对比如表 4-9 所示。

表 4-9　9710/9810 与其他模式对比

	跨境电商 B2B 出口 9710、9810	跨境电商 B2C 出口 9610	一般贸易出口 0110
企业要求	参与企业均办理注册登记出口海外仓企业备案	电商、物流企业办理信息登记；办理报关业务的办理注册登记	企业注册登记
随附单证	9710：订单、物流单（低值） 9810：订仓单、物流单（低值） （委托书首次提供）	订单、物流单、收款信息	报关委托书、合同、发票、提单、装箱单等
通关系统	"H2018 通关管理系统" "跨境电商出口统一版"（单票少于 5000 元，不需要进行检验检疫、不需要提供任何监管证件、不需要缴纳税款）	"跨境电商出口统一版"	"H2018 通关管理系统"
简化申报	在跨境电商综试区所在地海关通过 "跨境电商出口统一版" 申报，符合条件的清单，可按型 6 位 HS 编码简化申报	在跨境电商综试区所在地海关通过 "跨境电商出口统一版" 申报，符合条件的清单，可按照 4 位 HS 编码简化申报	无
物流	转关 直接口岸出口 全国通关一体化（通过 H2018 申报的）	转关 直接口岸出口	直接口岸出口 全国通关一体化
查验	优先安排查验	无	无

四、9610/1210/9710/9810 模式的区别及优势

1. 适用模式

9610：跨境电商一般出口。

1210：跨境电商特殊区域包裹零售出口模式和跨境电商特殊区域出口海外仓零售模式。

9710：跨境电商企业对企业直接出口。

9810：跨境电商出口海外仓。

2. 交易性质

9610：B2C。

1210：B2C。

9710：B2B。

9810：B2B。

3. 适用区域

9610：没有实施城市的限制，需要在符合海关规范要求的监管作业场所（场地）进行。

1210：跨境电商特殊区域包裹零售出口模式：特殊区域（中心）。

跨境电商特殊区域出口海外仓零售模式：国内所有综合保税区和跨境电商综试区的区域（中心）。

9710 和 9810：目前可以在 22 个直属海关开展。

4. 申报模式

9610：申报清单。

1210：跨境电商特殊区域包裹零售出口模式：申报清单。

跨境电商特殊区域出口海外仓零售模式：报关单或备案清单。

9710 和 9810：报关单或备案清单（单票低于 5000 元人民币且不需要进行检验检疫、不需要提供任何监管证件、不需要缴纳税款的货物，可报送申报清单）。

5. 优势

9610：跨境电商综试区出口可采用 4 位 HS 编码简化申报，可"清单申报、汇总统计"。

1210：入区即退税。

9710 和 9810：优先安排查验，系统实时验放；积极响应跨境电商企业批量出口需求，降低出口成本；跨境电商综试区不涉及出口退税的，可按照 6 位 HS 编码简化申报。

知识闯关

一、单项选择题（共 10 题）

1. 跨境电子商务零售出口商品的"三单"信息不包括（　　）。
    A．订单　　　　B．运单　　　　C．收款单　　　　D．运抵单
2. 下列关于跨境电商零售出口业务的清单申报的说法，正确的是（　　）。
    A．必须由电商企业自己申报
    B．先推送清单，再推送订单、运单
    C．先推送订单、运单，再推送清单
    D．必须手工录入清单数据
3. 下列 9610 模式出口业务单证中，最早向海关申报的是（　　）。
    A．订单　　　　B．运抵单　　　　C．清单　　　　D．清单总分单
4. 下列关于跨境电商 B2C 特殊区域出口模式的说法，错误的是（　　）。
    A．需要向海关申请适用于特殊区域的物流账册
    B．货物入区前可能要办理商品检验检疫手续

C. 货物入区前要申报进口货物报关单

D. 货物入区前要申报保税核注清单

5. 下列关于跨界电商企业对企业出口业务的说法，错误的是（　　）。

    A. 分"跨境电商B2B直接出口""跨境电商出口海外仓"两种监管方式

    B. 监管方式"跨境电商B2B直接出口"的代码是9710

    C. 监管方式"跨境电商出口海外仓"的代码是9710

    D. 报关模式有两种：清单申报模式，报关单申报模式

6. "八个同一"规则不包括（　　）。

    A. 同一收发货人　　　　　　B. 同一运输方式

    C. 同一运抵国　　　　　　　D. 同一商品

7. 下列关于9710模式出口报关业务的说法，错误的是（　　）。

    A. 发送报关单之后，对于符合条件的，海关接受申报，向企业发送接受申报回执；对于不符合条件的，系统自动退单

    B. 我国境内发货人必须自己向海关进行报关

    C. 报关单申报平台为"中国国际贸易单一窗口"

    D. 报关单发送后，如果有错误或查验后需要修改，企业可以向海关申请修改或撤销报关单

8. 下列关于海关查验的说法，错误的是（　　）。

    A. 企业的海关信用等级越高，查验率越低

    B. 海关查验占比例数最多的是人工布控查验

    C. 如果对查验结论没有异议，配合查验的报关人员审阅后应签名确认

    D. 配合查验的报关人员负责按照海关要求搬移货物、开拆包装，以及重新封装货物

9. 下列哪种模式的出口通关流程有误？（　　）

    A. 9610模式：前期准备，数据申报，查验放行，后续作业。

    B. 1210模式：入区准备，入区通关，出区通关。

    C. 9710/9810报关单申报模式：申报前工作，通关现场作业，放行后作业。

    D. 9710/9810清单申报模式：申报前工作，通关现场作业，放行后作业。

10. 9710/9810报关单申报模式的通关现场作业环节不包括（　　）。

    A. 报关单申报　　　　　　　B. 订单/订仓单申报

    C. 同一运抵国　　　　　　　D. 海关放行

二、是非判断题（共10题）

（　　）1. 9710模式下，报关单审核通过后，货物被海关直接放行，海关无须查验。

（　　）2. 海关总署由商务部领导，向商务部负责。

（　　）3. 9610模式出口业务的汇总申报是针对有退税需求的跨境电商企业，并非必需的流程。

（　　）4. 所有商品在出口时都必须办理商检手续。

（　　）5. 1210监管方式就是指跨境电商特殊区域出口海外仓零售模式。

（　　）6．跨境电商 B2C 一般出口采用 9610 出口监管方式。

（　　）7．9610 模式出口业务的汇总申报是针对有退税需求的跨境电商企业，并非必需的流程。

（　　）8．9810 监管方式适用于境内个人或电子商务企业在经海关认可的电子商务平台实现跨境交易，并通过海关特殊监管区域或保税监管场所进出的电子商务零售进出境商品。

（　　）9．9810 出口业务的运输是境内到境外，属于一段式，而 9710 出口业务的运输是商品从境内运往境外海外仓，再从海外仓运往境外消费者，属于两段式。

（　　）10．跨境电商 B2B 直接出口业务可以分为两种申报模式，分别是清单申报模式和报关单申报模式。

能力实训

1．某公司在跨境电商平台出口一批服装，准备以 9610 的形式申报，请你为该公司设计一个出口通关流程操作方案。

2．根据所学知识，结合网上查找到的资料，请比较 9710 模式与 9810 模式的区别。

工作项目五　跨境电商进口通关

工作任务一　跨境电商进口通关准备

学习目标

※【知识目标】

1. 了解跨境电商进口通关参与主体。
2. 熟悉跨境电商进口通关参与主体的工作职责。

※【技能目标】

1. 能够描述跨境电商进口通关参与主体的工作内容。
2. 能够根据企业案例列出跨境电商进口通关所需的单证。

※【素质目标】

1. 形成规则意识，初步具备进口报关业务人员的基本职业认知。
2. 了解跨境电商进口报关业务人员的岗位职责，具备责任意识。

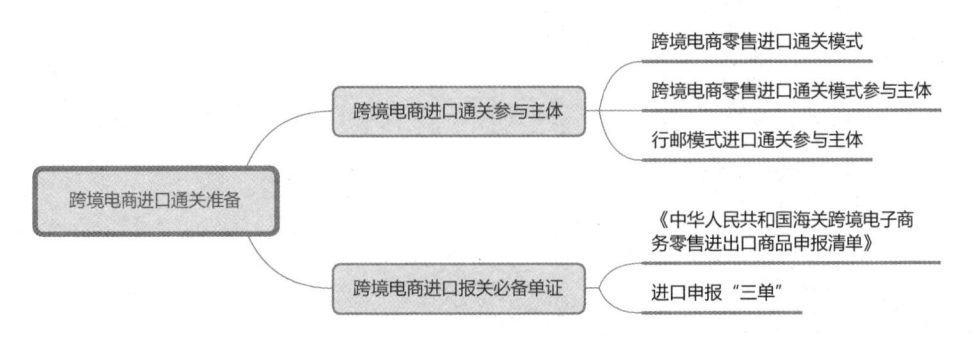

思维导图

跨境电商进口通关准备
- 跨境电商进口通关参与主体
  - 跨境电商零售进口通关模式
  - 跨境电商零售进口通关模式参与主体
  - 行邮模式进口通关参与主体
- 跨境电商进口报关必备单证
  - 《中华人民共和国海关跨境电子商务零售进出口商品申报清单》
  - 进口申报"三单"

工作项目五　跨境电商进口通关

案例导入

万商云集跨境电商交易会

2023年8月18日，由广州市人民政府和广东省商务厅指导，中国对外贸易中心集团有限公司、商务部外贸发展事务局等单位共同主办的2023中国（广州）跨境电商交易会（秋季）（以下简称广州跨交会）暨中国跨境电商发展论坛在广交会展馆隆重开幕。

本届广州跨交会的展会面积共5万平方米，包括跨境电商综试区及产业园区展区、跨境电商综合服务展区和供货商展区，吸引了约8万名专业采购商。浙江、江苏、广东、河北、云南、陕西等20多个省市的跨境电商协会组团参展。参展企业涵盖供应链、平台、仓储、物流、财税、支付、营销、软件、运营、人才等跨境电商全生态链。亚马逊全球开店、新蛋、eBay、沃尔玛全球电商、阿里巴巴国际站、中国制造网、Temu、Shein、TK、Shopee、Wish、环球资源等国内外知名跨境电商平台，美设、连连、纵腾、万里汇、泛鼎国际、中国邮政、美欧、米多多、粤贸全球、雨果跨境等产业链实力服务商包馆参展。

本届广州跨交会向世界展示了我国跨境电商企业在"买全球、卖全球"方面的优势和潜力，提升了国际贸易发展新业态的影响力，不仅助力更多跨境电商企业"走出去"，同时也让国外的优质商品通过跨境电商快速进入百姓生活。

工作子任务1-1　跨境电商进口通关参与主体

任务描述

百联进出口有限公司一直与阳光跨境电商服务有限公司合作开展进出口报关业务。王一川向负责对接公司业务的业务员李晓明了解进口通关业务的工作流程，李晓明向王一川介绍了跨境电商进口通关的参与主体及其工作职责。我们一起协助王一川了解并梳理各参与主体的工作职责吧！

知识准备

一、跨境电商零售进口通关模式

跨境电商零售进口，是指中国境内消费者通过跨境电商第三方平台经营者自境外购买商品，并通过"网购保税进口"（代码1210）、"网购保税进口A"（代码1239）、"直购进口"（代码9610）3种模式将商品运递进境的消费行为。1210/1239/9610模式的跨境电商零售进口在跨境电商税款征收、清单申报、年度（单次）消费限额及入境检疫方面的政策要求是一致的，但具体业务流程有明显区别。

（一）跨境电商零售进口通关模式政策对比

1. 税收政策

1210/1239/9610 模式在税收政策上享受相同优惠。一般情况下，与普通货物进口时的应缴纳关税相比，跨境电商零售进口通关模式在税收方面具有较大优势：在个人年度交易限值以内进口的跨境电商商品，关税税率全部是 0%，进口环节增值税、消费税暂按法定应纳税额的 70% 征收。以奶粉为例，若按照普通货物进口，缴纳税款合计为售价的 30%，而按照 1210/1239/9610 模式进口则不到售价的 10%，税收优惠显而易见。但是，若商品最终售价与进口价格差异很大，则 1210/1239/9610 模式的税收优惠不明显。

2. 消费总（限）额政策

消费者单次交易额不得超过 5000 元，年度交易限值不得超过 26000 元。如仅购买一件商品，完税价格超过 5000 元单次交易限值但低于 26000 元年度交易限值，享受相关优惠（如不需要提交许可证），但要按照货物税率全额征收关税和进口环节增值税、消费税，交易额计入年度交易总额；如果年度交易总额超过年度交易限值，就按一般贸易要求管理，不享受任何电商优惠政策。

3. 商品范围

1210/1239/9610 模式进口商品全部在《跨境电子商务零售进口商品清单》内进行规定，清单根据需要由海关进行变更。清单备注会对部分商品（如粮食、冻水产品）的进境模式、年度消费数量、有关限制等进行说明，如有的商品备注为"列入《进出口野生动植物种商品目录》商品除外"，有的商品备注为"仅限网购保税商品"。

不同进口模式适合进口不同商品。家庭长期使用且适合囤货的商品，如奶粉、纸尿裤等，适合用 1210 模式和 1239 模式；直购进口商品品类齐全，选择范围更广泛。

4. 实施地理范围

（1）实施城市。

目前，"网购保税进口"（1210）只能在全国 86 个试点城市及海南全岛的海关特殊监管区域（含综合保税区、保税港区、保税区等）或保税物流中心（B 型）内试点（以下简称特殊区域或物流中心）。

"网购保税进口 A"（1239）在上述试点城市之外的特殊区域或物流中心开展。

"直购进口"（9610）没有实施城市限制，原则上任何城市都可以开展。

跨境电子商务零售进口试点城市与跨境电子商务综合试验区极易被混淆，两者适用政策不同。前者是由国家发展改革委、海关总署共同开展的国家跨境贸易电子商务服务试点工作，后者是中国设立的跨境电子商务综合性质的先行先试的城市区域。以杭州为例，既是跨境电商试点城市，又设有中国（杭州）跨境电子商务综合试验区；但也有城市有跨境电商综试区，但不是试点城市。目前，仅有试点城市可以享受"网购保税进口"（1210）政策。因 1210 模式比 1239 模式更具有政策优势，且前期试点城市发展迅猛、电商巨头在全国布局成熟，故 1239 模式鲜有开展。杭州、郑州、宁波等发展较好的跨境电商城市均采用 1210 模式。

(2)入境后的暂存地点。

1210 模式和 1239 模式下商品进口后，作为保税货物存储在特殊区域或物流中心，存放时间可能长达数月。试点城市的监管方式应填报"网购保税进口"（或代码 1210），其他城市应填报"网购保税进口 A"（或代码 1239）。商品在进境口岸进行完海关检查（检疫）后，放行入特殊区域（中心），进行理货、存储。

9610 模式下，商品在海关监管作业场所内暂存、即刻放行（目前个别城市在海关特殊监管区域内的海关监管作业场所开展）。

海关特殊监管区域、保税物流中心（B 型）内不仅设置信息化系统和专用查验场地，还配备 X 光机查验分拣线、视频监控等监管设施。企业应建立符合海关监管要求的仓储管理系统，设置专用区域存放电商商品，未经海关同意，不得与其他货物混存。专用区域按照作用可以大致分为仓储理货区、打包区、查验等待区及查验区、配送作业区。海关指定监管场地类型如图 5-1 所示。

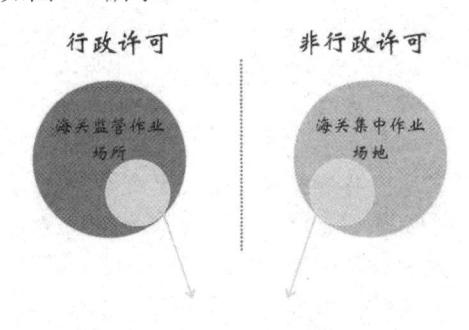

图 5-1 海关指定监管场地类型

二、跨境电商零售进口通关模式参与主体

（一）跨境电商零售进口经营者

跨境电商零售进口经营者，又称跨境电商企业，是指自境外向境内消费者销售跨境电商零售进口商品的境外注册企业，为商品的货权所有人。跨境电商企业责任的核心是保障商品质量安全和消费者权益，具体包括提供商品退换货服务、建立不合格或缺陷商品召回制度、对商品质量侵害消费者权益的赔付责任、发现相关商品存在质量安全风险时召回已销售商品的责任、履行对消费者的提醒告知义务等。

企业在加工和保税管理系统（以下简称金关二期系统）中建立跨境电商专用电子账册，为记录和核算商品进境、存储、出区等数据做好准备。

知识链接

金关工程简介

1993 年，国务院提出实施金关工程，目的是推动海关报关业务的电子化，取代传统的报关方式以节省单据传送的时间和成本。金关工程的核心有两方面：一是海关内部的通关系统；二是外部口岸电子执法系统。基于海关内部的联通基础，海关总署等 12 个部委牵头建立口岸电子执法系统（又称电子口岸中心），利用现代信息技术，借助国家电信公网，将外经贸、海关、工商、税务、外汇、运输等部门分别掌握的进出口业务信息流、资金流、货物流的电子底账数据，集中存放在一个公共数据中心。不但各行政管理机关可以进行跨部门、跨行业的联网数据核查，而且企业可以上网办理出口退税、报关、进出口结售汇核销、转关运输等多种进出口手续。

2012年年初，海关总署启动了金关工程（二期）立项申请工作，是"十二五"期间国家重大电子政务工程项目。金关工程（二期）在海关金关工程（一期）建设的基础上，通过总体设计、丰富应用、整合资源、创新科技、强化安全，将金关工程建设成进出口环节的企业诚信监督系统，海关服务进出口企业、优化口岸管理的辅助系统，口岸及进出口管理部门协作共建、信息共享、提升公信度的管理系统，不断优化海关监管和服务，保持国内相关领域领先，并达到国际海关先进水平。金关工程（二期）为国家、社会公众提供了海关业务服务和信息资源服务，为构建开放型国家经济新体制提供了有力支撑，为落实"一带一路"倡议、跨境新政、全国一体化通关改革等提供了有力保障。

金关工程（二期）已于2018年2月竣工验收，并正式上线运行。

金关工程（二期）加工贸易管理系统（见图5-2）是金关工程（二期）的重要组成部分，该系统的上线运行和推广应用为海关深化加工贸易及保税监管改革、支持加工贸易创新发展提供了有力的技术支持和保障。金关工程（二期）加工贸易管理系统包括加工贸易手册管理系统、加工贸易账册管理系统、海关特殊监管区管理系统、保税物流管理系统等多个分系统。其中，特殊监管区域内的企业使用海关特殊监管区管理系统，保税物流中心和两仓企业使用保税物流管理系统，特殊监管区域外的加工贸易企业使用加工贸易手册管理系统和加工贸易账册管理系统。

知识拓展5-1

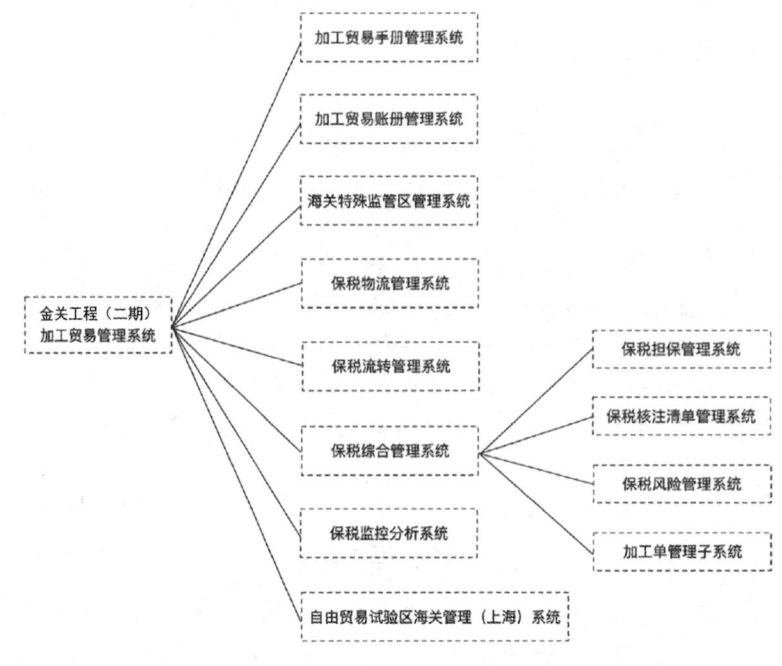

图5-2　金关工程（二期）加工贸易管理系统

（二）跨境电商第三方平台经营者

跨境电商第三方平台经营者（以下简称跨境电商平台），是指在境内办理工商登记，为交易双方（消费者和跨境电商企业）提供网页空间、虚拟经营场所、交易规则、交易撮合、信息发布等服务，设立供交易双方独立开展交易活动的信息网络系统的经营者。

（三）境内服务商

境内服务商，是指在境内办理工商登记，接受跨境电商企业委托为其提供申报、支付、物流、仓储等服务，具有相应运营资质，直接向海关提供有关支付、物流和仓储信息，接受海关、市场监管等部门后续监管，承担相应责任的主体。

具体来说，境内服务商的职责如下。

（1）为跨境电商企业办理海关注册登记。

境外跨境电商企业应委托境内代理人向该代理人所在地海关办理注册登记。

（2）如实传输交易信息。

在跨境电子商务零售进口商品申报前，跨境电商平台或跨境电商企业境内代理人应当通过"中国国际贸易单一窗口"平台向海关传输交易电子信息，并对数据真实性承担相应的法律责任。

（3）如实申报商品清单。

跨境电商企业境内代理人或其委托的报关企业应提交《中华人民共和国海关跨境电子商务零售进出口商品申报清单》，采取"清单核放"的方式办理报关手续。

（4）申请退货。

在跨境电子商务零售进口模式下，跨境电商企业境内代理人或其委托的报关企业可向海关申请开展退货业务。

（5）信息真实审核、主动风险防控、接受监管义务。

① 应对交易的真实性和消费者身份信息的真实性进行审核。

开展跨境电子商务零售进口业务的跨境电商企业境内代理人应对交易的真实性和消费者（订购人）身份信息的真实性进行审核，并承担相应的法律责任。

② 建立商品质量安全等风险防控机制。

跨境电商企业及其代理人、跨境电商平台应建立商品质量安全等风险防控机制，加强对商品质量安全、虚假交易和二次销售等非正常交易行为的监控，并采取相应的处置措施。

③ 配合海关查验、接受海关稽核查。

海关实施查验时，跨境电商企业或其代理人应按照有关规定提供便利，配合海关查验。在海关注册登记的跨境电商企业及其境内代理人应当接受海关稽核查。

（6）承担民事责任。

跨境电商企业应委托一家在境内办理工商登记的企业，由其在海关办理注册登记，承担如实申报责任，依法接受相关部门监管，并承担民事连带责任。

(四)支付企业

支付企业是指消费者购买商品的付款工具。支付企业、电子商务企业、电子商务交易平台企业和物流企业等一并被定义为"参与跨境电子商务业务的企业"。所谓的跨境支付,就是买家付款、卖家收款。那么支付平台所做的,第一步是实现买家的支付,第二步是实现卖家的结算和提款。现在,市面上已经有很多跨境支付平台,常用的如支付宝、微信支付、银行卡等。另外,国际上通用的支付平台有 PayPal、万里汇(WorldFirst)、连连支付、Payoneer、空中云汇等,应具有《金融许可证》或者支付业务范围包含"互联网支付"的《支付业务许可证》。

(五)国内快递企业

电商商品在国外根据订单通过航空等国际物流运输至国内海关监管作业场所,向海关申报安排查验缴税,放行后运递至消费者。国内物流以快递形式为主,由物流企业承担办理运输的责任,企业应具有《快递业务经营许可证》。随着市场需求的快速提升及快递行业的高速发展,快递业务量也在高速增长。目前,国内快递行业的上市公司主要有顺丰控股、圆通速递、韵达股份、申通快递、京东物流、中通快递、德邦股份、百世集团等。

(六)消费者

跨境电商零售进口商品的境内购买人,电商企业和平台的境内终端消费者,既是跨境电商消费额度的扣减主体,又是跨境电商综合税的纳税义务人。购买跨境电子商务零售进口商品的个人作为纳税义务人,在海关注册登记的跨境电子商务平台企业、物流企业或申报企业作为税款的代收代缴义务人,在开展业务前以保证或者保函方式,向海关提交足额有效的税款担保,并在跨境电子商务零售进境商品信息化系统中录入担保信息,海关予以确认。因此,在下单时需提供本人真实有效的身份信息,如姓名、身份证号、收件地址等。消费者所购商品仅限于个人自用,对于已购买的跨境电商零售进口商品,不得进入国内市场再次销售。

(七)进口通关机构

1. 海关

海关是跨境电商清关过程中的监管部门,在跨境电商出入境时会长期与电商企业和电商平台打交道。

2. 保税仓

保税仓,也称跨境电商仓储企业,是指经海关批准设立的专门存放保税货物及其他未办结海关手续货物的仓库,属于保税监管场所。目前,国家正式允许的跨境电子商务保税区的所有产品都是原产国合法进口的,来自内地的货物不允许进入跨境电子商务保税区。

从企业的角度来看，进入保税仓库的货物可以接受海关监管、阳光管制、明确的税收和质量保证。保税仓库交货模式可以提高结关速度，减少资金占用，降低贸易成本，增强企业竞争力。从消费者的角度来看，购买的货物安全，交货时间快，节省国际运费，价格是可以负担的。随着模式的成熟，跨境电子商务保税区对进口品牌文件的审计、供应商审计、品牌注册等越来越完善。9610 模式的货物是已经售出的商品，存放地是保税仓库的暂存区，等待清关和国内运输。

3. 清关平台

清关平台是指"中国国际贸易单一窗口"平台，它整合了外贸企业、海关、检验检疫机构等各管理部门内部系统，形成了一套统一的货物进出口申报接口。参与国际贸易和运输的各方，通过单一的平台提交标准化的信息和单证以满足相关法律法规及管理的要求。

"中国国际贸易单一窗口"平台包含通关服务、数据交换、身份证认证三大系统，提供了商品备案、统计分析、账册管理等 30 多项企业便捷申报服务和通关监管优化应用，涵盖一般进出口、保税进出口等全部跨境电商业务，实现了一处建设、全省使用，一处升级、全省覆盖和数据安全的统一管理。

三、行邮模式进口通关参与主体

行邮清关是指对入境行李物品包裹征收行邮税的清关方式。此模式属于个人自用、合理数量范围内的代购或网购物品，亲友间相互馈赠的物品和其他个人物品。例如，生活中常见的通过邮局或联系快运公司从海外寄些书籍、衣物等，帮国内的亲朋买些小礼物等寄回来，大多是使用这种方式；这种方式称为 B 类快件，缴纳的是行邮税；这是以个人名义清关，比较适合个人买家、海淘卖家、代购群体和转运公司。随着《电商法》的出台，代购模式已符合标准。

1. 消费者

消费者是指国际商品的境内购买人，电商企业和平台的境内终端消费者，既是行邮模式进口的最终收货人，又是跨境电商综合税的纳税义务人。

2. 海关

海关是指跨境电商清关过程中的监管部门，在跨境电商中会长期与电商企业和电商平台打交道，主要是指中国海关。

3. 国内快递

电商商品在国外根据订单通过航空等国际物流运输至国内海关监管作业场所，按照小包裹逐个向海关申报，海关放行后运递至消费者。

> 知识链接

跨境电商进口保税仓

即跨境电商中常说的仓储企业，不同于一般仓库，它在保税区围网内（境内关外），受海关监管，有专门的账册。货物的跨账册移动、跨仓移动、跨保税区移动、入区出区、数目增减等，都需要向海关申请，得到批准后方能操作。但是消费者还未下单，货物仍在保税仓中未清关时，货物是不需要缴纳跨境电商综合税的；只有消费者下单清关放行后，才会按订单征收跨境电商综合税。

1. 保税仓配备

现在，保税仓在软件方面配有 WMS（Warehouse Management System，仓储管理系统），可与电商企业和电商平台 API（Application Programming Interface，应用程序编程接口）对接；在硬件方面配有立体货架、地拖存储区、自动或半自动流水线（含打包台）、叉车、PDA 手持［Personal Digital Assistant，便于携带的数据处理终端，保税仓的 PDA 手持主要用到的功能为条码扫描、接触式/非接触式 IC 卡（集成电路卡）读写、蓝牙数据通信、指纹采集、比对等］、分拣车、面单打印机、监控等。可以实现预打包、库内调拨、组包、贴标签、精准发货、效期管理、残次品管理、库存共享等特殊需求。

2. 保税仓工作流程

货物入仓后保税仓会理货并出具理货报告给电商企业，在查验、理货报告确认无误后进行货物上架；清关放行的订单会流入 WMS，保税仓根据订单信息进行分拣打包，待快递企业揽收。在工作日或没有活动大促时，成熟的保税仓从订单放行到完成打包通常花费的时间不超过 24 小时。

3. 保税仓分类

从功能上看，保税仓可分为常温仓和恒温仓（冷库因需求较少，至今极少见到）；从所属上看，保税仓可分为自营仓和公共仓。原本，自营仓是指专门为某个电商服务的仓，公共仓是指可为不同电商服务的仓，但是现在这两个概念也随电商模式有了一定重叠：一方面，自营仓成本高，需要很大的单量才能支撑，而成熟的保税仓团队又基本可以满足不输于自营仓的发货时效，所以很多电商平台的自营仓其实是使用公共仓的一部分；另一方面，现在很多电商平台都支持电商企业入驻，即使要求电商企业的货必须入自己的自营仓，但货物仍然可以库内调拨，也可看作自己平台体系内的公共仓。

此外，保税仓还肩负一个重要责任，即账册管理。理论上，进出保税仓的商品的记录应体现在账册中，海关每年都会进行账册核销，如果账册上的商品、数量与实物盘点出的商品、数量不符，就存在问题。管理账册不仅为企业管理，也是一种责任。

工作子任务 1-2　跨境电商进口报关必备单证

> 任务描述

阳光跨境电商服务有限公司接到百联进出口有限公司关于办理跨境电商进口通关

业务的咨询，王一川向阳光跨境电商服务有限公司的业务员李晓明咨询办理跨境电商进口报关需准备的单证，请你帮他们梳理办理跨境电商进口业务必备的单证。

知识准备

跨境电商进口申报要求企业按照已向海关发送的订单、支付信息和物流信息等，如实逐票办理通关手续。

跨境电商进口申报采用通关无纸化作业方式进行：电子商务企业在以货物形式办理申报手续时，应该按照一般进出口货物有关规定办理征免税手续，并提交相关许可证件；个人在以物品形式办理申报手续时，应该按照进出境个人邮寄物品有关规定办理征免税手续。属于进出境管制的物品，须提交相关部门的批准文件。

企业申报是跨境电商进口通关流程中重要一环，是海外商品经消费者选购后是否可以进境的决定性一环。因此，掌握进口货物申报必备单证是重要的知识基础。

跨境电商进口通关基本流程如图 5-3 所示。

商品选购 → 企业申报 → 海关监管 → 放行配送

图 5-3　跨境电商进口通关基本流程

一、《中华人民共和国海关跨境电子商务零售进出口商品申报清单》

跨境电子商务零售进口商品申报前，跨境电子商务平台企业或跨境电子商务企业境内代理人、支付企业、物流企业应当分别通过"中国国际贸易单一窗口"平台向海关传输交易、支付、物流等电子信息，并对数据真实性承担相应责任。

9610 模式下，邮政企业、进出境快件运营人可以接受跨境电子商务平台企业或跨境电子商务企业境内代理人、支付企业的委托，在承诺承担相应法律责任的前提下，向海关传输交易、支付等电子信息。

跨境电子商务零售商品进口时，跨境电子商务企业境内代理人或其委托的报关企业应提交《中华人民共和国海关跨境电子商务零售进出口商品申报清单》（以下简称《申报清单》），采取"清单核放"的方式办理报关手续。

《申报清单》与《中华人民共和国海关进（出）口货物报关单》具有同等法律效力。

二、进口申报"三单"

消费者在完成商品选购后，进口商品申报前，跨境电子商务平台企业或跨境电子商务企业境内代理人、支付企业、物流企业分别通过"中国国际贸易单一窗口"平台向海关传输相关的电子订单、电子运单及电子支付信息，即"三单"信息，相对应的"三单"就是订单、支付单、运单（也叫物流单），是在消费者下单后由不同类型主体的企业分别推送的。签发"三单"的责任主体如图 5-4 所示。

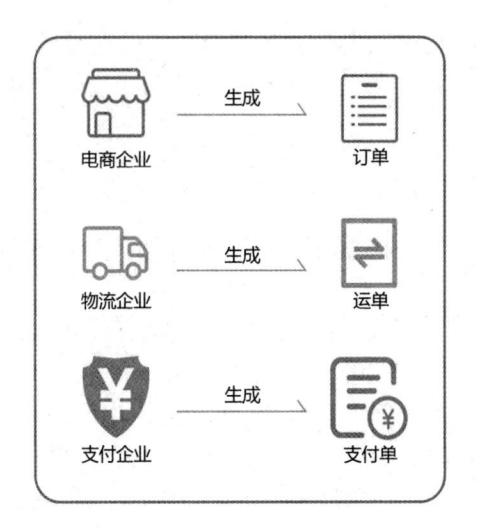

图 5-4 签发"三单"的责任主体

"三单"的内容如下。

（1）订单：订单编号、电商平台名称、电商平台代码、电商企业名称、电商企业代码、商品名、商品数量、商品价格、运费、综合税（关税/增值税/消费税）、应付金额、实付金额；购买人姓名；购买人证件类型、购买人证件号码、购买人电话、支付企业名称、支付企业代码、支付编号、收件人姓名、电话、地址。

（2）支付单：支付编号、支付金额、支付企业名称、支付企业代码、订单编号、电商平台名称、电商平台代码、支付人姓名、支付人证件类型、支付人证件号码、支付人电话。

（3）运单：物流编号、物流企业名称、物流企业代码、订单编号、电商平台名称、电商平台代码、电商企业名称、电商企业代码、购买人姓名、购买人电话、收件人姓名、收件人电话、收件人地址。

工作任务二　跨境电商进口通关流程

学习目标

※【知识目标】

1. 知晓 1210/1239/9610 模式的基本通关流程。
2. 了解行邮模式的基本通关流程。

工作项目五　跨境电商进口通关

※【技能目标】

1. 能够概述不同模式的通关流程。
2. 能够根据企业案例，结合教材，绘制跨境电商进口通关流程图。

※【素质目标】

1. 熟悉1210/1239/9610模式、行邮模式进口通关规则，具备良好的规则意识。
2. 了解行邮模式清关申请材料，树立认真严谨的工作态度。
3. 具备较好的团队意识和沟通能力。
4. 具备良好的实践观念。

思维导图

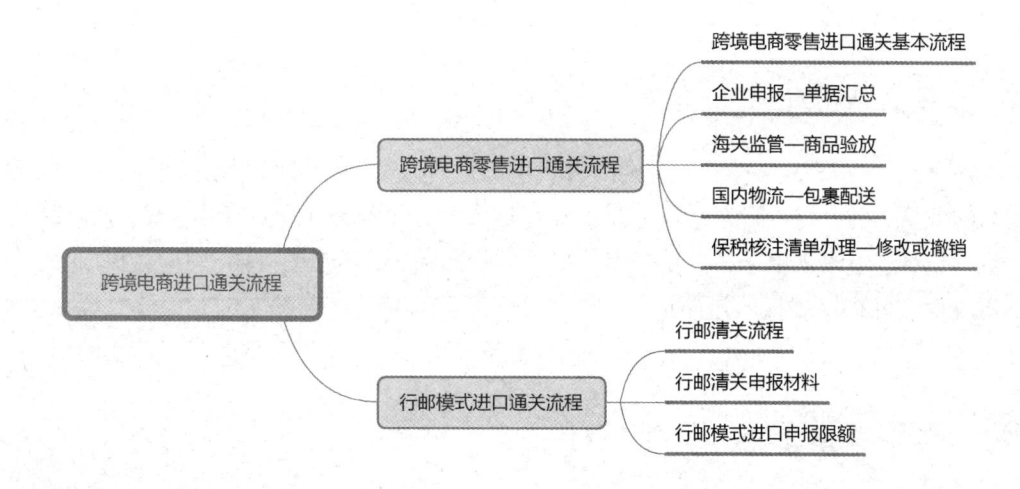

跨境电商进口通关流程
- 跨境电商零售进口通关流程
  - 跨境电商零售进口通关基本流程
  - 企业申报—单据汇总
  - 海关监管—商品验放
  - 国内物流—包裹配送
  - 保税核注清单办理—修改或撤销
- 行邮模式进口通关流程
  - 行邮清关流程
  - 行邮清关申报材料
  - 行邮模式进口申报限额

案例导入

多措并举　助力电商企业"六一"大促

随着"六一"国际儿童节临近，跨境电商儿童用品进口订单量不断增多。在大连海关所属大窑湾海关的监管下，一批装有婴儿纸尿裤、保温杯等儿童用品的跨境电商包裹在大窑湾综合保税区完成验放。

在大窑湾综合保税区的跨境电商仓库内，小到儿童牙刷、沐浴露、奶瓶，大到婴儿手推车、安全座椅，儿童用品一应俱全。仓库工作人员正在将刚入库的6000件儿童牙刷进行拆包、扫码、整理上架。

为满足消费者的购买需求，实现货物快速通关，海关为跨境商品开通了快速验放通道，针对母婴用品、儿童保健品等热销商品制定了专项通关预案，通过预约通关、优先查验、无纸化清单验核、便捷退货模式、24小时通关应急响应等多项通关便捷措施，为跨境商品搭建起了快速通关通道。同时发挥关企协调员机制作用，注重收集企业问题诉求，在企业服务微信群及时反馈应答，指导企业做好商品入库、系统操作、促销备案等全流程通关准备，儿童商品进境后一天内就能完成通关手续并顺利上架销售，赶上了"六一"国际儿童节的销售黄金期。

目前，大窑湾海关已搭建起"数据监控+巡库抽查+抽样检验"的质量安全风险监测网络。针对儿童牙刷、儿童服装、手推车和安全座椅等重点敏感商品持续开展质量安全风险监测。对不合格商品督促电商企业及时采取下架、退运、销毁等风险消减措施，为消费者保驾护航。

工作子任务 2-1　跨境电商零售进口通关流程

任务描述

阳光跨境电商服务有限公司接到百联进出口有限公司通过跨境电商平台进口生活用品的业务，王一川与阳光跨境电商服务有限公司的业务员李晓明对接工作，强调此商品货物量大，想通过储存在保税仓库的形式进行通关。请你帮他们梳理货物进口通关的基本流程，并列出申报所需的单证。

知识准备

一、跨境电商零售进口通关基本流程

跨境电商零售进口通关采用"清单核放、汇总申报"的方式进行。清单核放是指跨境电商进口企业将"三单"信息推送到"中国国际贸易单一窗口"平台，海关依托信息化系统实现"三单"信息与《申报清单》的自动比对并办理货物放行手续，通关效率更快，通关成本更低。汇总申报是指跨境电商进口企业定期汇总清单并形成报关单，然后进行申报，海关为企业安排商品查验，统一收取税费。

消费者在跨境电子商务平台购买进口商品后，一般会经过3个环节：①企业向海关传输"三单"信息并向海关申报《申报清单》；②海关实施监管后放行；③企业将海关放行的商品进行装运配送，消费者收到包裹后完成签收。

跨境电商零售进口通关基本流程如图5-5所示。

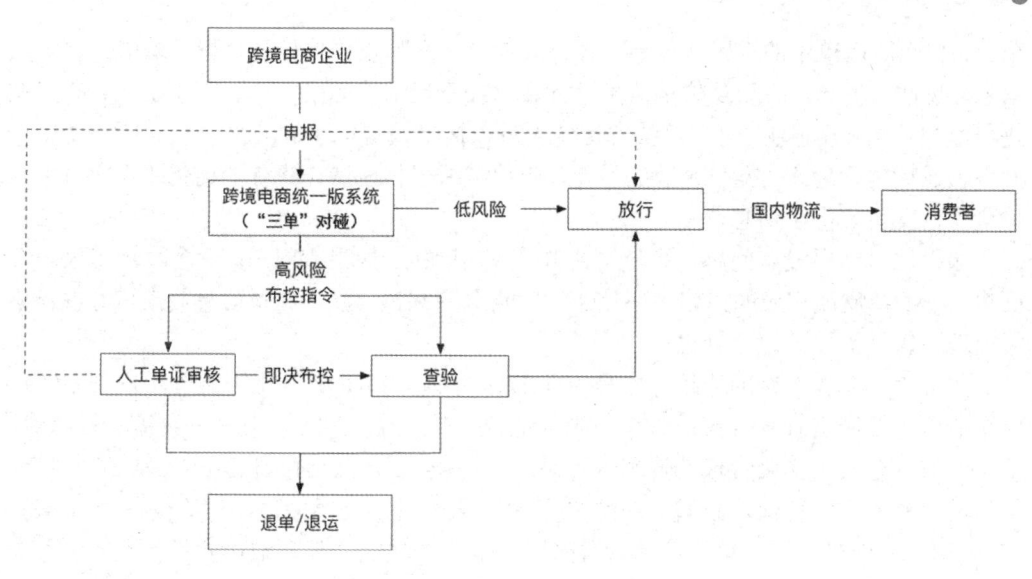

```
跨境电商企业
    │ 申报
    ▼
跨境电商统一版系统  ──低风险──▶ 放行 ──▶ 国内物流 ──▶ 消费者
 ("三单"对碰)
    │ 高风险
    │ 布控指令
    ▼                即决布控
人工单证审核 ──────────▶ 查验
    │
    ▼
 退单/退运
```

图 5-5 跨境电商零售进口通关基本流程

二、企业申报—单据汇总

依据《关于跨境电子商务零售进出口商品有关监管事宜的公告》规定，消费者在完成商品选购后、进口商品申报前，跨境电子商务平台企业或跨境电子商务企业境内代理人、支付企业、物流企业分别通过"中国国际贸易单一窗口"平台向海关传输相关的电子订单、电子运单及电子支付信息，并对数据的真实性承担相应的法律责任，提交的电子信息应施加电子签名。

进口商品申报时，跨境电子商务企业境内代理人或其委托的报关企业根据"三单"信息向海关申报《申报清单》。企业申报时需提交的材料如表 5-1 所示。

表 5-1 企业申报时需提交的材料

序号	材料名录	原件/复印件	份数（份）	纸质/电子	要求
1	跨境电商交易、支付、物流电子信息	原件	1	电子	无
2	《中华人民共和国海关跨境电子商务零售进出口商品申报清单》	原件	1	电子	无
3	《中华人民共和国海关进口货物报关单》	原件	1	电子	汇总申报方式申报

三、海关监管—商品验放

（一）"三单"对碰

海关收到"三单"后，仓储物流服务商需要把该订单的清单推送给海关，海关将订单、支付单、运单中的订购人信息、收件人信息、商品及价格信息，与清单中的订购人信息、收件人信息、商品及价格信息进行数据校验比对，完成"三单"对碰。9610 直购进口模式下，邮政企业、进出境快件运营人可以接受跨境电子商务平台企业或跨境电子商务企业境内代理人、支付企业的委托，在承诺承担相应法律责任的前提下，向海关传输交易、支付等电子信息。

如果比对结果没有问题，就会收到申报成功回执。如果有问题，就会收到申报失败回执。海关会反馈相应的错误代码信息。按照海关回执，通过申报信息修改，可重新申报处理，否则需要做退单处理。

实现"三单"对碰的途径一般是企业 ERP 系统。ERP 系统是企业资源规划系统，将企业所有资源进行整合集成管理，简单地说，是将企业的三大流——物流、资金流、信息流进行全面一体化管理的管理信息系统。跨境 ERP 是指在普通 ERP 基础功能上，根据进口跨境行业特性，新增对接海关/跨境公服平台、支付接口、物流保税仓 WMS，实现 ERP 一键提交"三单"信息，海关核验报关的功能。其基础功能包括商品设置、渠道分销、电商平台对接、仓储管理、财务管理、订单聚合、数据分析等。特色功能包括跨境电商税率设置、订单拆分、对接跨境供应链货源等。

具体操作流程如下。

1. 订单申报

跨境商家或平台，通过 ERP 对接跨境电商通关服务平台向监管部门推送订单信息。

2. 支付单申报

由 ERP 对接支付公司，推送订单；支付公司通过跨境电商通关服务平台向监管部门推送支付信息。

3. 运单申报

由 ERP 对接物流企业 WMS，通过跨境电商通关服务平台向监管部门推送物流信息。

4. 清单申报

清单包含订单、商品、支付、物流的相关信息，由仓储/物流企业通过跨境电商通关服务平台向监管部门推送清单信息。

5. "三单"对碰

海关将"三单"信息和清单信息进行数据比对，核验通过后，保税仓发货，信息回传到跨境 ERP，物流信息反馈到跨境商城，消费者可了解进度。

海关系统会按照以下规则对信息进行校验，确认是否放行：订单、支付单、物流单匹配一致；电商平台、电商企业备案信息真实有效；订购人姓名、身份证号匹配查验一致；订购人年度购买额度小于或等于 26000 元；单笔订单实际支付金额小于或等于 5000 元；订单商品价格、代扣税金、实际支付金额等计算正确（误差±5%）；订单实际支付金额与支付单支付金额、支付人信息等一致。"三单"对碰的业务流程如图 5-6 所示。

"三单"对碰的监管要求为国家层面有效增强跨境电商监管和征收海关税费提供了有力的工具保障，同时也提高了跨境电商行业的准入门槛。由于需要与第三方支付、物流、保税仓、电子口岸等系统化对接，一定的技术开发能力成为业务发展的基础。在实际政策执行过程中，3 个秩序的整合有多种灵活方式。

订单、运单、付款单等可以由代理报关公司提交，但需要先向海关部门申请审核。进口申报后如海关审价需要，客户需提供相关价格证明，如信用证、保险单、发票、招标书等海关所要求的文件。

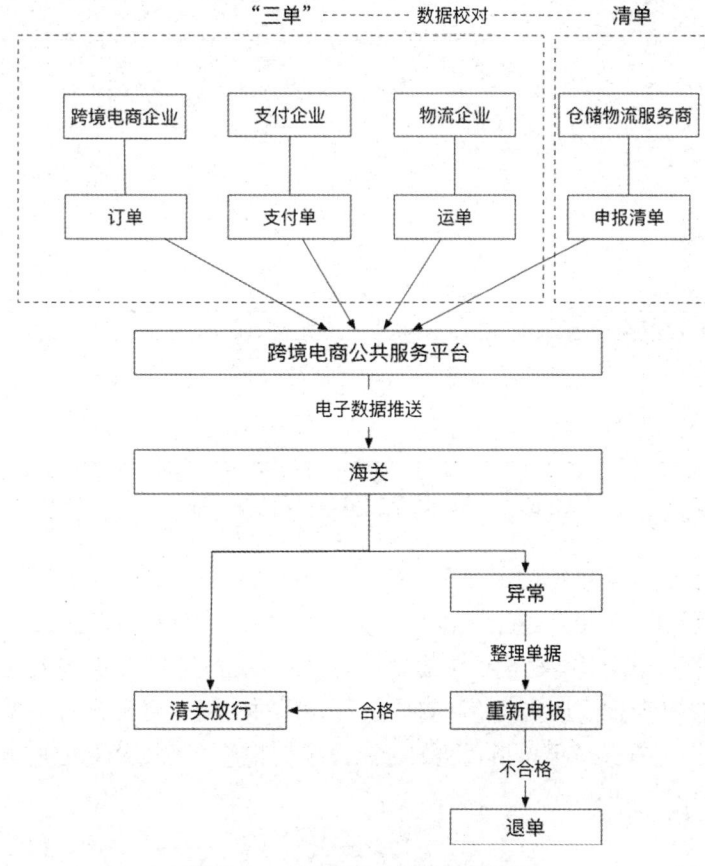

图 5-6 "三单"对碰的业务流程

（二）清单核放，汇总申报

1. 清单核放

跨境电子商务零售商品进口时，跨境电子商务企业境内代理人或其委托的报关企业提交《申报清单》，采取"清单核放"的方式办理报关手续。对满足海关监管要求的企业，可以采取"先进区、后报关"的方式办理网购保税进口商品一线进境通关手续，进入区域（中心）的网购保税进口商品须在 14 天内办理报关手续。

跨境电子商务零售进口申报时，跨境电子商务企业境内代理人或其委托的报关企业登录"中国国际贸易单一窗口"平台之后，选择"跨境电商"，在下拉框中选择"进口申报"；进入跨境电商页面之后，根据页面右边的具体细分模块，选择"跨境电商进口"模块；点击"清单管理"后，在下拉框中选择"清单申报"，并把具体的申报信息填写在右边页面中的"清单表头""清单表体"的信息框中，填写完并审核无误后，点击"申报"按钮即可。图 5-7 所示是进口申报清单信息录入界面。

平台审单分为电子审单和人工审单两种方式。根据审单规则（包括企业分类管理参数等风险参数）进入电子审单和人工审单的清单，处理结果包括审单通过和退单。

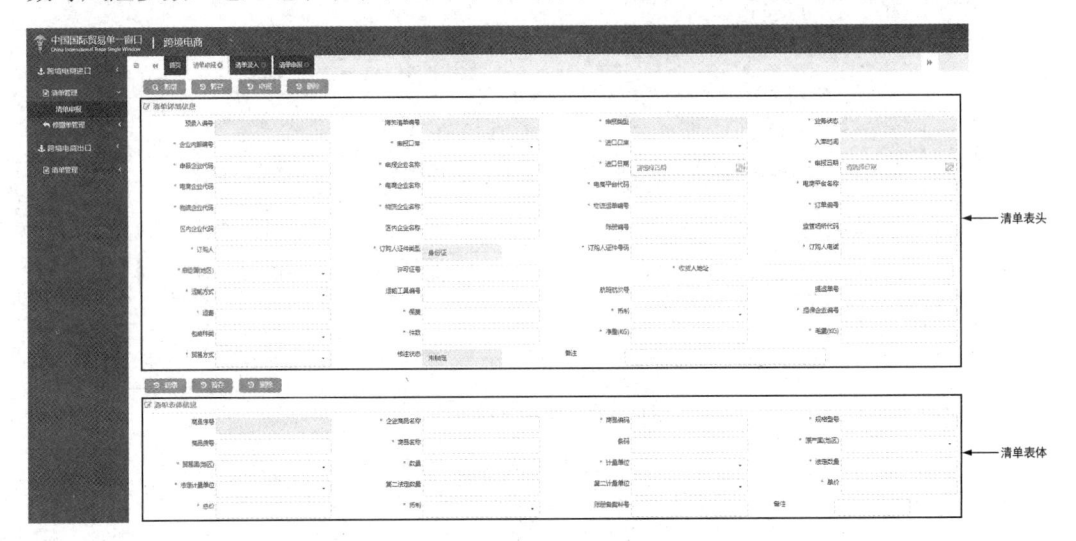

图 5-7　进口申报清单信息录入界面

对于部分通过风险模型判定存在风险的，经海关单证审核后，通知海关、商检人员对货品进行现场过 X 光机。监管场所运营人员对包裹物流单进行逐一扫描，上 X 光机对申报货物进行同屏对比，机检正常的做自动放行，机检异常的对相应的包裹进行下线查验处理。监管科查验关员和商检科查验人员分别对下线包裹实施拆包查验，查验完毕后记录查验结果。查验结果包括查验放行、改单、删单、移交缉私处理等。

2. 汇总申报

电子商务企业或其代理人应将上月结关的《货物清单》依据清单表头同一经营单位、同一运输方式、同一启运国/运抵国、同一进出境口岸，以及清单表体同一 10 位海关商品编码、同一申报计量单位、同一法定计量单位、同一币制规则进行归并，按照进、出境分别汇总形成《进出口货物报关单》向海关申报。汇总形成《进出口货物报关单》向海关申报时，无须再次办理相关征免税手续及提交许可证件。

汇总申报的完成时限为每月 10 日前提交，当月 10 日是法定节假日或者法定休息日的，顺延至其后的第一个工作日。第 12 月的清单汇总应在当月最后一个工作日前完成。

跨境电商零售进口通关监管模式如图 5-8 所示。

（三）保税进口货物进出区申报（适用于1210/1239模式）

1. 货物一线入区（从境外进入特殊监管区域或中心）

（1）申报。

跨境零售企业需要在运抵前向跨境园区的场站公司发送跨境直购商品物流信息，包括航班信息、提运单号、运载车辆、物流运单编号等，以便场站公司做好货物入区准备。

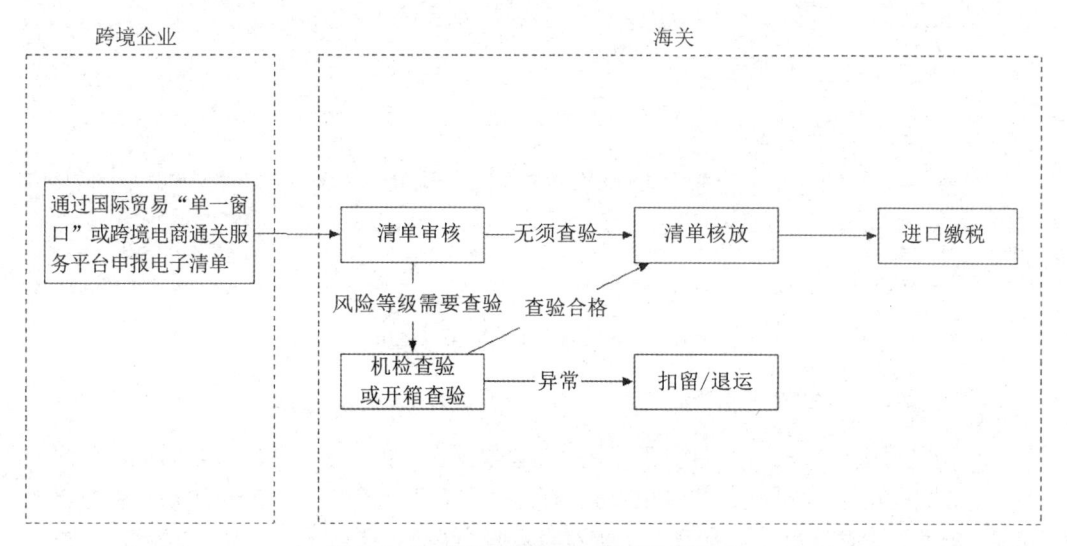

图 5-8　跨境电商零售进口通关监管模式

仓储企业按现行规定办理进境申报手续时，《进境货物备案清单》和《进口保税核注清单》的监管方式应填报"保税电商"（代码1210）或"保税电商A"（代码1239）。核注清单申报成功后，金关二期系统会在核注清单中自动生成一份报关单草稿编号和报关单草稿表体内容。

保税核注清单是金关二期保税底账核注的专用单证，是所有金关二期保税底账的进、出、转、存的唯一凭证，其法律地位相当于报关单的随附单证。简单地说，就是设立了金关二期保税账册的企业，保税底账的核增核减有了"新规矩"，报关单不再直接承担保税底账核注功能，这是海关保税底账管理的"创制之举"。因为核注清单全面支持企业料号级管理的需求，可以实现企业料号级管理，通关项号级申报；简化了保税货物流转手续，凡是设立了金关二期保税账册的企业，企业办理加工贸易货物余料结转、加工贸易货物销毁（处置后未获得收入）、加工贸易不作价设备结转手续的，可不再办理报关单申报手续；海关特殊监管区域、保税监管场所间或与区（场所）外企业间进出货物的，区（场所）内企业可不再办理备案清单申报手续。

海关特殊监管区内企业应当依照国家有关法律、行政法规的规定设置账簿、编制报表，凭合法、有效凭证记账并进行核算，记录有关进出保税区货物和物品的库存、转让、转移、销售、加工、使用和损耗等情况。海关特殊监管区域内企业可通过金关二期海关特殊监管区域管理系统办理海关特殊监管区域账册设立手续，并依托账册办理进出口货物申报手续。企业设立账册后，依托账册办理进出口货物申报手续，海关将企业进出货物纳入账册管理。电子账册是海关以企业为单元为联网企业建立的电子底账；实施电子账册管理的，联网企业只设立一个电子账册。海关应当根据联网企业的生产情况和海关的监管需要确定核销周期，按照核销周期对实行电子账册管理的联网企业进行核销管理。核注清单（进口）申报通过界面如图5-9所示。

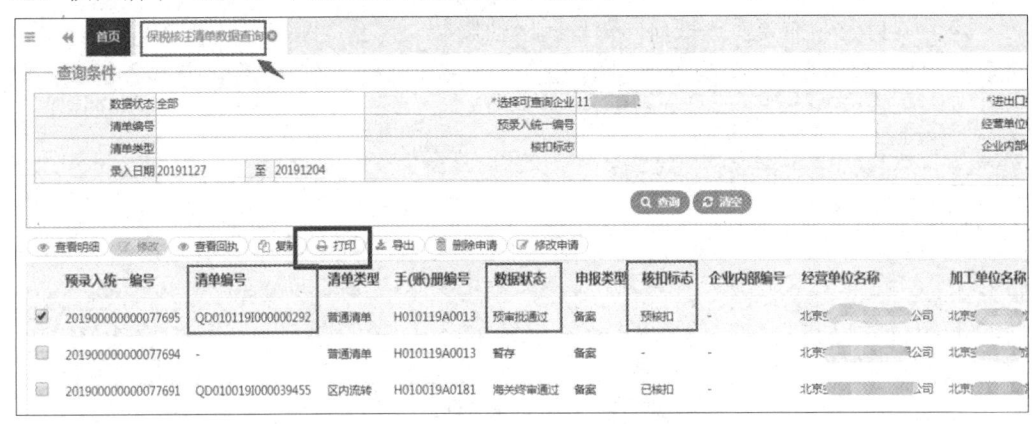

图 5-9 核注清单（进口）申报通过界面

（2）查验。

查验是海关监管的一个重要手段，海关会根据自己的经验，并结合当时的政策对一些敏感的品名进行随机抽查和布控查验，有时会在布控指令上面明确指出核查哪方面的信息。在查验的时候海关会打开箱子核对查看是与报关资料一致，如品名、数量、重量、申报货值等信息，确认是否存在骗税、逃商检、HS编码归类不正确等情况。

一线进境流转申报中，报关单、备案清单或核放单被布控指令命中的，海关按照指令要求及查验规范进行查验核放。查验核放后向海关申报进出卡口的唯一凭证——核放单。卡口核放单与载货车辆一一对应，核放单只能由核注清单、提货单（先入区后报关）或出入库单生成。

核放单类型为"一线一体化进出区"（转关模式下入区时核放单类型为"卡口登记货物"，报关后核放单类型为"一线一体化进出区"），进出标志为"入区"。核放单表头的"绑定类型"有一车一票、一车多票、一票多车3种情况。每个核放单只能录入一辆承运车辆信息，一票多车就要录入多个核放单。特殊区域核放单如表5-2所示。

表 5-2 特殊区域核放单

（仅供核对用）　　　　　　　　　打印日期：

预录入编号	2020000002033012	核放单编号	Z2992I2009240000012	核放单类型	一线一体化进出区
进出标识	入区	绑定类型	一车一票	关联单证类型	核注清单
单联单证编码	QD299220I000006700	主管关区	杭州物流	区内账册号	
区内企业编码	3334w447k9	区内企业社会信用代码	913301YYYY3051224M	区内企业名称	杭州YY供应链管理有限公司

续表

申报单位编码	3334w447k9	申报单位社会信用代码	913301YYYY3051224M	申报单位名称	杭州 YY 供应链管理有限公司
承运车牌号	浙 B88K88	IC 卡号（电子车牌）		集装箱号	TCNU6991234
车自重	7890	车架号	1	车架重	1
集装箱型	40GP	集装箱重	3800	货物总毛重	20320
货物总净重	14400	总重量	24120	企业内部编号	
过卡时间 1	20200922 09:50:13	过卡时间 2	20200922 10:03:50	是否过卡	已过二卡
录入单位编码	3334w447k9	录入单位社会信用代码	913301YYYY3051224M	录入单位名称	杭州 YY 供应链管理有限公司
申请人	王小丽	申报日期	20200922	录入日期	20200922
申报类型	备案	到货确认		备注	

（3）入库。

保税区是一个封闭的海关特殊监管区域，在这个区域里面都是享受外贸进出口优惠政策的企业和业务。如果区外的货物要进入区内，就要办理出口报关手续，同样，如果区内的货物要运往区外，就要办理相应的进口报关手续。而卡口就是办理进出口报关手续的地方，保税区货物报关必须要经过卡口。进出保税区的货物在经过卡口的时候，必须提供相应的海关放行单据或者报关单证，否则，卡口不允许运输货物的车辆进区或者出区，这些卡口是保障保税区日常进出口业务能够稳定、顺利运行的重要基础。卡口系统一般会与报关系统连接，会有对应报关单上货物是否已放行的信息。

保税货物进入保税区时，设有卡口（一卡）；保税区内的货物进入保税仓时，设有区内卡口，简称内卡口（二卡）。商品经查验完成，货物放行后，方能进入保税仓库。

商品入区后，凡是已设立海关金关二期系统保税底账的，在办理货物进出境、进出海关特殊监管区域、保税监管场所，以及开展海关特殊监管区域、保税监管场所、加工贸易企业间保税货物流（结）转业务的都要用电子账册数据相应核增。车辆通过内卡口后，核放单状态为"已过二卡"，触发报关单结关和核注清单核扣，对应的核注清单的数据状态为"海关终审通过"，核扣标志为"已核扣"，账册底账数据自动维护。经海关检查无误，舱单核销后，货物方可理货入库。经海关系统"三单对碰"审核通过后，发回成功入库的回执，并生成进口电商清单。

1239 模式进口通关一线入区流程如图 5-10 所示。

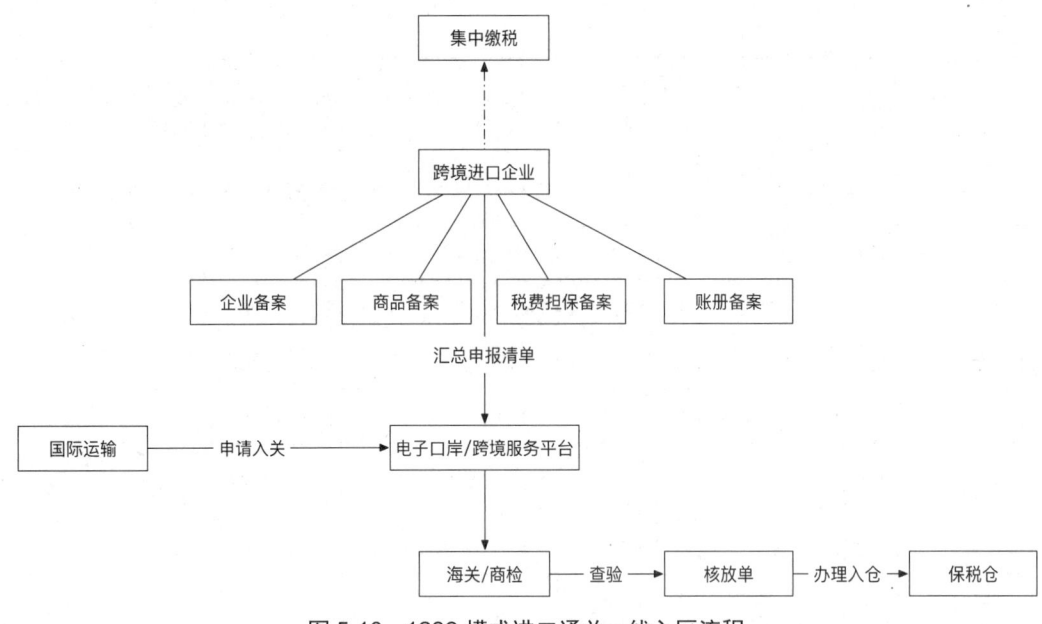

图 5-10　1239 模式进口通关一线入区流程

2. 货物二线出区（区域内或中心内售往国内订购人）

（1）申报：通过"进口统一版"报关出区。

电商企业、物流企业、支付企业通过接口分别将交易订单、物流快递运单、支付单发送到海关系统，经海关系统"三单对碰"审核通过后，电商企业或其代理人向海关申报《申报清单》办理通关手续，申报清单经审核放行后，生成进口电商清单。企业根据《申报清单》汇总形成的《核注清单》，登录"中国国际贸易单一窗口"平台，在"跨境电商"系统"跨境电商进口"下的"清单管理"功能模块中向海关申报，通过后再申报《出区核放单》。（注：《申报清单》中的监管方式应与一线入区时申报的监管方式一致。运输方式应为二线出区对应的运输方式。）核注清单（出口）申报界面如图 5-11 所示。

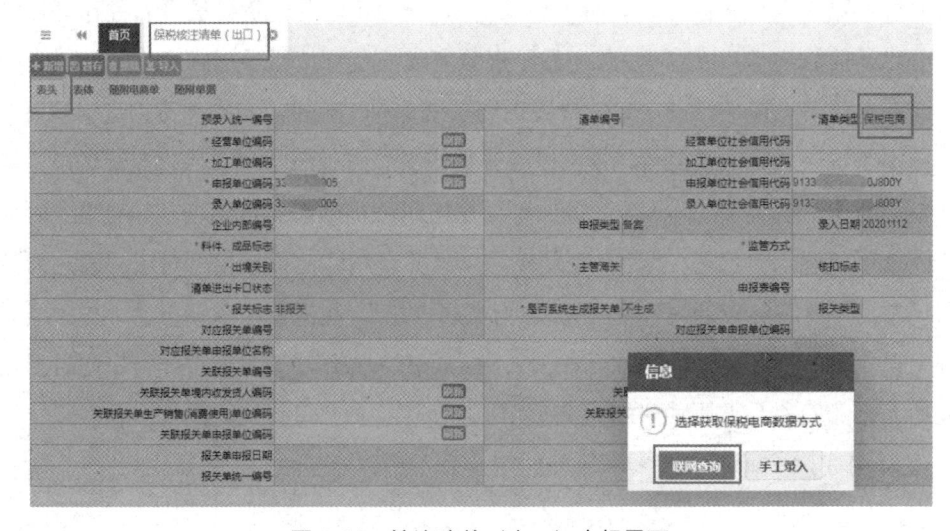

图 5-11　核注清单（出口）申报界面

(2) 查验。

在包裹出区环节，由主管海关对车辆或核放单进行抽核，被抽核的车辆或核放单，包裹应按要求通过分拣线进行查验，查验正常的予以放行，异常的按规处置。

(3) 出区。

货物实际出区后，企业电子账册底账数据相应核减。

(4) 汇总征税。

每个电商清单会产生一个电子税单，某一时间段的多个电子税单归并成一个缴款书。订购人为纳税义务人，参与跨境电商保税进口的关联企业可以作为税款代缴代收义务人，应如实准确地向海关申报进口商品的名称、规格型号、税则号列、实际交易价格及相关费用等税收征管要素。对符合汇总征税等条件的，海关放行后30日内未有退货或修改撤单的，代缴义务人在放行后第31日至第45日的时间区间内向海关办理纳税手续。保税进口货物出区申报流程如图5-12所示。

(5) 退货申报。

海关总署《关于跨境电子商务零售进口商品退货有关监管事宜的公告》规定，退货商品为原跨境电商零售进口商品，在《申报清单》放行之日起30日内申请退货，并且在《申报清单》放行之日起45日内将退货商品运抵原监管场所。

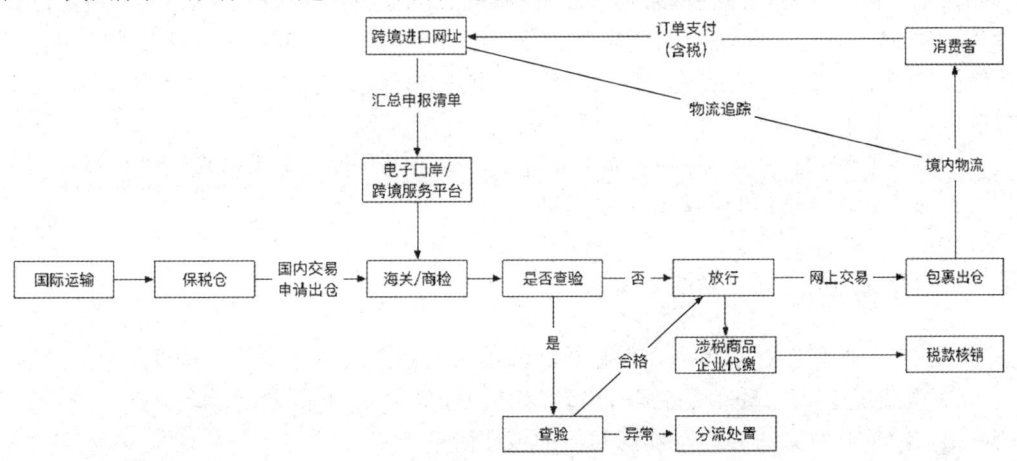

图5-12 保税进口货物出区申报流程

四、国内物流—包裹配送

(一) 9610模式包裹配送

9610模式下，消费者在电商平台下单并付款后，电商平台将多个已售出商品统一打包，通过国际物流运送至国内的保税仓库（暂存区），电商企业拆大包按小包（单个订单包裹）逐个申报。在系统清关完成且包裹通过X光机查验后，就可由国内快递揽收并派送给收件人。

经海关查验并放行后，由国内快递派送至消费者手中。每个订单附有海关单据。待收件人完成收货后，由跨境电商平台完成付款（含税）流程，跨境电商企业完成代缴税款。

由于进口环节涉及国际物流操作、国外海关清关等业务场景，9610 模式物流耗时较长。

（二）保税进口货物包裹配送

1210/1239 模式是跨境电商保税备货模式，而 9610 模式则是跨境电商直邮模式。这两种模式在包裹配送操作上有所不同。

1210 模式下，商品先批量进入保税区，生成订单后分拣打包，再报关出境。这种模式的优势在于可以快速发货，因为商品已经在保税区内，只需要分拣打包就可以发货。而且，由于商品是批量进入保税区的，所以运输成本也会降低。

1239 模式下，商品先在境外仓储，生成订单后直接从境外发货。这种模式的优势在于可以节省仓储成本，因为商品不需要进入保税区，只需要在境外仓储就可以了。而且，由于商品是直接从境外发货的，所以运输时间也会缩短。

相比之下，9610 模式下，商品需要先从境外运输到境内，然后再从境内发货。这种模式的操作比较复杂，而且运输成本和时间都会增加。

跨境电商平台可以先将尚未销售的货物整批发至国内保税物流中心，再在网上进行零售，待国内消费者下单后，跨境电商企业须汇总申报单证并向海关提交货物运出保税监管区的申请，卖一件，清关一件，没卖掉的不能出保税物流中心，也无须报关，卖不掉的可直接退回国外。

经海关监管放行的进口商品，企业在通关口岸可以从保税监管区直接进行打包装车配送，消费者收到进口商品后，完成签收。

五、保税核注清单办理—修改或撤销

企业申报保税核注清单后，保税核注清单需要修改或者撤销的，按以下要求处理。

（1）货物进出口报关单（备案清单）需撤销的，其对应的保税核注清单应一并撤销，删除报关单的同时系统会自动删除对应的核注清单。

（2）保税核注清单无须办理报关单（备案清单）申报或对应报关单（备案清单）尚未申报的，核注清单只能申请撤销。

（3）货物进出口报关单（备案清单）修改项目涉及保税核注清单修改的，应先修改核注清单内容，并确保清单与报关单（备案清单）的一致性。目前，金关二期系统已开发企业提交核注清单修撤申请功能。

（4）报关单、保税核注清单修改项目涉及保税底账已备案数据的，应先变更保税底账数据。

（5）保税底账已核销的，保税核注清单不得修改、撤销。

海关对保税核注清单数据有布控复核要求的，在办结相关手续前不得修改或者撤销保税核注清单。

> 知识链接

保税通关流程

保税货物的通关与一般进出口货物的通关不同，它不是在某一个时间办理进口或出口手续后就完成了通关，而是经海关批准未办理纳税手续进境，在境内储存、加工、装配后复运出境的全过程，只有办理了整个过程的所有海关手续，才真正完成了保税货物的通关。

一、保税通关基本流程

保税通关基本流程如图 5-13 所示。

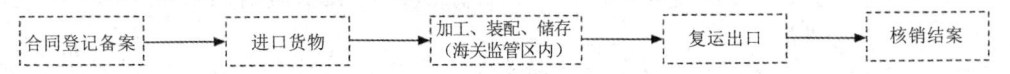

合同登记备案 → 进口货物 → 加工、装配、储存（海关监管区内）→ 复运出口 → 核销结案

图 5-13　保税通关基本流程

合同登记备案是指经营保税货物的单位持有关批件、对外签约的合同及其他有关单证向主管海关申请办理合同登记备案手续。海关核准后，签发有关登记手册。合同登记备案是向主管海关申请办理的第一个手续，须在保税货物进口前办妥，它是保税业务的开始，也是经营者与海关建立承担法律责任和履行监管职责的法律关系的起点。

进口货物是指已在海关办理合同登记备案的保税货物实际进境时，经营单位或其代理人应持海关核发的该批保税货物的《登记手册》及其他单证，向进境地海关申报，办理进口手续。

加工、装配、储存是指保税货物进境后，应储存在海关指定的场所或交付给海关核准的加工生产企业进行加工制造，在储存期满或加工产品后再复运出境。经营单位或其代理人应持该批保税货物的《登记手册》及其他单证，向出境地海关申报办理出口手续。

核销结案是指在备案合同期满或加工产品出口后的一定期限内，经营单位持有关加工贸易登记手册、进出口货物报关单及其他有关资料，向合同备案海关办理核销手续，海关对保税货物的进口、储存、加工、使用和出口情况进行核实并确定最终征免税意见后，对该备案合同予以核销结案。这一环节是保税货物整个通关流程的终点，意味着海关与经营单位之间的监管法律关系的最终解除。

二、保税区通关单证

（一）必备单证

（1）进出口货物报关单、进出境货物备案清单。

（2）提运单（海运提单、空运提单、铁路运单等）、进出仓单、进出厂单。

（3）商业发票。

（4）商业运箱单（码单、明细单）。

（5）合同协议。

（6）报关单证证明联签发，打印申请表。

（二）其他单证

（1）报关委托书（代理报关适用）。

（2）进出口转关申请单（进出口转关适用）。

（3）仓储协议（保税仓储货物适用）。

（4）加工贸易登记手册（加工贸易进出口货物适用）、征免税证明或登记手册（免税货物适用）。

三、保税区流程办理时限

（1）不需查验和无税费的报送单，一个工作日内办结放行手续。

（2）需查验的报关单，自现场接单起半个工作日内开具查验通知单；已在海关指定查验场地的货物，当天安排查验；查验完毕单货相符的，除需缴纳税费外，半个工作日内办结海关放行手续。

（3）单单相符、单证相符的报关单，自现场接单起半个工作日内签发税费单证。

（4）办结税费核销手续后，一个工作日内办结放行手续。

（5）当天船期、当天中午前现场接单的出口报关单，当天办结放行手续。

工作子任务 2-2　行邮模式进口通关流程

任务描述

王一川的挪威朋友通过 UPS（United Parcel Service，美国联合包裹运送服务公司）从挪威往中国邮寄个人物品（两部手机），作为中秋礼物送给王一川和其家人。货物单号为 H8166310801，经过在 UPS 网站上查询，包裹已在上海，状态为"货栈扫描"。王一川联系 UPS 清关员得到的答复是超出限额只能退运。王一川解释手机是朋友送给他的礼物，他收到后自用，也愿意按照海关法律征税，但 UPS 的答复是不能个人自己办理。请你帮王一川查找资料，联系物流企业，并整理货物清关需要的手续和材料。

知识准备

行邮清关已经成为跨境电商、海淘的主要清关模式。通过个人行李或海淘邮寄物品入境这条途径进行清关，如果是国外买东西从机场带回，每人限带价值 5000 元的免税物品；如果是国外邮寄进入海关，每单按海关规定征收进口关税。税额小于 50 元的不用缴纳。清关速度为一两天，各承运公司的运费各不相同。

海关对进出境个人邮递物品的管理原则是：既方便正常往来，照顾个人合理需要，又要限制以商业营利为目的经营活动及不如实申报的走私违法行为。

一、行邮清关流程

行邮模式进口的商品通过个人消费者在跨境电商平台下单，订单信息传送给境外的商家。商家找货源进行采购，打包，张贴运单信息，委托给快递公司、万国邮联，通过国际空运，邮寄至国内机场。邮政海关对货物进行查验，无误后收税放行，转入国内配送。这种模式适用于业务量较少、偶尔有零星订单的小型跨境电商企业。有业务时商家以邮包的形式发货，不需要提前备货。国际运输阶段，邮包与其他邮件混在一起，物流通关效率较低。

行邮清关的具体流程分为以下三步：

第一步：国外打包，办理运输。

第二步：邮包入境，安排提货。

第三步：申报清关，国内派送。

邮政企业提交邮件的详细信息，海关审核申报信息，对申报信息不全、不正确的邮件申报进行退回处理，邮政企业进行补充申报或修改。申报信息审核通过后，海关对货物进行抽查检验，无异常的货物根据税收政策要求进行缴税、放行；检验异常的邮件视情况分流处理，无法处理或处理后仍不合格的邮件做退回或销毁处理。

放行后的邮件由邮政公司统一理货，分别派送至消费者手中。

行邮模式清关基本流程如图 5-14 所示。

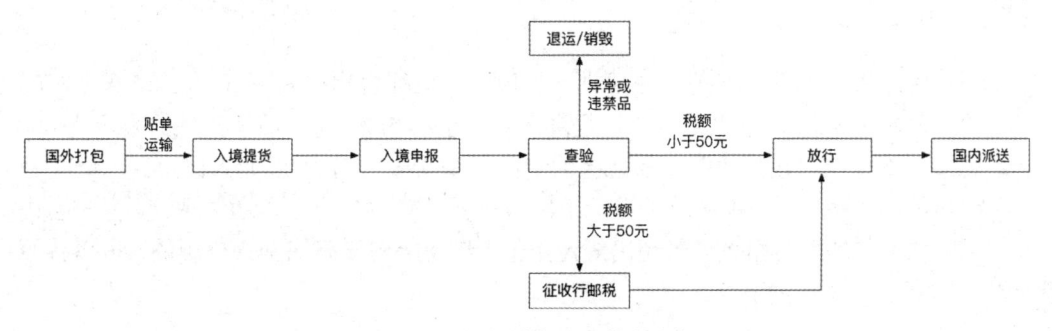

图 5-14　行邮模式清关基本流程

二、行邮清关申报材料

行邮货物申报清关时，货主需提供以下材料，并对材料的真实性负责。

（1）货主的身份证号码，身份证正反面照片或者身份证号。

（2）真实的收件人，地址，物流订单信息。

（3）真实的发件人，地址、电话、姓名。

行邮模式进口需要注意的是，客户虚报货值、发货人提供的地址不正确或货物数量超过合理自用范围导致货物不能正常清关时，货主可申请重新申报，缴纳税金。当货主购买或运输违禁物品时，海关将依据规定对货物进行销毁处理。

> **知识链接**
>
> **行邮模式比较常出现的申报问题**
>
> （1）申报单上的价值与海关对物品的估算价值不一致。
>
> （2）货物品名与产品不相符。

（3）装箱清单不详细。
（4）收货人条件不允许（没有进出口权等）。
（5）私人物品超过 5000 元货值。

三、行邮模式进口申报限额

1. 个人物品携带入境限额

海关总署公告规定，进境居民旅客携带在境外获取的个人自用进境物品，总值在 5000 元人民币以内的，可免税放行，但烟草制品、酒精制品及国家规定应当征税的 20 种商品等另按有关规定办理。

进出境旅客携带人民币现钞的限额为 2 万元，出入境时如携带超过等值 5000 美元外币现钞，必须向海关申报，并且要有《携带外汇出境许可证》。携带金额超出限额，应主动向海关申报。海关仅对超出部分的个人自用进境物品征收行邮税，对不可分割的单件物品全额征税。

2. 个人物品邮递入境限额

个人邮寄进境物品，海关依法征收行邮税，但应征税额在人民币 50 元（含 50 元）以下的，海关予以免征；个人寄自或寄往港澳台地区的物品，每次应征税额的限值为 800 元人民币；寄自或寄往其他国家和地区的物品，每次限值为 1000 元人民币。

超出规定限值时，物主应办理退运手续或者按照货物规定办理通关手续。但邮包内仅有一件物品且不可分割的，虽超出规定限值，经海关审核确属个人自用的，可以按照个人物品规定办理通关手续。

知识链接

国际快递包装要求

一、国际运输中对快递包装的一般规定

（1）货物包装必须坚固、完好、轻便，在运输过程中能防止包装破裂、内物漏出、散失。

（2）对特小快件货物（如小件样品），必须外加一定体积的木箱或纸箱包装（用填充料衬垫等），包装后整个快件货物的体积长、宽、高合计不得少于 40 厘米，最小一边不得少于 5 厘米。

（3）包装的形状应适合货物的性质、状态和重量，并且便于搬运、装卸和码放。

（4）包装内的垫付材料（如木屑、纸屑等）不能外漏。

（5）在特定条件下承运的货物、动物，如鲜活易腐货物等，其包装应符合对各货物的特定的要求。

（6）如果货物的包装不符合要求，应向发货人作出说明，要求发货人改造或重新包装后方可出运。

二、部分货物的特殊包装要求

（1）钢琴、陶瓷、工艺品等偏重或贵重的物品请用木箱包装。

（2）欧洲对松树类的木制包装规定，货物进口时必须有原出口国检疫局出示的没有虫害的证明。

（3）美国、加拿大、澳大利亚、新西兰、韩国、日本等国家，对未经过加工的原木、或原木包装有严格的规定，必须在原出口国进行熏蒸，并出示承认的熏蒸证，进口国方可接受货物进口。否则，罚款或将货物退回原出口国。

（4）加工后的木制家具不用熏、蒸。

（5）易碎类的物品最好用东西填充好，避免损坏。

（6）条件允许，在纸箱内铺垫一层防水用品（如塑料袋、布等）。

（7）日常生活常用类物品如书籍、各种用具等可用结实的纸箱自行包装，并最好做防潮处理。

（8）精密易损，质脆易碎货物。单件货物毛重以不超过 25 千克为宜，可以采用多层次包装、悬吊式包装、防倒置包装、玻璃器皿包装。

（9）在同一包装箱内，轻重物品要合理搭配放置，以便搬运。

（10）液体货物。容器内部必须留有 5%~10%的空隙，封盖必须平密；不得溢漏。

（11）粉状货物。应保证粉末不致漏出。

（12）箱内最后要塞满填充物，要充实，可用卫生纸、纸巾、小衣物等填充，以防在搬运挪动过程中箱内物品互相翻动、碰撞而受到损坏。

知识闯关

知识拓展 5-2

一、单项选择题（共 10 题）

1. 海关总署使用（　　）整合了外贸企业、海关、检验检疫机构等各管理部门内部系统，形成了一套统一的货物进出口申报接口。

　　A. "中国国际贸易单一窗口"平台

　　B. 海关无纸化查验系统

　　C. 检验检疫无纸化查验系统

　　D. 国际贸易服务贸易

2. 以下单据包括订购人信息、订单号、支付单号、物流单号及商品信息的是（　　）。

　　A. 电子运单　　　　　　　　B. 电子支付信息

　　C. 电子订单　　　　　　　　D. 电子报关单

3. "9610"进口模式下，消费者在电商平台下单付款后，电商平台将多个已售出商品统一打包，通过国际物流运送至国内的（　　），电商企业拆大包按小包（单个订单包裹）逐个申报。

  A．保税仓库（转口区） B．保税工厂
  C．保税仓库（暂存区） D．综合保税区

  4．行邮清关时，个人寄自或寄往港澳台地区的物品，每次限值为（ ）元人民币；寄自或寄往其他国家和地区的物品，每次限值为（ ）元人民币。税额小于（ ）元人民币不用缴纳。

  A．1000 800 50 B．1000 5000 60
  C．8000 1000 60 D．800 1000 50

  5．跨境电商零售进口通关采用"（ ）"的方式进行。

  A．清单核放，汇总申报 B．汇总核放，清单申报
  C．三单对碰，清单核放 D．三单对碰，汇总申报

  6．跨境保税货物通过"进口统一版"报关二线出区时，企业根据《申报清单》汇总形成的（ ），登录"中国国际贸易单一窗口"平台，在"跨境电商"系统"跨境电商进口"下的"清单管理"功能模块中向海关申报，通过后再申报《出区核放单》。

  A．电子订单 B．《核注清单》 C．缴税通知单 D．进口报关单

  7．对满足海关监管要求的企业，可以采取"先进区、后报关"的方式办理网购保税进口商品一线进境通关手续，进入区域（中心）的网购保税进口商品须在（ ）天内办理报关手续。

  A．11 B．12 C．13 D．14

  8．保税货物申请进仓时，仓储企业按现行规定办理进境申报手续，《进境货物备案清单》和《进口保税核注清单》的监管方式应填报"（ ）"（代码1210）或"（ ）"（代码1239）。

  A．保税电商 A 保税电商 B．保税电商 保税电商 A
  C．保税电商 直邮电商 D．直邮电商 保税电商 A

  9．汇总申报的完成时限为每月（ ）前提交，当日是法定节假日或者法定休息日的，顺延至其后的第一个工作日。第12月的清单汇总应在当月最后一个工作日前完成。

  A．8日 B．9日 C．10日 D．11日

  10．进出境旅客携带人民币现钞的限额为2万元，出入境时如携带超过等值5000美元外币现钞，必须向海关申报，并且要有（ ）。

  A．《携带外汇出境许可证》 B．《进口报关单》
  C．《申报清单》 D．《进出境配额许可证》

二、是非判断题（共5题）

  （ ）1．跨境电商零售进口，是指中国境内消费者通过跨境电商第三方平台经营者自境外购买商品，并通过"网购保税进口"（代码1210）"行邮模式""网购保税进口 A"（代码1239）"直购进口"（代码9610）4种方式运递进境的消费行为。

  （ ）2．进口申报"三单对碰"是指跨境电商平台企业或跨境电商企业境内代理人、支付企业、物流企业分别通过"中国国际贸易单一窗口"平台向海关传输相关的电

子订单、电子运单、电子支付信息。

（　　）3. 保税进口货物进出区申报时，《进境企业备案登记手册》和《出口保税核注清单》的监管方式应填报"保税电商"（代码1210）或"保税电商 A"（代码1239）。

（　　）4. 进出境旅客携带人民币现钞的限额为2万元，出入境时如携带超过等值5000美元外币现钞，携带金额超出限额，应主动向海关申报，海关根据个人自用进境物品总额征收行邮税。

（　　）5. 通过"网购保税进口"（代码1210）、"网购保税进口 A"（代码1239）、"直购进口"（代码9610）3种方式运递进境的货物在税收政策上享受相同优惠。

能力实训

阳光跨境电商服务有限公司接到百联进出口有限公司的委托，希望通过跨境电商平台以1210模式申报进口生活用品的业务，暂存于保税区保税仓库中，该批货物总值4080美元，超过了5000元，因此适用报关单申报模式。请根据所学知识，梳理1210模式下进口通关的基本流程和进入保税仓库的基本流程。

工作项目六 填制报关单据

工作任务一　填制报关单

学习目标

※【知识目标】

1. 知晓报关单的类型。
2. 熟悉报关单的填制规范。
3. 熟悉"中国国际贸易单一窗口"平台的报关操作流程。

※【技能目标】

1. 能够根据既定的案例，填制报关单。
2. 能够表述"中国国际贸易单一窗口"平台的报关操作流程。

※【素质目标】

1. 激发主动思考的能力。
2. 培养学生树立细致专注的学习态度。
3. 树立规则规范意识，遵纪守法，培养职业道德修养。

思维导图

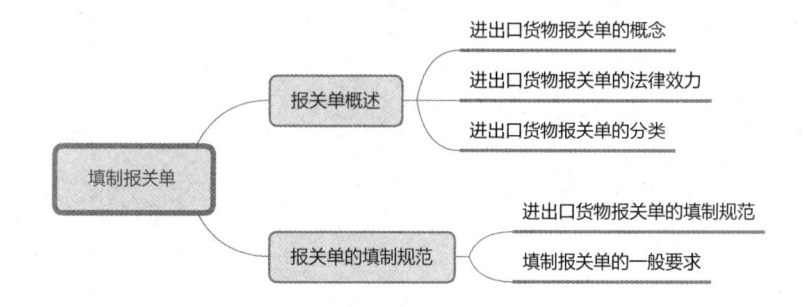

填制报关单
- 报关单概述
  - 进出口货物报关单的概念
  - 进出口货物报关单的法律效力
  - 进出口货物报关单的分类
- 报关单的填制规范
  - 进出口货物报关单的填制规范
  - 填制报关单的一般要求

案例导入

青岛胶东机场海关查获 16.7 万支夹藏出口卷烟

5月8日，青岛胶东机场海关连续从出口邮寄物品中查获夹藏卷烟16.7万支。

当日，现场海关关员对出口邮寄物品进行X光机机检查验时，发现多个申报为"绿茶""毛巾""书本"等日用品的包裹过机图像呈卷烟状，与申报物品图像严重不符。

海关关员随即进行开箱查验，发现这些包裹内均装有整条或散装的卷烟。查验发现，部分卷烟与毛巾、坚果、书本等物品混装在包裹内，部分卷烟装在茶叶、饼干、化妆品等包装盒中，少量卷烟夹藏在家用小家电间隙。经清点，共计查获夹藏出口卷烟16.7万支。

海关提醒，根据相关规定，我国实行烟草专卖管理，个人邮寄卷烟不得超过2条（400支），邮寄卷烟进出境须如实申报并接受海关查验。通过伪报、瞒报、夹藏等方式逃避海关监管，非法进出口烟草专卖品的，将没收违法所得并处罚款，情节严重构成非法经营罪的，将依法追究刑事责任。

（案例来源：海关总署网站）

工作子任务 1-1　报关单概述

任务描述

王一川浏览青岛海关官网时，注意到海关关员查获16.7万支夹藏出口烟卷的新闻，不由得意识到向海关申报与实际货物相符的重要性，进而意识到报关单的填制要规范。他通过查阅相关资料，了解进出口货物报关单相关知识，大家和他一起来学习吧！

知识准备

一、进出口货物报关单的概念

进出口货物报关单是指进出口货物收发货人或其代理人，按照海关规定的格式对进出口货物的实际情况作出书面申请，以此要求海关对其货物按适用的海关制度办理通关手续的法律文书。

二、进出口货物报关单的法律效力

我国《海关法》规定："进口货物的收货人和出口货物的发货人应当向海关如实申报，交验进出口许可证件和有关单证。"

1. 进出口货物报关单的重要性

进出口货物报关单是货物的收发货人向海关申报其进出口货物实际情况及使用海关业务制度,是申请海关查验并放行货物的必备法律书证。申报人要对其填报的进出口货物报关单的真实性和准确性承担相应的法律责任。

2. 进出口货物报关单的作用

进出口货物报关单既是海关对进出口货物进行监管、征税、统计和开展稽查的重要依据,又是加工贸易核销、出口退税和外汇管理的重要单证,更是海关处理进出口相关货物走私、违规案件、税务、外汇管理部门查处骗税和逃套汇犯罪活动的重要凭证。

三、进出口货物报关单的分类

进出口货物报关单的分类如下。

(1) 按进出口状态,可分为进口货物报关单和出口货物报关单。

(2) 按表现形式,可分为纸质报关单和电子数据报关单,目前我国报关单采用电子数据报关单。

(3) 按贸易性质,可分为进料加工进出口货物报关单、来料加工及补偿贸易进出口货物报关单和一般贸易及其他贸易进出口货物报关单。

工作子任务 1-2　报关单的填制规范

任务描述

阳光跨境电商服务有限公司同意为百联进出口有限公司办理出口日用品的相关报关手续,让王一川向阳光跨境电商服务公司提交一套报关资料。一套报关资料包括发票、装箱单、合同、报关单等单据。王一川刚刚查过报关单的相关知识,知道这张单据的重要性,现在他对填制报关单产生了浓厚的兴趣。所以,大家和他一起学习报关单各项栏目的填写方式吧!

知识准备

海关总署发布了《关于修订〈中华人民共和国海关进出口货物报关单填制规范〉的公告》,对关检合一之后的报关单作了统一规定,自 2019 年 2 月 1 日起执行。

《中华人民共和国海关进口货物报关单》如表 6-1 所示。《中华人民共和国海关出口货物报关单》如表 6-2 所示。

一、进出口货物报关单的填制规范

1. 预录入编号

预录入编号是指预录入报关单的编号,一份报关单对应一个预录入编号,由系统自动生成。

表6-1 《中华人民共和国海关进口货物报关单》

预录入编号:(1)				海关编号:(2)	
境内收货人(3)	进境关别(4)	进口日期(5)		申报日期(6)	备案号(7)
境外发货人(8)	运输方式(9)	运输工具名称及航次号(10)		提运单号(11)	货物存放地点(12)
消费使用单位(13)	监管方式(14)	征免性质(15)		许可证号(16)	启运港(17)
合同协议号(18)	贸易国(地区)(19)	启运国(地区)(20)		经停港(21)	入境口岸(22)
包装种类(23)	件数(24)	毛重(千克)(25)	净重(千克)(26)	成交方式(27)	运费(28) 保费(29) 杂费(30)

随附单证及编号(31)
随附单证1:   随附单证2:
标记唛码及备注(32)

项号	商品编号	商品名称及规格型号	数量及单位	单价/总价/币值	原产国(地区)	最终目的国(地区)	境内目的地	征免
(33)	(34)	(35)	(36)	(37)	(38)	(39)	(40)	(41)

特殊关系确认:(42)   价格影响确认:(43)   支付特许权使用费确认:(44)   自报自缴:(45)

申报人员(46)	申报人员证号	电话	
兹证明对以上内容承担如实申报、依法纳税之法律责任			海关批注及签章(47)
单位申报	申报单位(签章)		

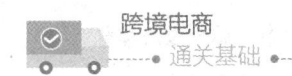

表 6-2 《中华人民共和国海关出口货物报关单》

预录入编号：（1）			海关编号：（2）	
境内发货人（3）	出境关别（4）	出口日期（5）	申报日期（6）	备案号（7）
境外收货人（8）	运输方式（9）	运输工具名称及航次号（10）	提运单号（11）	货物有效地点（12）
生产销售单位（13）	监管方式（14）	征免性质（15）	许可证号（16）	启运港（17）
合同协议号（18）	贸易国（地区）（19）	运抵国（地区）（20）	指运港（21）	离境口岸（22）
包装种类（23）	件数（24）	毛重（千克）（25）	净重（千克）（26）	成交方式（27）	运费（28）	保费（29）	杂费（30）

随附单证及编号（31）
随附单证 1：   随附单证 2：
标记唛码及备注（32）

项号	商品编号	商品名称及规格型号	数量及单位	单价/总价/币值	原产国（地区）	最终目的国（地区）	境内货源地	征免
（33）	（34）	（35）	（36）	（37）	（38）	（39）	（40）	（41）

特殊关系确认：（42）　　价格影响确认：（43）　　支付特许权使用费确认：（44）　　自报自缴：（45）

申报人员（46）　　申报人员证号　　电话	海关批注及签章（47）
兹证明对以上内容承担如实申报、依法纳税之法律责任	
单位申报　　　　　　　　申报单位（签章）	

2. 海关编号

海关编号是指海关接受申报时给予报关单的编号；一份报关单对应一个海关编号，由系统自动生成。

3. 境内收发货人

境内收发货人这一栏应填报在海关备案的对外签订并执行进出口贸易合同的中国境内法人、其他组织名称及编码。编码填报 18 位法人和其他组织统一社会信用代码，没有统一社会信用代码的，填报其在海关的备案编码。

4. 进出境关别

根据货物实际进出境的口岸海关，进出境关别这一栏应填报海关规定的相应口岸海关的名称及代码。如出口企业选择上海出口，则这一栏填写"上海海关（2200）"。《关区代码表》（部分）如表6-3所示。

知识拓展6-1

知识链接

表6-3 《关区代码表》（部分）

代码	名称	代码	名称
0100	北京关区	3101	宁波海关
0202	新港海关	3701	厦门海关
2200	上海海关	4001	南昌海关
2210	浦东海关	4200	青岛海关
2217	嘉定海关	4601	郑州海关
2300	南京海关	5100	广州海关
2901	杭州海关	5302	罗湖海关
2903	温州海关	8800	拉萨海关

5. 进出口日期

进口日期这一栏应填报运载进口货物的运输工具申报进境的日期。出口日期是指运载出口货物的运输工具办结出境手续的日期，在申报时免予填报。无实际进出境的货物，填报海关接受申报的日期。进出口日期为8位数字，顺序为年（4位）、月（2位）、日（2位）。

6. 申报日期

申报日期是指海关接受进出口货物收发货人、受委托的报关企业申报数据的日期。以电子数据报关单方式申报的，申报日期这一栏应填报海关计算机系统接受申报数据时记录的日期。以纸质报关单方式申报的，申报日期这一栏应填报海关接受纸质报关单并对报关单进行登记处理的日期。本栏在申报时免予填报。申报日期为8位数字，顺序为年（4位）、月（2位）、日（2位）。

7. 备案号

备案号这一栏应填报进出口货物收发货人、消费使用单位、生产销售单位在海关办理加工贸易合同备案或征、减、免税审核确认等手续时，海关核发的《加工贸易手册》、海关特殊监管区域和保税监管场所保税账册、《征免税证明》或其他备案审批文件的编号。一份报关单只允许填报一个备案号。

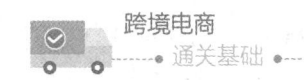

8. 境外收发货人

境外收货人通常是指签订并执行出口贸易合同中的买方或合同指定的收货人。境外发货人通常是指签订并执行进口贸易合同中的卖方。

境外收发货人这一栏应填报境外收发货人的名称及编码,名称一般填报英文名称。如果无境外收货人,名称及编码填报"NO"。

9. 运输方式

根据货物实际进出境的运输方式或货物在境内流向的类别,按照海关规定的《运输方式代码表》选择填报相应的运输方式。如海运,则填"水路运输(2)"。《运输方式代码表》如表6-4所示。

表6-4 《运输方式代码表》

编号	运输方式	编号	运输方式	编号	运输方式
0	非保税区	4	公路运输	8	保税仓库
1	监管仓库	5	航空运输	9	其他运输
2	水路运输	6	邮件运输	Z	出口加工
3	铁路运输	7	保税区	W	物流中心

10. 运输工具名称及航次号

运输工具名称及航次号应填报运载货物出境的运输工具名称或编号及航次号。填报内容与运输部门向海关申报的仓单(载货清单)所列相应内容一致。

知识链接

运输工具的具体填报要求

(1)水路运输:名称应填报船舶编号(来往港澳小型船舶为监管簿编号)或者船舶英文名称。航次号应填报船舶的航次号。

(2)铁路运输:名称应填报车厢编号或交接单号。航次号应填报列车的进出境日期。

(3)航空运输:名称应填报航班号。航次号免予填报。

(4)邮件运输:名称应填报邮政包裹单号。航次号应填报运输工具的进出境日期。

11. 提运单号

提运单号应填报进出口货物提单或运单的编号。一份报关单只允许填报一个提单或运单号,一票货物对应多个提单或运单时,应分单填报。

12. 货物存放地点

货物存放地点这一栏应填报货物进境后存放的场所或地点,包括海关监管作业场所、分拨仓库、定点加工厂、隔离检疫场、企业自有仓库等。

13. 消费使用单位/生产销售单位

(1)消费使用单位填报已知的进口货物在境内的最终消费、使用单位的名称,包括自行进口货物的单位和委托进出口企业进口货物的单位。

(2)生产销售单位填报出口货物在境内的生产或销售单位的名称,包括自行出口货物的单位、委托进出口企业出口货物的单位和免税品经营单位统一管理的免税店。

(3)编码填报要求填报18位法人和其他组织统一社会信用代码。无18位统一社会信用代码的,填报"NO"。

14. 监管方式

监管方式是以国际贸易中进出口货物的交易方式为基础,结合海关对进出口货物的征税、统计及监管条件综合设定的海关对进出口货物的管理方式。

根据实际对外贸易情况按海关规定的《贸易方式代码表》选择相应的贸易方式简称及代码。如一般贸易方式,则填写"一般贸易(0110)"。一份报关单只允许填报一种贸易方式。《贸易方式代码表》如表6-5所示。

表6-5 《贸易方式代码表》

贸易方式代码	贸易方式简称	贸易方式全称
0110	一般贸易	一般贸易
0130	易货贸易	易货贸易
0214	来料加工	来料加工装配贸易进口件及加工出口货物
0320	不作价设备	加工贸易外商提供的不作价进口设备
0513	补偿贸易	补偿贸易

15. 征免性质

征免性质这一栏应根据实际情况,按海关规定的《征免性质代码表》选择填报相应的征免性质简称及代码。持有海关核发的《征免税证明》的,按照《征免税证明》中批注的征免性质填报。一份报关单只允许填报一种征免性质。

常见的征免性质:一般征税(101)、加工设备(501)、来料加工(502)等。如一般征税,则填写"一般征税(101)"。

16. 许可证号

许可证号这一栏应填报进(出)口许可证、两用物项和技术进(出)口许可证、两用物项和技术出口许可证(定向)、纺织品临时出口许可证、出口许可证(加工贸易)、出口许可证（边境小额贸易）的编号。免税品经营单位经营出口退税国产商品的，免予填报。一份报关单只允许填报一个许可证号。

17. 启运港

启运港这一栏应填报进口货物在运抵我国关境前的第一个境外装运港。根据实际情况，按海关规定的《港口代码表》填报相应的港口名称及代码。未在《港口代码表》列明的，填报相应的国家名称及代码。无实际进境的货物，填报"中国境内"及代码。《港口代码表》（部分）如表6-6所示。

表6-6 《港口代码表》（部分）

港口代码	中文名（简称）	港口代码	中文名（简称）
JPN570	横滨（日本）	FRA901	巴黎（法国）
AUS147	墨尔本（澳大利亚）	USA117	芝加哥（美国）
ITA075	热那亚（意大利）	BRA084	里约热内卢（巴西）
ITA901	罗马（意大利）	ESP901	马德里（西班牙）

18. 合同协议号

合同协议号这一栏应填报进出口货物合同（包括协议或订单）编号。未发生商业性交易的和免税品经营单位经营出口退税国产商品的，免予填报。

19. 贸易国（地区）

发生商业性交易的进口填报购自国（地区），出口填报售予国（地区）。未发生商业性交易的填报货物所有权拥有者所属的国家（地区）。贸易国（地区）这一栏按海关规定的《国别（地区）代码表》选择填报相应的贸易国（地区）中文名称及代码。如英国，则填写"英国（303）"。《国别（地区）代码表》（部分）如表6-7所示。

知识拓展6-2

表6-7 《国别（地区）代码表》（部分）

国家（地区）代码	中文名（简称）	国家（地区）代码	中文名（简称）
116	日本	303	英国
122	马来西亚	305	法国
142	中国	502	美国
301	比利时	601	澳大利亚
302	丹麦	603	斐济

20. 启运国（地区）/运抵国（地区）

启运国（地区）填报进口货物启始发出直接运抵我国或者在运输中转国（地区）未发生任何商业性交易的情况下运抵我国的国家（地区）。

运抵国（地区）填报出口货物离开我国关境直接运抵或者在运输中转国（地区）未发生任何商业性交易的情况下最后运抵的国家（地区）。

按海关规定的《国别（地区）代码表》选择填报相应的启运国（地区）或运抵国（地区）中文名称及代码。无实际进出境的货物，填报"中国"及代码。

知识链接

启运国（地区）/运抵国（地区）的概念

不经过第三国（地区）转运的直接运输进出口货物，以进口货物的装货港所在国（地区）为启运国（地区），以出口货物的指运港所在国（地区）为运抵国（地区）。

经过第三国（地区）转运的进出口货物，如在中转国（地区）发生商业性交易，则以中转国（地区）作为启运/运抵国（地区）。

21. 经停港/指运港

经停港填报进口货物在运抵我国关境前的最后一个境外装运港。

指运港填报出口货物运往境外的最终目的港；最终目的港不可预知的，按尽可能预知的目的港填报。

根据实际情况，按海关规定的《港口代码表》选择相应的港口名称及代码。无实际进出境的货物，填报"中国境内"及代码。

知识拓展6-3

22. 入境口岸/离境口岸

入境口岸/离境口岸类型包括港口、码头、机场、机场货运通道、边境口岸、火车站、车辆装卸点、车检场、陆路港、坐落在口岸的海关特殊监管区域等。按海关规定的《国内口岸编码表》选择填报相应的境内口岸名称及代码。

知识链接

不同情况下入境口岸和离境口岸的填报要求

入境口岸填报进境货物从跨境运输工具卸离的第一个境内口岸的中文名称及代码；采取多式联运跨境运输的，填报多式联运货物最终卸离的境内口岸中文名称及代码；过境货物填报货物进入境内的第一个口岸的中文名称及代码；从海关特殊监管区域或保税监管场所进境的，填报海关特殊监管区域或保税监管场所的中文名称及代码。其他无实际进境的货物，填报货物所在地的城市名称及代码。

离境口岸填报装运出境货物的跨境运输工具离境的第一个境内口岸的中文名称及代码；采取多式联运跨境运输的，填报多式联运货物最初离境的境内口岸中文名称及代码；过境货物填报货物离境的第一个境内口岸的中文名称及代码；从海关特殊监管区域或保税监管场所离境的，填报海关特殊监管区域或保税监管场所的中文名称及代码。其他无实际出境的货物，填报货物所在地的城市名称及代码。

23. 包装种类

运输包装指提运单所列货物件数单位对应的包装，其他包装包括货物的各类包装，以及植物性铺垫材料等。

包装种类这一栏应填报进出口货物的所有包装材料，包括运输包装和其他包装，按海关规定的《包装种类代码表》选择填报相应的包装种类名称及代码。如纸箱包装，则填写"纸质或纤维板制盒/箱 22"。《包装种类代码表》如表6-8所示。

表6-8 《包装种类代码表》

代码	包装种类	代码	包装种类
00	散装	39	其他材料制桶
01	裸装	04	球状罐类
22	纸制或纤维板制盒/箱	06	包/袋
23	木制或竹藤等植物性材料制盒/箱	92	再生木托
29	其他材料制盒/箱	93	天然木托
32	纸制或纤维板制桶	98	植物性铺垫材料
33	木制或竹藤等植物性材料制桶	99	其他包装

24. 件数

件数这一栏应填报进出口货物运输包装的件数（按运输包装计量）。特殊情况填报要求：舱单位数为集装箱的，填报集装箱个数；舱单位数为托盘的，填报托盘数。不得填报为零，裸装货物填报为"1"。

25. 毛重（千克）

毛重（千克）这一栏应填报进出口货物及其包装材料的重量之和，计量单位为千克，不足一千克的填报为"1"。

26. 净重（千克）

净重（千克）这一栏应填报进出口货物的毛重减去外包装材料后的重量，即货物本身的实际重量，计量单位为千克，不足一千克的填报为"1"。

27. 成交方式

成交方式这一栏应根据进出口货物实际成交价格条款，按海关规定的《成交方式代码表》选择填报相应的成交方式代码。无实际进出境的货物,进口填报 CIF,出口填报 FOB。如以 CIF 方式成交,则填写"CIF（1）"。

28. 运费

运费这一栏应填报进口货物运抵我国境内输入地点起卸前的运输费用,出口货物运至我国境内输出地点装载后的运输费用。运费可按运费单价、总价或运费率其中之一填报,注明运费标记（运费标记"1"表示运费率,"2"表示每吨货物的运费单价,"3"表示运费总价）,并按海关规定的《货币代码表》选择填报相应的币种代码。如运费总价为 1000 欧元表示为 300/1000/3;运费单价 50 加拿大元表示为 501/50/2。免税品经营单位经营出口退税国产商品的,免予填报。《货币代码表》（部分）如表 6-9 所示。

知识拓展 6-4

表 6-9 《货币代码表》（部分）

货币代码	货币符号	货币名称	货币代码	货币符号	货币名称
110	HKD	港元	303	GBP	英镑
116	JPY	日本元	331	CHF	瑞士法郎
121	MOP	澳门元	501	CAD	加拿大元
132	SGD	新加坡元	502	USD	美元
142	CNY	人民币	601	AUD	澳大利亚元
300	EUR	欧元	609	NZD	新西兰元

29. 保费

保费这一栏应填报进口货物运抵我国境内输入地点起卸前的保险费用,出口货物运至我国境内输出地点装载后的保险费用。保费可按保险费总价或保险费率两种方式之一填报,注明保险费标记（保险费标记"1"表示保险费率,"3"表示保险费总价）,并按海关规定的《货币代码表》选择填报相应的币种代码。如 2‰的保险费率（日元结算）表示为 116/0.2/1；100000 日元的保险费总价表示为 116/100000/3。若成交价格不含有保险费,则此栏目空白。免税品经营单位经营出口退税国产商品的,免予填报。

30. 杂费

杂费这一栏应填报成交价格以外的、按照《进出口关税条例》相关规定应计入完税价格或应从完税价格中扣除的费用。可按杂费总价或杂费率两种方式之一填报,注明杂费标记（杂费标记"1"表示杂费率,"3"表示杂费总价）,并按海关规定的《货币代码表》选择填报相应的币种代码。应计入完税价格的杂费填报为正值或正率,应从完税价格中扣除的杂费填报为负值或负率。免税品经营单位经营出口退税国产商品的,免予填报。

31. 随附单证及编号

根据海关规定的《监管证件代码表》和《随附单据代码表》，选择填报除第十六条规定的许可证件以外的其他进出口许可证件或监管证件、随附单据代码及编号。

本栏目分为随附单证代码和随附单证编号两栏，其中随附单证代码栏按海关规定的《监管证件代码表》和《随附单据代码表》选择填报相应证件代码；随附单证编号栏填报证件编号。

32. 标记唛码及备注

标记唛码及备注这一栏应填报标记唛码中除图形以外的文字和数字。如无标记唛码，则此栏目填写 N/M。

33. 项号

项号这一栏分两行填报。第一行填报报关单中的商品顺序编号；第二行填报备案序号，专用于加工贸易及保税、减免税等已备案、审批的货物，填报该项货物在《加工贸易手册》或《征免税证明》等备案、审批单证中的顺序编号。

34. 商品编号

商品编号这一栏应填报由 10 位数字组成的商品编号。前 8 位为《进出口税则》和《中华人民共和国海关统计商品目录》（以下简称《统计商品目录》）确定的编码；9、10 位为监管附加编号。

35. 商品名称及规格型号

商品名称及规格型号分两行填报。第一行填报进出口货物规范的中文商品名称；第二行填报规格型号。

36. 数量及单位

数量及单位应分三行填报。第一行按进出口货物的法定第一计量单位填报数量及单位，法定计量单位以《统计商品目录》中的计量单位为准。凡列明有法定第二计量单位的，在第二行按照法定第二计量单位填报数量及单位。无法定第二计量单位的，第二行为空。成交计量单位及数量填报在第三行。

37. 单价/总价/币值

单价填报同一项号下进出口货物实际成交的商品单位价格。总价填报同一项号下进出口货物实际成交的商品总价格。币制按海关规定的《货币代码表》选择相应的货币名称及代码填报。

38. 原产国（地区）

原产国（地区）这一栏按照海关规定的《国别（地区）代码表》选择相应的国家

（地区）名称及代码。

> **知识链接**
>
> **原产国（地区）填制要求**
>
> 原产国（地区）依据《中华人民共和国进出口货物原产地条例》《中华人民共和国海关关于执行〈非优惠原产地规则中实质性改变标准〉的规定》及海关总署关于各项优惠贸易协定原产地管理规章规定的原产地确定标准填报。同一批进出口货物的原产地不同的，分别填报原产国（地区）。进出口货物原产国（地区）无法确定的，填报"国别不详"。

39. 最终目的国（地区）

最终目的国（地区）这一栏按海关规定的《国别（地区）代码表》选择填报相应的国家（地区）名称及代码。

> **知识链接**
>
> **最终目的国（地区）填制要求**
>
> 最终目的国（地区）填报已知的进出口货物的最终实际消费、使用或进一步加工制造国家（地区）。
>
> 不经过第三国（地区）转运的直接运输货物，以运抵国（地区）为最终目的国（地区）；经过第三国（地区）转运的货物，以最后运往国（地区）为最终目的国（地区）。
>
> 同一批进出口货物的最终目的国（地区）不同的，分别填报最终目的国（地区）。进出口货物不能确定最终目的国（地区）时，以尽可能预知的最后运往国（地区）为最终目的国（地区）。

40. 境内目的地/境内货源地

境内目的地填报已知的进口货物在国内的消费地、使用地或最终运抵地，其中最终运抵地为最终使用单位所在的地区。最终使用单位难以确定的，填报货物进口时预知的最终收货单位所在地。

境内货源地填报出口货物在国内的产地或原始发货地。出口货物产地难以确定的，填报最早发运该出口货物的单位所在地。

按海关规定的《国内地区代码表》选择填报相应的国内地区名称及代码。

41. 征免

征免这一栏按照海关核发的《征免税证明》或有关政策规定，对报关单所列每项商品选择海关规定的《征减免税方式代码表》中相应的征减免税方式填报。《征减免税方式代码表》如表 6-10 所示。

表 6-10 《征减免税方式代码表》

征减免税方式代码	征减免税方式名称	征减免税方式代码	征减免税方式名称
1	照章征税	6	保证金
2	折半征税	7	保函
3	全免	8	折半补税
4	特案	9	全额退税
5	随征免性质		

42. 特殊关系确认

若买卖双方存在特殊关系，应填报"是"，反之填报"否"。出口货物免予填报，加工贸易及保税监管货物（内销保税货物除外）免予填报。

知识拓展 6-5

43. 价格影响确认

特殊关系未对成交价格产生影响，填报"否"，反之填报"是"。

44. 支付特许权使用费确认

知识拓展 6-6

根据《审价办法》第十一条和第十三条，填报确认买方是否存在向卖方或者有关方直接或者间接支付与进口货物有关的特许权使用费，且未包括在进口货物的实付、应付价格中。出口货物免予填报，加工贸易及保税监管货物（内销保税货物除外）免予填报。

45. 自报自缴

进出口企业、单位采用"自主申报、自行缴税"（自报自缴）模式向海关申报时，填报"是"；反之填报"否"。

46. 申报单位

自理报关的，填报进出口企业的名称及编码；委托代理报关的，填报报关企业名称及编码。编码填报 18 位法人和其他组织统一社会信用代码。

报关人员填报在海关备案的姓名、编码、电话，并加盖申报单位印章。

47. 海关批注及签章

供海关作业时签注。

二、填制报关单的一般要求

（1）报关单的填制必须真实，要做到两个相符：一是单证相符，即报关单与合同、批文、发票、装箱单等相符；二是单货相符，即报关单中所填报的内容与实际进出口货物情况相符。

（2）不同合同下的货物，不能填写在同一份报关单上；不同贸易方式的货物，不能填写在同一份报关单上向海关申报。

（3）一张报关单，如果有不同商品，应分别填报清楚，但一张报关单上最多不能超过五项不同海关统计商品编号的货物。

（4）报关单中填报的项目准确且齐全。

（5）电脑录入的报关单，其内容必须与原始报关单上的内容完全一致。

（6）向海关递交的报关单，如发现差错，必须立即填写报关单更正单，办理更正手续。

（7）对于海关放行后的出口货物，由于运输工具配载等原因，全部或部分未能装载上原申报的运输工具的，出口货物发货人应向海关递交《出口货物报关单更改申请》。

工作任务二　填制跨境电商零售进出口申报清单

学习目标

※【知识目标】

1. 理解跨境电商零售进出口业务的申报流程。
2. 知晓跨境电商零售进出口商品申报清单的填制规范。

※【技能目标】

1. 能够根据实际情况，填制跨境电商零售进出口商品申报清单。
2. 能够表述"中国国际贸易单一窗口"平台中跨境电商零售进出口的申报流程。

※【素质目标】

1. 增强学生遵纪守法的意识。
2. 培养学生严谨细致的工作态度。
3. 提升学生的道德素养和职业情操。

跨境电商通关基础

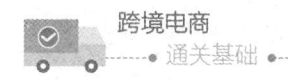

思维导图

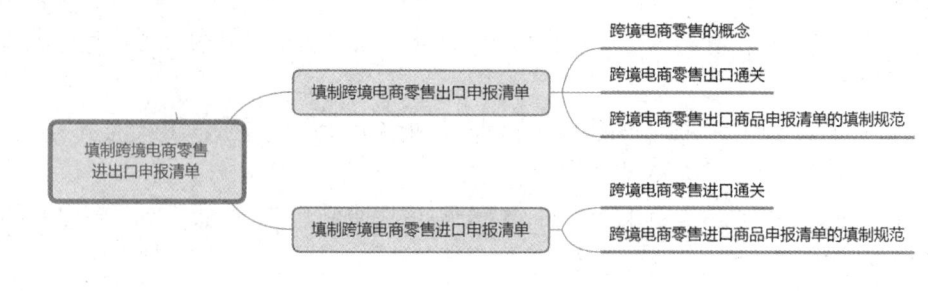

```
填制跨境电商零售进出口申报清单
├── 填制跨境电商零售出口申报清单
│   ├── 跨境电商零售的概念
│   ├── 跨境电商零售出口通关
│   └── 跨境电商零售出口商品申报清单的填制规范
└── 填制跨境电商零售进口申报清单
    ├── 跨境电商零售进口通关
    └── 跨境电商零售进口商品申报清单的填制规范
```

案例导入

青岛海关查获一起寄递渠道走私服装鞋帽案

近日,青岛海关侦办了一起通过邮寄渠道走私进口服装鞋帽案,查获低报价格走私进口服装鞋帽近万件,案值1000余万元。此前,青岛邮局海关在对一批申报为"衣服""鞋子"的进口邮包查验时发现,这些邮包每个申报价格只有200元左右,实际每个邮包内均有5～15件不等的国外某轻奢品牌的衣服、鞋子,单件价格在800元以上,申报价格和实际价值严重不符。

海关分析并监控发现,类似邮包在一个月内多次出现,且收件地址为同一地址。青岛邮局海关将低报价格走私进口服装线索移交海关缉私部门。

青岛海关缉私局机场分局接到线索后,经过分析研判,迅速锁定犯罪嫌疑人张某。经进一步调查取证,发现犯罪嫌疑人张某长期从国外购物网站下单购买商品,采取伪报贸易性质和低报价格方式,通过EMS直邮和重量计价包税方式走私服装鞋帽等货物入境,而后在国内网络店铺销售并牟利。核实发现,犯罪嫌疑人张某走私进口货物平均低报价格幅度达90%。

(案例来源:《大众日报》,有改动)

工作子任务 2-1 填制跨境电商零售出口申报清单

任务描述

王一川在新闻报道中看到了青岛海关查获的走私服装鞋帽案,他意识到了对于一名跨境电商工作人员来说,如实向海关申报零售进出口商品信息、正确填制零售进出口申报清单的重要性,也意识到走私这种非法贸易行为会破坏正常的市场经济,给社会带来危害。与此同时,他工作的公司正好接到了国外客户的零售订单,于是王一川认真查阅了相关资料,认真学习了跨境电子商务零售出口商品申报清单的填制规范,欲对公司最新接到的零售订单进行出口申报。大家一起帮帮他吧!

知识准备

一、跨境电商零售的概念

跨境电商零售，是指出口企业通过互联网向境外零售商品，先出口到境外，再以邮寄、快递等方式送达消费者手中，或跨境直接以邮寄、快递等方式送达消费者手中的经营行为，即跨境电商企业对消费者出口。

二、跨境电商零售出口通关

跨境电商零售商品出口时，跨境电商企业或其代理人应提交《申报清单》，采取"清单核放、汇总申报"方式办理报关手续；跨境电商综试区内符合条件的跨境电商零售商品出口，可采取"清单核放、汇总统计"方式办理报关手续。《申报清单》与《中华人民共和国海关进（出）口货物报关单》具有同等法律效力。按照上述要求传输、提交的电子信息应施加电子签名。

知识拓展 6-7

跨境电商零售进出口商品申报时，跨境电商平台企业或跨境电商企业境内代理人应通过"中国国际贸易单一窗口"平台向海关传输有关的交易、支付等相关的电子信息，并对数据的真实性承担相应的法律责任。

三、跨境电商零售出口商品申报清单的填制规范

我国海关对出口《申报清单》的填制有相应的要求，跨境电商零售出口商品申报清单填制说明如表 6-11 所示。

表 6-11 跨境电商零售出口商品申报清单填制说明

序号	中文名称	必填项	说明
清 单 表 头			
1	申报海关代码	否	办理通关手续的 4 位海关代码 JGS/T 18《海关关区代码》
2	申报日期	是	申报时间以海关审批反馈时间为准 格式：YYYYMMDDhhmmss
3	预录入编号	否	电子口岸生成标识清单的编号（B+8 位年月日+9 位流水号）
4	订单编号	是	电商平台的原始订单编号
5	电商平台代码	是	电商平台的海关注册（备案）登记编码
6	电商平台名称	是	电商平台的海关注册（备案）登记名称
7	物流运单编号	是	物流企业的运单包裹面单号

续表

序号	中文名称	必填项	说明
清 单 表 头			
8	物流企业代码	是	物流企业的海关注册登记（备案）编码（18位）
9	物流企业名称	是	物流企业的海关注册登记（备案）名称
10	清单编号	否	海关审结生成标识清单的编号（4位关区+4位年+1位进出口标记+9位流水号）
11	进出口标记	是	I-进口，E-出口
12	出口口岸代码	否	商品实际出口我国关境口岸海关的关区代码 JGS/T18《海关关区代码》
13	出口日期	是	时间格式：YYYYMMDD
14	生产销售单位代码	是	出口发货人填写海关企业代码
15	生产销售单位名称	是	实际发货人的企业名称
16	收发货人代码	是	一般指电商企业的海关注册登记代码
17	收发货人名称	是	一般指电商企业的海关注册登记名称
18	报关企业代码	是	申报单位的海关注册登记代码（18位）
19	报关企业名称	是	申报单位的海关注册登记名称
20	区内企业代码	否	针对保税出口模式，区内仓储企业代码，用于一线出区核减账册
21	区内企业名称	否	针对保税出口模式，区内仓储企业名称
22	贸易方式	是	默认为9610，可以为1210保税模式，支持多种跨境贸易方式
23	运输方式	是	海关标准的参数代码《JGS-20海关业务代码集》- 运输方式代码
24	运输工具名称	否	进出境运输工具的名称或运输工具编号。填报内容应与运输部门向海关申报的载货清单所列相应内容一致；同报关单填制规范
25	航班航次号	否	进出境运输工具的航次编号
26	提（运）单号	否	提单或总运单的编号
27	总包号	否	物流企业对于一个提运单下含有多个大包的托盘编号（邮件为邮袋号）
28	监管场所代码	否	针对同一申报地海关下有多个跨境电子商务的监管场所，需要填写区分
29	许可证号	否	商务主管部门及其授权发证机关签发的进出口货物许可证的编号
30	运抵国（地区）	是	出口货物直接运抵的国家（地区），《JGS-20 海关业务代码集》国家（地区）代码表填写代码
31	指运港代码	是	出口运往境外的最终目的港的标识代码。最终目的港不可预知时，应尽可能按预知的目的港填报
32	运费	是	物流企业实际收取的运输费用
33	运费币制	是	海关标准的参数代码《JGS-20海关业务代码集》-货币代码
34	运费标志	是	1-率，2-单价，3-总价

续表

序号	中文名称	必填项	说明
清单表头			
35	保费	是	物流企业实际收取的商品保价费用
36	保费币制	是	海关标准的参数代码《JGS-20 海关业务代码集》-货币代码
37	保费标志	是	1-率，2-单价，3-总价
38	包装种类代码	是	海关对进出口货物实际采用的外部包装方式的标识代码，采用1位数字表示，如：木箱、纸箱、桶装、散装、托盘、包、油罐车等
39	件数	是	件数（包裹数量）
40	毛重（公斤）	是	商品及其包装材料的重量之和，计量单位为千克
41	净重（公斤）	是	商品的毛重减去外包装材料后的重量，即商品本身的实际重量，计量单位为千克
42	备注	否	
清单表体			
43	商品项号	是	从 1 开始连续序号，与订单序号保持一致
44	企业商品编号	否	企业内部对商品唯一编号
45	海关商品编码	是	海关对进出口商品规定的类别标识代码，采用海关综合分类表的标准分类，总长度为 10 位数字代码，前 8 位由国务院关税税则委员会确定，后 2 位由海关根据代征税、暂定税率和贸易管制的需要增设的
46	商品名称	是	同一类商品的名称。任何一种具体商品可以并只能归入表中的一个条目
47	规格型号	是	满足海关归类、审价以及监管的要求为准。包括品名、牌名、规格、型号、成分、含量、等级等
48	条形码	是	商品条形码一般由前缀部分、制造厂商代码、商品代码和校验码组成。没有条形码填"无"
49	最终目的国（地区）代码	是	海关标准的参数代码《JGS-20 海关业务代码集》 国家（地区）代码表填写代码
50	币制	是	海关标准的参数代码《JGS-20 海关业务代码集》-货币代码
51	申报数量	是	
52	法定数量	是	
53	第二数量	否	
54	申报计量单位	是	海关标准的参数代码《JGS-20 海关业务代码集》- 计量单位代码
55	法定计量单位	是	海关标准的参数代码《JGS-20 海关业务代码集》- 计量单位代码
56	第二计量单位	否	海关标准的参数代码《JGS-20 海关业务代码集》- 计量单位代码
57	单价	是	成交单价
58	总价	是	总价=成交数量×单价

工作子任务 2-2　填制跨境电商零售进口申报清单

任务描述

王一川浏览某电商平台上的公司店铺后台时，看到了一些国内消费者下的订单。查看了具体的订单信息后，王一川发现公司库存不足，需要尽快从国外进口一些商品，以补充库存，他立即向国外的卖家发出了订单。随后，他继续认真学习了跨境电子商务零售进口商品申报清单的填制规范，着手对这批货物进行进口申报。大家一起来帮帮他吧！

知识拓展 6-8

知识准备

一、跨境电商零售进口通关

跨境电商零售商品进口时，跨境电商企业境内代理人或其委托的报关企业应提交《申报清单》，采取"清单核放"的方式办理报关手续。《申报清单》《中华人民共和国海关进（出）口货物报关单》具有同等的法律效力。按照上述要求传输、提交的电子信息应施加电子签名。

知识拓展 6-9　　知识拓展 6-10

二、跨境电商零售进口商品申报清单的填制规范

我国海关对进口申报清单的填制有相应的要求，跨境电商零售进口商品申报清单填制说明如表 6-12 所示。

表 6-12　跨境电商零售进口商品申报清单填制说明

序号	中文名称	必填项	说明
清单表头			
1	预录入编号	否	电子口岸的清单编号（B+8 位年月日+9 位流水号）
2	订单编号	是	电商平台的原始订单编号
3	电商平台代码	是	电商平台识别标识
4	电商平台名称	是	电商平台名称
5	电商企业代码	是	电商企业的海关注册登记（备案）编码（18 位）
6	电商企业名称	是	电商企业的海关注册登记（备案）名称
7	物流运单编号	是	物流企业的运单包裹面单号

续表

序号	中文名称	必填项	说明
清 单 表 头			
8	物流企业代码	是	物流企业的海关注册登记（备案）编码（18位）
9	物流企业名称	是	物流企业的海关注册登记（备案）名称
10	担保企业编号	否	须与清单有关企业一致（电商企业或平台，申报企业）
11	账册编号	否	保税模式填写具体账号，用于保税进口业务在特殊区域辅助系统记账（二线出区核减）
12	清单编号	否	海关审结的清单编号（4位关区+4位年+1位进出口标记+9位流水号）
13	进出口标记	是	I-进口，E-出口
14	申报日期	是	申报时间以海关入库反馈时间为准，格式：YYYYMMDD
15	申报地海关代码	是	
16	进口口岸代码	是	商品实际出我国关境口岸海关的关区代码，JGS/T 18《海关关区代码》
17	进口日期	是	时间格式：YYYYMMDD
18	订购人证件类型	是	1-身份证；2-其他
19	订购人证件号码	是	海关监控对象的身份证号
20	订购人姓名	是	海关监控对象的姓名，要求个人实名认证
21	订购人电话	是	海关监管对象的电话，要求实际联系电话
22	收件人地址	是	收件人的地址，实际为运单收货人地址，不一定为个人实名认证的订购人住址
23	申报企业代码	是	申报单位的海关注册登记代码（18位）
24	申报企业名称	是	申报单位的海关注册登记名称
25	区内企业代码	否	网购保税模式必填，用于区内企业核扣账册
26	区内企业名称	否	网购保税模式必填，用于区内企业核扣账册
27	监管方式	是	默认为1210/9610区分保税或一般模式
28	运输方式	是	海关标准的参数代码《JGS-20 海关业务代码集》中运输方式代码。直购指跨境段物流运输方式。网购保税按二线出区
29	运输工具编号	否	直购进口必填。进出境运输工具的名称或运输工具编号填报内容应与运输部门向海关申报的载货清单所列相应内容一致；同报关单填制规范
30	航班航次号	否	直购进口必填。进出境运输工具的航次编号
31	提运单号	否	直购进口必填。提单或运单的编号，直购必填
32	监管场所代码	否	针对同一申报地海关下有多个跨境电子商务的监管场所，需要填写区分；海关特殊监管区域或保税物流中心（B型）不需要填报
33	许可证号	否	商务主管部门及其授权发证机关签发的进出口货物许可证的编号
34	启运国（地区）	是	直购模式填写
35	运费	是	物流企业实际收取的运输费用
36	保费	是	物流企业实际收取的商品保价费用

续表

序号	中文名称	必填项	说明
清单表头			
37	币制	是	人民币（代码：142）
38	包装种类代码	否	海关对进出口货物实际采用的外部包装方式的标识代码，采用 1 位数字表示，如木箱、纸箱、桶装、散装、托盘、包、油罐车等
39	件数	是	件数（包裹数量）
40	毛重（公斤）	是	商品及其包装材料的重量之和，计量单位为千克
41	净重（公斤）	是	商品的毛重减去外包装材料后的重量，即商品本身的实际重量，计量单位为千克
42	备注	否	
清单表体			
43	序号	是	从 1 开始连续序号（一一对应关联电子订单）
44	账册备案料号	否	1210 保税进口二线出区业务（必填），支持保税模式的账册核扣
45	企业商品货号	否	电商平台自定义的商品货号（SKU）
46	企业商品品名	否	电商平台的商品品名
47	商品编码	是	海关对进出口货物规定的类别标识代码，采用海关综合分类表的标准分类，总长度为 10 位数字代码，前 8 位由国务院关税税则委员会确定，后 2 位由海关根据代征税、暂定税率和贸易管制的需要增设的
48	商品名称	是	中文名称，同一类商品的名称。任何一种具体商品可以并只能归入表中的一个条目
49	商品规格型号	是	满足海关归类、审价以及监管的要求为准。包括：品名、牌名、规格、型号、成分、含量、等级等
50	条码	否	商品条形码一般由前缀部分、制造厂商代码、商品代码和校验码组成。没有条形码填"无"
51	原产国（地区）	是	海关标准的参数代码《JGS-20 海关业务代码集》 国家（地区）代码表填写代码
52	币制	是	人民币（代码：142）
53	数量	是	
54	法定数量	是	
55	第二数量	否	
56	计量单位	是	海关标准的参数代码《JGS-20 海关业务代码集》-计量单位代码
57	法定计量单位	是	海关标准的参数代码《JGS-20 海关业务代码集》-计量单位代码
58	第二计量单位	否	海关标准的参数代码《JGS-20 海关业务代码集》-计量单位代码
59	单价	是	成交单价
60	总价	是	
61	备注	否	

工作任务三 填制报关相关单据

学习目标

※【知识目标】

1. 了解代理报关委托书、商业发票、装箱单和海运提单的作用。
2. 知晓代理报关委托书、商业发票、装箱单和海运提单的填制规范。

※【技能目标】

1. 能够收集、整理并分类报关相关单据。
2. 能够规范地填制代理报关委托书、商业发票、装箱单和海运提单。

※【素质目标】

1. 激发自主学习的能力。
2. 培养学生树立认真、严谨和专注的学习态度。
3. 树立规范意识,培养诚实守信的品质。

思维导图

```
                    ┌─ 了解报关相关单据 ─┬─ 报关相关单据的分类
                    │                   ├─ 填制报关相关单据的注意事项
                    │                   └─ 跨境出口流程中的单据准备
                    │
                    ├─ 代理报关相关  ─┬─《代理报关委托书》和《委托报关协议》的概念
                    │   单据的填制规范 └─《代理报关委托书》和《委托报关协议》的填制规范
填制报关相关单据 ─┤
                    ├─ 商业发票的填制规范 ─┬─ 商业发票的概念
                    │                    └─ 商业发票的填制规范
                    │
                    ├─ 装箱单的填制规范 ─┬─ 装箱单的概念
                    │                  └─ 装箱单的填制规范
                    │
                    └─ 海运提单的填制规范 ─┬─ 海运提单的概念
                                        └─ 海运提单的填制规范
```

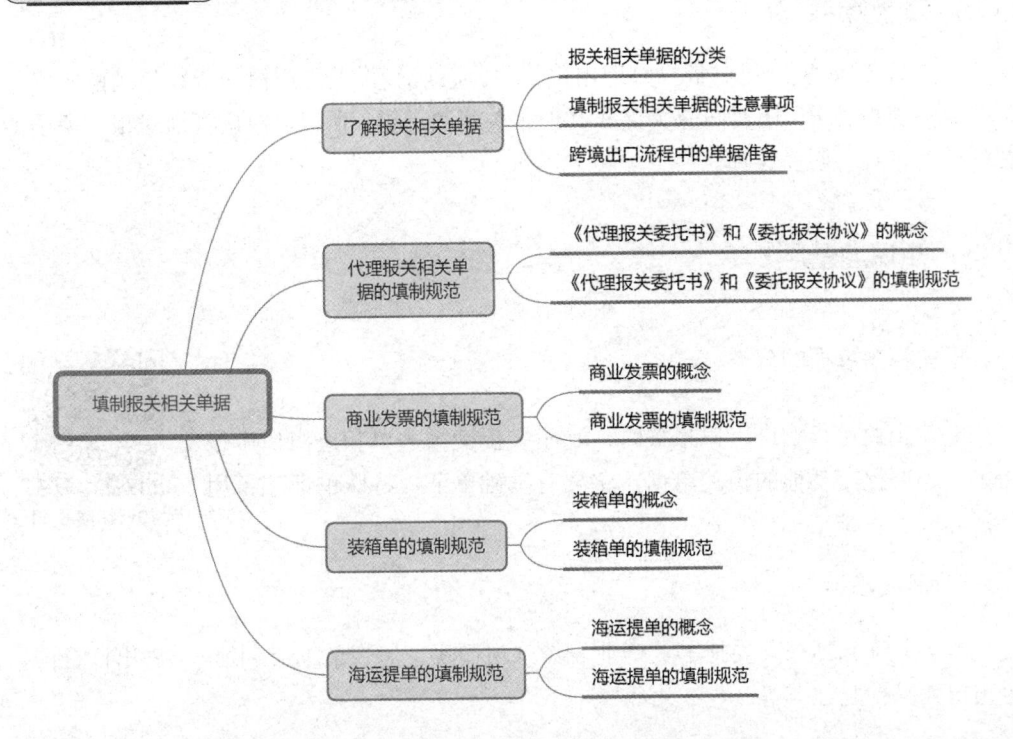

案例导入

快邮件"数字清关"助力"双十一"电商大促

一年一度的"双十一"电商大促拉开帷幕，在深圳邮政国际运营中心，数条智能分拣线满负荷运作，理货、分拣、过机……工作人员正紧张忙碌着，仓库门口，一辆辆装载着货物的快递运输车辆整装待发。一个个"海淘"包裹经海关验放后，"马不停蹄"地奔赴千家万户。

为了加快进口清关时效，深圳海关大力推广"数字清关"，系统采集消费订单、支付、物流等原始数据，实现从下单到报关的全链路数字化，不仅可以实现商品合规申报、高效清关、严密监管，还可以满足国内消费者个性化需求。

为了更好地给予企业针对性指导，深圳海关对跨境电商企业进行广泛调研，开展10余场跨境电商线上政策"云宣讲"，覆盖150余家大型跨境电商企业、物流企业和报关公司，实行网格员联系沟通制度，专人专岗对接企业，为企业纾难解困。

（案例来源：海关总署网站）

工作子任务3-1　了解报关相关单据

任务描述

货物备齐后，王一川对货物办理出口报关。通过学习，王一川得知货物报关的时候，除了要提交报关单，还要向海关提交其他报关相关单据。所以，他认真地对报关所需的其他单据进行了归类整理。

知识准备

一、报关相关单据的分类

电商企业在货物进出口报关时，除了要提交报关单和进出口申报清单，还要提交其他的相关单据，主要有基础单证、特殊单证和备用单证。

知识拓展6-11

1. 基础单证

基础单证包括报关委托书、商业发票（电商卖家签发的）、装箱单、进出口合同、进出口商品检验证书等。

2. 特殊单证

特殊单证一般是指征免税证明、进出口许可证、担保文件、国家商务主管部门签发的批准文件、加工贸易手册等。

3. 备用单证

增值税发票、商标注册证明书、商标使用授权书及海关监管所要求的其他单证都属于备用单证。

其中,进出口贸易合同,进出口电商卖家有关证明文件、批准文件等应该提前准备。

二、填制报关相关单据的注意事项

1. 单据的内容完整

企业在报关时所提交的各类单据的内容必须完整齐全。例如,商业发票中需要显示的项目有发票号、合同号、发票日期、买卖双方的公司名称地址、装运港、目的港、唛头、商品品名、数量、单价、总价等内容,且各项目间的内容必须相互符合;而在装箱单中,则不需要显示商品的单价和总价,但其余各项内容与发票要保持一致。此外,还有包装的件数、毛重、净重、体积(尺码),在正本单据上不允许做涂改。

2. 各类单据之间的内容相符

企业提交的各类报关单据之间的内容要相互符合,特别是在信用证支付方式下,必须要做到单单一致,单证一致。若各类单据之间有不相符之处,不仅会延误报关进程,还会直接影响出口企业的收汇。

3. 单据及时提交

企业在办理报关时,应尽早提交相关的报关单据。若需要代理报关,则应尽早把相关单据寄交给代理报关单位,以便其有充足的时间整理审核。具体的截单日期一般是由代理报关单位设定,进出口企业要在规定的日期之前把单据提交给代理报关单位,以便其及时办理报关手续。

4. 填制报关单

填制报关单时,根据报关单的格式,由报关员在"中国国际贸易单一窗口"平台录入相关内容,通过海关 EDI 系统传输。数据要准确,并且与其他各类相关单据严格相符,否则会直接影响报关的速度。

三、跨境出口流程中的单据准备

跨境出口流程复杂而烦琐,需要跨境电商企业处理。具体的流程可拆分成五步,分别是事前备案、准备单证和文件、查验单证和货物、缴纳关税、货物放行,而在每个具体流程中单据都起到了关键作用。

1. 事前备案

对于申报，业务员首先要做的是准备好申报单证，即报关单和报关相关单据。报关相关单据包括商业发票、装箱单、装货单、出口许可证、原产地证明、商检证明、进出口货物征免税证明等。

2. 准备单证和文件

一般跨境电商进出口货物报关时，只需要填制报关单和基本随附单证即可。

3. 查验单证和货物

海关在接受报关单位申报以后，海关依法核对和查验进出口货物，以确定货物相关情况和报关单上的内容是否一致。业务员或者报关员应当在场协助查验人员工作，随时答复海关人员的疑问，提供海关要求的相关单证，配合查验。

4. 缴纳关税

查验完成后，报关员要依据提交的各类单证，对海关规定某些需要缴纳关税的进出口货物缴纳关税。申报的数据要和单据上填制的数据一致，以确保顺利通关。

5. 货物放行

办结进出口货物海关手续就是结关，结关之后，海关就不再对货物进行监管。在这个环节中，海关会再次审核报关单和随附单据是不是齐全、准确、有效。查验无误，海关会在相关证件上加盖放行章。业务员拿着盖有海关放行章的出口装货凭证，向海关申请签发证明联，常见的海关签发证明如图 6-1 所示。

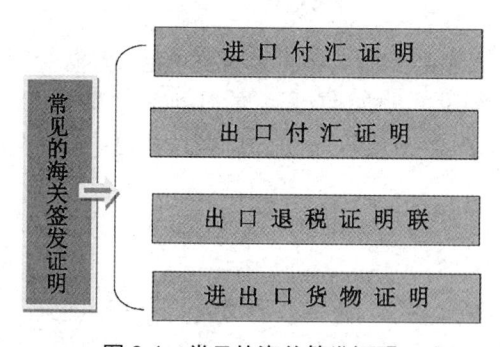

图 6-1 常见的海关签发证明

常见的海关签发证明：
- 进口付汇证明
- 出口付汇证明
- 出口退税证明联
- 进出口货物证明

在结关放行这个阶段，业务员要格外注意单据的准备，在货物装船完毕出运后，业务员应该按照不同的结汇方式，准备好相关的账单、提单，力求按时按量收回货款。

工作子任务 3-2　代理报关相关单据的填制规范

任务描述

王一川制作好商业发票和装箱单之后，准备办理货物的出口报关。百联进出口有限公司委托阳光跨境电商服务有限公司进行代理报关。同事告诉王一川有些代理公司会采取一些不良的报关填制手段，王一川想了解什么是代理报关，那么如何正确填制《代理报关委托书》和《委托报关协议》呢？如何避免违法报关？我们一起帮帮他吧！

知识准备

一、《代理报关委托书》和《委托报关协议》的概念

《代理报关委托书》是进出口货物收发货人根据《海关法》和相关法律法规要求提交报关企业的具有法律效力的授权证明，是由进出口货物收发货人认真填写，并加盖单位行政公章和法定代表人或被授权人签字。

《委托报关协议》是进出口货物收发货人（或单位）与报关企业按照《海关法》的要求签署的明确具体委托报关事项和双方责任的具有法律效力的文件，分正文表格和通用条款两大部分。

二、《代理报关委托书》和《委托报关协议》的填制规范

知识链接

《代理报关委托书》和《委托报关协议》的一般填制要求

（1）规范统一的《代理报关委托书》《委托报关协议》纸质格式，是将两个独立的文件印制在一张 A4 无碳复写纸上，一式三联，由中国报关协会监制。

（2）双方经办人员应在开始委托报关操作前认真填写格式化《代理报关委托书/委托报关协议》，并按照格式提示签字、加盖章后生效。

（3）其中《委托报关协议》正文表格分必填项、补填项。没有标记的各项为必填项，应在签署前填写；标明"*"的各项为补填项，应在本文本作为报关单随附单证递交海关前填写。

（4）填写《代理报关委托书/委托报关协议》应使用签字笔，字迹工整。涂改处盖章后才能有效。

《代理报关委托书》如下。

代理报关委托书

编号：（1）

____（2）____：

我单位现 ____（3）（A 逐票 B 长期）____ 委托贵公司代理 ____（4）____ 等通过事宜（A、填单申报 B、申请、联系和配合实施检验检疫 C、辅助查验 D、代缴税款 E、设立手册（账册）F、核销手册（账册）G、领取海关相关单证 H、其他），详见《委托报关协议》。

我单位保证遵守海关有关法律、法规、规章，保证所提供的情况真实、完整，单货相符，无侵犯他人知识产权的行为。否则，愿承担相关法律责任。

本委托书有效期自签字之日起至 ____（5）____ 年__月__日止。

委托方（盖章）：（6）

法定代表人或其授权签署《代理报关委托书》的人（签字）

年　　月　　日

《委托报关协议》如下。

委托报关协议

为明确委托报关具体事项和各自责任，双方经平等协商签订协议如下。

委托方	（7）	被委托方	（19）	
主要货物名称	（8）	报关单编码	No.（20）	
HS 编码	（9）	收到单证日期	（21）年　月　日	
进/出口日期	（10）	收到单证情况（22）	合同□	发票□
提（运）单号	（11）		装箱清单□	提（运）单□
贸易方式	（12）		加工贸易手册□	许可证件□
数（重）量	（13）		其他	
包装情况	（14）			
原产地/货源地	（15）	报关收费	人民币：（23）　元	
其他要求：（16）		承诺说明：（24）		
背面所列通用条款是本协议不可分割的一部分，对本协议的签署构成了对背面通用条款的同意。		背面所列通用条款是本协议不可分割的一部分，对本协议的签署构成了对背面通用条款的同意。		
委托方签章：（17）		被委托方签章：（25）		
经办人签名：（18）		报关人员签名：（26）		
联系电话：　　　　年　月　日		联系电话：　　　　年　月　日		

（白联：海关留存，黄联：被委托方留存，红联：委托方留存）

《代理报关委托书》《委托报关协议》的填制要素如下。

（1）代理报关委托书编号：编号事先已印制。

根据《中华人民共和国海关进出口货物申报管理规定》要求，《代理报关委托书/委托报关协议》作为代理报关时报关单的必备随附单证使用。其编号为11位阿拉伯数字，是代理报关业务的流水号。

（2）委托对象：由委托方在"＿＿＿＿＿"中填写受理该业务的报关公司或国际货运代理公司名称。

（3）委托方式：由委托方根据本公司业务情况选择逐票委托或长期委托，在空白处填写A或B。

（4）委托内容：由委托方根据业务在A，B，C，D，E，F，G，H中选择委托代理报关项目，并在空白处注明。

（5）委托书有效期：由委托方根据逐票或长期的委托方式确定，留足报关所需时间。有效期一过委托书自动失效。

（6）委托方（盖章）：加盖委托方公司公章和法人章，由法定代表人或其授权签署《代理报关委托书》的人签字，并注明日期。

（7）委托方：由委托方填写经营单位的名称，一般为出口商。

（8）主要货物名称：由委托方填写该票货物的中文名称，应与报关单列明的中文品名一致。如有多个商品项目，应填写价值最高的商品名称。

（9）HS编码：由委托方按照海关规定的商品分类编码规则填写该出口货物的商品编码。

委托方是关税的纳税义务人，应承担HS编码的填写责任。但因被委托方业务熟悉，故也可在"其他要求"一栏中委托被委托方帮助填写。HS编码可以通过查询海关HS编码查询系统查询。

（10）进/出口日期：由委托方填写该票货物的进/出口日期。

（11）提（运）单号：由委托方填写该票货物的提单编号，即配舱回单的编号，并与报关单内容一致。

（12）贸易方式：由委托方根据实际情况填写相应的贸易方式，通常为一般贸易，并与报关单一致。

（13）数（重）量：由委托方根据实际情况填写相应的数（重）量。

（14）包装情况：由委托方根据实际情况填写相应的包装情况。

（15）原产地/货源地：由委托方填写该票货物的实际生产地名称。

（16）其他要求：委托方如对代理业务有其他要求，可在此注明。

委托方"其他要求"一栏，是对被委托方服务内容的具体要求和《代理报关委托书》中C，D，E，F项委托事项的进一步描述。被委托方"服务承诺"一栏，是被委托方能否满足委托方"其他要求"的承诺。

（17）委托方签章：由委托方在此栏目盖本公司公章和法人章。

（18）经办人签名：由委托方的具体经办人在此签章。

（19）被委托方：由被委托方填写受理该业务的报关公司或国际货运代理公司的名称。

（20）报关单编码：此栏目留空。

（21）收到单证日期：由被委托方填写具体收到单证的日期。

（22）收到单证情况：由被委托方根据收到单证的名称，在其前面的"□"内打"√"。

（23）报关收费：由被委托方按约定的费用填写。

（24）承诺说明：由被委托方在此栏目填写保证文句。

（25）被委托方签章：由被委托方在此栏目盖本公司公章和法人章。

（26）报关人员签名：由被委托方的报关员在此栏目签章。

工作子任务 3-3　商业发票的填制规范

任务描述

王一川对报关所需的其他相关单据进行分类整理后，得知一般的跨境电商进出口货物报关时，需要填制基本单证，如报关委托书、发票、装箱单、提单等。所以他进一步收集了与货物相关的具体信息，并着手准备商业发票的填制。请大家和他一起动手填一填。

知识准备

一、商业发票的概念

商业发票（Commercial Invoice）是卖方开立的载有货物名称、数量、价格等内容的清单，作为买卖双方交接货物和结算货款的主要单证，是进出口报关交税的依据，也是买卖双方索赔、理赔的重要依据。商业发票是商业单据中的核心单据。

在国际贸易中，除了商业发票被广泛使用，海关发票、领事发票、形式发票和厂商发票也被广泛使用。

二、商业发票的填制规范

商业发票的格式与内容国际上并无统一的规定，出口公司可根据自身需要制作合适的商业发票。商业发票样单如表 6-13 所示。

知识拓展 6-12

表 6-13 商业发票样单

COMMERCIAL INVOICE

1. 出口商 Exporter （1）	4. 发票日期和发票号码 Invoice Date and No. （4）	
:::	5. 合同号 Contract No. （5）	6. 信用证号 L/C No. （6）
2. 进口商 Importer （2）	7. 原产地国 Country / region of origin （7）	
3. 运输事项 Transport details （3）	8. 付款条款 Terms of payment （8）	

9. 运输标志 Shipping marks	10. 商品描述 Commodity description	11. 数量 Quantity	12. 单价 Unit price	13. 金额 Amount
（9）	（10）	（11）	（12）	（13）

14. 总值（用数字和文字表示）Total amount （in figure and word） （14）				
	15. 出口商签章 Exporter stamp and signature （15）			

商业发票的主要内容及其填制方法如下。

（1）出口商（Exporter）：此栏填写合同中卖方的公司名称、地址；在 B2B 方式项下，若付款采用信用证支付方式，则此栏填写信用证中的受益人。

（2）进口商（Importer）：是发票的抬头，此栏填写合同中买方的公司名称、地址；在 B2B 方式项下，若付款采用信用证支付方式，则此栏填写信用证中的开证申请人。

（3）运输事项（Transport details）：填写实际的运输信息，包括装运港（地）、目的港（地）和使用的运输方式等。如中途转运，必须把转运港的名称标示出来。

> **知识链接**

一般来说，在填写运输事项时，用介词"from…to…"连接。装运港（地）前可用介词 from，目的港（地）前可用介词 to，运输方式前可用介词 by。若运输途中有转运，则转运港前用介词"via"；或者也可以表示为"with transshipment（W/T）at 加上某个具体的转运港"。如具体运输细节为：用海运方式，从上海港到伦敦港，中途经过新加坡转运，则可表示为：FROM SHANGHAI TO LONDON VIA SINGAPORE BY SEA，或者 FROM SHANGHAI TO LONDON W/T AT SINGAPORE BY SEA。

（4）发票日期和发票号码（Invoice Date and No.）：商业发票的实际签发日期以及商业发票的号码。商业发票的日期一般晚于合同和信用证的签发日期，发票号码一般由出口公司自行编制。

（5）合同号（Contract No.）：按实际的买卖合同号码填写。

（6）信用证号（L/C No.）：若此笔交易采用信用证付款方式支付货款，则此栏填写信用证号码；否则，空白此栏。

（7）原产地国（Country / region of origin）：填写货物实际的原产地。

（8）付款条款（Terms of payment）：按照实际的支付方式填写，若使用信用证，则写 BY L/C。

（9）运输标志（Shipping marks）：又称为"唛头"，一般由卖方自行设计。但是若合同或者信用证里规定了唛头，则严格按照规定。若无唛头，填写 N/M。

> **知识链接**

运输标志它通常是由一个简单的几何图形和一些英文字母、数字及简单的文字组成，其作用在于使货物在装卸、运输、保管过程中容易被有关人员识别，以防错发错运。

联合国欧洲经济委员会制定了一项运输标志并向各国推荐使用。该运输标志包括以下内容：

① 收货人或买方名称的英文缩写字母或简称。
② 参考号，如运单号、订单号或发票号。
③ 目的地。
④ 件号。

为某种需要而须在运输包装上刷写的其他内容，如许可证号等，则不作为运输标志必要的组成部分。

（10）商品描述（Commodity description）：按照合同规定详细填写货物的具体名称和规格，若采用信用证支付方式，则此栏目的填写必须与信用证中的货物描述完全一致。

（11）数量（Quantity）：按照合同或信用证的规定填写具体的数量或者重量，且必须标明数量单位，如 PIECE、SET、PAIR、KG 等。

（12）单价（Unit price）：完整的单价包括计量单位、单位价格金额、计价货币和贸易术语。若有两种及以上的货物，要对应不同货物标明相应的单价，且需保留两位小数。

（13）金额（Amount）：填写该批货物的总金额，保留两位小数，若采用信用证支付，发票总额不能超过信用证总金额。

（14）总值（Total amount）：此栏目填写大写的总金额，一般都以"SAY"提示开始，货币名称写在数额前面，大写金额最后以"ONLY"结尾。例如，USD20000.00 的大写金额可描述为 SAY U.S. DOLLARS TWENTY THOUSAND ONLY。

（15）出口商签章（Exporter stamp and signature）：在发票的右下角打上出口公司的英文名称，由负责人签名或盖章。

（16）特殊条款（Special conditions）：若合同或者信用证中对发票的填制有一些特殊要求，如要求注明特定的号码，加注各种费用，加注证明文句等，可以在商品描述栏目中的空白处进行说明。

工作子任务 3-4　装箱单的填制规范

任务描述

王一川认真填制完商业发票后，开始着手准备填制商业发票的补充单据——装箱单，我们一起来帮他完成吧！

知识准备

一、装箱单的概念

装箱单（Packing List）又称包装单，是商业发票的补充单据。其重点在于说明每件商品包装的详细情况，标明货物名称、规格、数量、唛头、箱号、件数和重量及包装情况。它列明了信用证（或合同）中买卖双方约定的有关包装事宜的细节，便于国外买方在货物到达目的港时供海关检查和核对货物。

对于不同特性的货物，进口商可能对某一方面或某几方面（如包装方式、重量、体积、尺码）比较关注，因此希望出口商重点提供某一方面的包装单据。着重表示货物包装情况的称为装箱单，而着重说明重量情况的则称为重量单（Weight List），着重商品体积描述的则称为尺码单（Measurement List），它们的制作方法与主要内容基本一致。

> **知识链接**

重量单（Weight List/Weight Note）上反映的内容除了装箱单上的内容，还要尽量清楚地标明商品每箱毛、净重的情况，供买方安排运输、存仓时参考。

尺码单（Measurement List）是一种着重说明货物每件的尺码和总尺码的包装单据。它是在装箱单的基础上重点说明每件、每种规格项目的尺码和总尺码，若包装内不是统一尺码的货物，则逐一加以说明。

除了上述以外，其他还有花色搭配单（Assortment List）、包装说明（Packing Specification）、详细装箱单（Detailed Packing List）、包装提要（Packing Summary）、重量证书（Weight Certificate/Certificate of Weight）、磅码单（Weight Memo）等。

二、装箱单的填制规范

装箱单与商业发票一样，国内国外都无统一固定的格式。装箱单样单如表 6-14 所示。

装箱单的主要内容和填制方法如下。

（1）出口商（Exporter）：此栏填写合同中卖方的公司名称、地址；在 B2B 方式项下，若付款采用信用证支付方式，则此栏填写信用证中的受益人。

（2）进口商（Importer）：此栏填写合同中买方的公司名称、地址；在 B2B 方式项下，若付款采用信用证支付方式，则此栏填写信用证中的开证申请人。

（3）装箱单日期（Packing list date）：此栏应填写装箱单填制日期，在实际缮制装箱单时，装箱单日期与商业发票日期保持一致。

（4）合同号（Contract No.）：按实际的买卖合同号码填写。

（5）信用证号（L/C No.）：若此笔交易采用信用证付款方式支付货款，则此栏填写信用证号码；否则，空白此栏。

（6）发票日期和发票号码（Invoice Date and No.）：此栏目填写商业发票的签发日期及商业发票的号码。

（7）运输标志（Shipping marks）：此栏目填写唛头，严格按照合同或者信用证的规定填写，并与发票、提单保持一致。若无唛头，则填写 N/M。

（8）包装类型及件数；商品描述（Number and kind of packages；Commodity description）：填写货物及包装的详细资料，包括货物名称、规格、数量和包装说明等内容。涉及一票货物多个品种的，分别填写品名、包装情况及包装数量。

（9）毛重（Gross weight）：此栏目应填写货物包括包装材料在内的实际重量，在实际填写过程中，一般用千克作为计量单位，且需要保留两位小数。

（10）净重（Net weight）：此栏目填写货物的实际净重，在实际填写过程中，一般用千克作为计量单位，且需要保留两位小数。

（11）体积（Cube）：此栏目填写货物的外包装体积，与海运提单上的体积保持一致。体积通常采用立方米（M^3）作为计量单位，且需要保留三位小数。

表 6-14　装箱单样单

PACKING LIST

1.出口商 Exporter （1）		3．装箱单日期 Packing list date （3）		
2.进口商 Importer （2）		4．合同号 Contract No. （4）		5．信用证号 L/C No. （5）
		6.发票日期和发票号码 Invoice Date and No. （6）		
7.运输标志 Shipping marks	8.包装类型及件数；商品描述 Number and kind of packages; Commodity description	9．毛重 kg Gross weight	10．净重 kg Net weight	11．体积 m^3 Cube
（7）	（8）	（9）	（10）	（11）
12．总计 Total:　（12）				
13．大写包装件数 Total Packages （in Words）：（13）				
		14．出口商签章 Exporter stamp and signature （14）		

> **知识链接**

货物的毛重、净重、尺码均按照实际情况填列，均应按照合同或者信用证的规定。涉及一票货物多个品种，或者一种货物多种规格的，分别填写单件包装的毛重、净重、体积，以及对应的总毛重、总净重和总体积。单件包装的毛重、净重及体积前常用"@"注明。

12. 总计（Total）：在填制装箱单时，尤其是一票货物多个品种，或者是一种货物多种规格时，为了使商品的总包装件数、总毛重、总净重和总体积更加清晰、直观地呈现，一般应在装箱单中予以总计。

13. 大写包装件数（Total Packages）：此栏目填写货物总外包装数量的大写，一般都以"SAY"开头，在表述完大写的外包装数量和包装种类后，以"ONLY"结尾。

14. 出口商签章（Exporter stamp and signature）：在发票的右下角打上出口公司的英文名称，由负责人签名或盖章。

15. 特殊条款（Special conditions）：若合同或者信用证中对装箱单的填制有一些特殊要求，如要求注明与包装相关的证明文句，或者标注其他的号码和包装的费用等，可以在商品描述栏目中的空白处进行说明。

工作子任务 3-5　海运提单的填制规范

任务描述

填制好商业发票和装箱单后，王一川了解到虽然企业出口报关的时候不需要向海关提交海运提单，但在进口货物清关时，海运提单是必备单据之一，所以他也认真学习了海运提单的填制要求。

知识准备

一、海运提单的概念

1. 什么是海运提单

海运提单（Bill of Lading）简称提单，是船方或其代理人签发的，证明已收到特定的货物，承诺将货物运至目的地，并交付给收货人的书面凭证。它是承运人与托运人之间的契约证明，在法律上具有物权凭证的作用。

2. 海运提单的性质和作用

（1）海运提单是一种物权凭证。

（2）海运提单是货物收据，证明承运人已经收到海运提上单所列的货物。

（3）海运提单是托运人与承运人之间所订立的运输合同的证明，是承运人与托运人处理双方在运输过程中权利和义务问题的主要依据。

3. 海运提单的分类

海运提单按照不同的分类标准，可分为很多种类，具体如下。

（1）根据提单收货人的抬头划分，可分为记名提单、不记名提单和指示提单。

（2）根据提单上有无不良批注划分，可分为清洁提单和不清洁提单。

知识链接

清洁提单是指没有在提单上对货物的表面状况作出货损或包装破损之类的不良批注的提单。它表明承运人接收货物的时候，该货物的表面状况良好。如果承运人对货物表面良好有异议，就加以批注。

不清洁提单是指货物交运时，其包装及表面状态出现不坚固完整等情况。船方可以批注，即为不清洁提单。银行办理结汇时，通常不接受不清洁提单。

（3）根据运输方式划分，可分为直达提单、转船提单、联运提单和多式联运提单。

（4）根据货物是否已经装船划分，可分为已装船提单和备运提单。

（5）根据运费支付方式划分，可分为运费预付提单和运费到付提单。

（6）根据船舶营运方式划分，可分为班轮提单和租船提单。

（7）根据内容繁简划分，可分为全式提单和简式提单。

（8）根据提单使用效力划分，可分为正本提单和副本提单。

此外，提单还有倒签提单、预借提单、过期提单等。

二、海运提单的填制规范

提单的内容，一般由各个海运公司自行印制，但基本格式都是一致的。海运提单样单如表 6-15 所示（以中远集装箱运输有限公司的海运提单为例）。

海运提单的主要内容和填制方法如下。

（1）托运人（Shipper）：是指委托货物运输的人，一般是合同中的卖方。如果买方为了贸易上的需要，要求做第三者提单（Third party B/L），也可照办。

（2）收货人（Consignee）：此栏目根据合同或者信用证中的提单条款的要求填写，按照不同的抬头形式，分别填制。如属记名提单，则可填上具体的收货公司或收货人名称；如属空白指示提单，则填"凭指示"（TO ORDER），如需在提单上列明指示人，则可根据不同要求，做成"凭托运人指示"（TO ORDER OF SHIPPER）、"凭收货人指示"（TO ORDER OF CONSIGNEE）或"凭银行指示"（TO ORDER OF ×× BANK）；如属不记名提单，则填写"TO BEARER"（交于持票人）。

表 6-15　海运提单样单

Shipper		B/L No. 承运人 CARRIER 中远集装箱运输有限公司 COSCO CONTAINER LINES Port-to-Port or Combined Transport BILL OF LADING
Consignee		
Notify party		ORIGINAL RECEIVED in external apparent good order and condition except as otherwise noted. The total number of packages or units stuffed in the value mentioned in this Bill of Lading are to be considered unknown unless the contrary has expressly acknowledged and agreed to. The signing of this Bill of Lading is not to be considered as such an agreement. On presentation of this Bill of Lading duly endorsed to the *Carrier* by or on behalf of the Holder of Bill of Lading, the rights (Terms of Bill of Lading continued on the back hereof)
Pre-carriage by	Place of Receipt	
Ocean Vessel Voy. No.	Port of Loading	
Port of Discharge	Place of Delivery	

Marks & Nos. Container No.	No. & kind of pkgs	Description of goods	Gross weight	Measurement

Total No. of container or other pkgs or units (in words)					
Freight & charges	Revenue Tons	Rate	Per	Prepaid	Collect
Ex rate	Prepaid at	Payable at	Place and date of issue		
	Total prepaid	No. of B（s）/L	Signed by		
Laden on board the Vessel: Date: By:					

知识链接

指示提单是指在提单正面"收货人"一栏内载明"凭指示"(TO ORDER)或"凭某人指示"(TO ORDER OF)字样的提单。分为空白指示(仅写 TO ORDER)和记名指示(TO ORDER OF SHIPPER 或 TO ORDER OF CONSIGNEE 或者 TO ORDER OF××BANK)。此种提单通过指示人背书后可以转让。

记名提单是指提单正面载明特定的收货人名称的提单。在这种情况下,承运人只能向该收货人交付货物。如合同或者信用证中要求:B/L CONSIGNED TO ×××COMPANY,此时填制提单,则需在提单正面"收货人"一栏内载明"××× COMPANY"。此种提单通不可以转让。

不记名提单是指提单正面未载明收货人名称的提单。不记名提单的"收货人"一栏中空白不填或填写"持有人(TO BEARER)"的字样。在签发不记名提单的情况下,承运人应向提单的持有人交付货物。此种提单不需要背书就可以转让。

3. 被通知人(Notify party):接受船方发出货到通知的人。如合同或信用证上对提单被通知人有具体规定时,则必须严格按要求详细填写被通知人名称及详细地址和联系方式,否则船方就无法与收货人联系,收货人也不能及时报关提货,甚至会因超过海关规定申报时间被没收。如未规定,则此栏目填写买方。

4. 提单号码(B/L No.):填制船舶公司编制的号码,一般列在提单右上角,以便于工作联系和核查。

5. 第一程运输工具(Pre-carriage by):若为联合运输方式或中途转运,则此栏填写第一程运输工具的名称;若中途不转运,则空白此栏。

6. 收货地(Place of Receipt):指承运人从托运人手中接收货物的地点,在内陆交货时,一般填写实际的收货地点。若运输方式仅为海运,则此栏目可不填。

7. 船名航次(Ocean Vessel Voy. No.):填写运输船舶的船名及航次。若为联合运输方式,则此栏目填写第二程船名。

8. 装运港(Port of Loading):指货物实际装船的港口名称,此栏目一般填写始发地国家的沿海港口。如果有货物在中途转运,则此栏填写中转港。

9. 卸货港(Port of Discharge):指货物实际卸下的最后港口名称,此栏目一般填写目的地国家的沿海港口。若经某港转运,应在卸货港之后加注转运港的名称。若货物达到卸货港之后,还要经内陆转运或者陆运至邻国的,则要在货物描述栏目下方空白处加注"IN TRANSIT TO×××"。

10. 交货地(Place of Delivery):指最终交货的港口或地点。若最终交货地为目的港,则此栏空白;若最终交货地为内陆地点,则按照实际情况填写实际的交货地点。

11. 运输标志(Marks & Nos.):此栏填写唛头,严格按照合同或者信用证的规定填制。

12. 集装箱号码(Container No.):若货物用集装箱装运,则填写实际的集装箱号码;若货物为散装,则空白此栏。

13. 包装类型及件数(Number and kind of packages):此栏根据实际情况填写货物最大包装件数。

14. 货物描述（Description of goods）：此栏可填写货物描述的统称，但不得与合同或者信用证中的货物描述相抵触。

15. 毛重（Gross weight）：填写整批货物的总毛重，一般以千克为计量单位。填写时要保留小数点后两位。

16. 体积（Measurement）：填写整批货物的总体积，一般以立方米为计量单位。填写时要保留小数点后三位。

17. 大写包装件数（Total No. of container or other pkgs or units）：此栏填写大写的包装件数，用英文大写文字打出包装及件数，件数是指提单项下包装的总件数，一般都以"SAY"开头，以"ONLY"结尾。

18. 运费和费用（Freight & charges）：除非合同和信用证另有规定，本栏目只填写运费的支付情况，不填写具体的金额。

知识链接

提单的运费支付情况一栏，要根据不同的贸易术语，填写不同的运费支付情况。在FOB术语下，可注明"FREIGHT COLLECT，FREIGHT TO COLLECT，FREIGHT UNPAID，FREIGHT TO BE PAID，FREIGHT PAYABLE AT DESTINATION"；若在CFR或者CIF贸易术语下，可注明"FREIGHT PREPAID"。

19. 正本提单份数（No.of B(s)/L）：根据《UCP600》规定，提单的正本份数可以是一份或者多份。但是在实际业务中，一般情况下，正本提单为3份正本。所以此栏目中应该用英文大写表示实际的提单正本份数，如"ONE，TWO，THREE"。

20. 签发地点和日期（Place and date of issue）：提单的签发地点应为装运地点，签发日期应为装运日期，此日期不应晚于合同或者信用证规定的最迟装运期。

21. 签署（Signed by）：根据《UCP600》的规定，无论其称谓如何，提单上必须表面上显示承运人名称并由下列人员签署：承运人或承运人的具名代理或代表，或船长，或船长的具名代理或代表。承运人、船长或代理的任何签字必须分别表明其承运人、船长或代理的身份。代理的签字必须显示其是否作为承运人或船长的代理或代表签署提单。按照上述规定，提单可由承运人或者船长、又或者他们各自的代理人签发，因此，此栏目应由提单的实际签发人填写，并表明签发人的真实身份。

22. 已装船批注（Laden on board the Vessel）：此栏目填写具体的装船日期和签发人。

知识闯关

一、单项选择题（共10题）

1. 根据进出口货物报关单的填制规范，选择正确答案。
（1）出口货物报关单中境内发货人栏应填（　　）。
　　A. 发货人名称　　　　　　　　B. 发货人名称和电话号码
　　C. 发货人名称和经营单位编码　D. 发货人名称和商品编码

（2）某批货物从宁波海关出境，出口货物报关单中出境关别栏应填（　　）。
   A．3101　　　　B．宁波海关　　C．3101 宁波　　D．宁波海关（3101）
（3）运抵地址为日本横滨，出口货物报关单中运抵国（地区）栏应填（　　）。
   A．日本　　　　　　　　　　B．日本（116）
   C．横滨（JPN570）　　　　　D．横滨（116）
（4）某批货物的运费总价为 2000 美元，出口货物报关单中运费栏应填（　　）。
   A．502/20/2　　B．502/2000/3　　C．501/2000/2　　D．501/20/1
（5）某批货物的保费通过 3‰ 的保险费率计算和美元结算，出口货物报关单中保费栏应填（　　）。
   A．502/3/1　　B．502/0.3/1　　C．110/30000/3　　D．110/3/3

2．报关委托方应及时提供报关所需的全部单证，并对单证的（　　）负责。
   A．真实性、准确性和完整性　　B．真实性、准确性和客观性
   C．真实性、及时性和准确性　　D．准确性、完整性和及时性

3．下列不属于报关基本单据的是（　　）。
   A．海运提单　　　　　　　B．装箱单
   C．进出口许可证　　　　　D．海运提单

4．在海关货币代码表中，人民币的货币代码为（　　）。
   A．502　　　　B．142　　　　C．116　　　　D．132

5．浙江欣美工艺品公司出口一票花瓶，木箱装，出口申报清单中的包装种类一栏应填写（　　）。
   A．22　　　　　B．23　　　　　C．32　　　　　D．06

6．下列哪一个条形码前缀代表新加坡？（　　）
   A．888　　　　B．403　　　　C．690　　　　D．379

7．CFR 贸易术语下，提单的运费栏应表示为（　　）。
   A．FREIGHT COLLECT　　　B．FREIGHT UNPAID
   C．FREIGHT PREPAID　　　D．FREIGHT TO BE PAID

8．母亲节将至，王一川在某个与海关联网的电子商务交易平台上购买了瓶美国当地生产的香水作为母亲节礼物送给妈妈。香水通过快递方式从美国运至电商平台监管场所，再由平台安排运输送到王一川的手中。则电商平台在进口申报时，申报清单上的原产国代码应为（　　）。
   A．116　　　　B．133　　　　C．502　　　　D．303

9．出口商向进口商发出的有关货物名称、规格、单价等内容的非正式参考性发票，供进口商申请进口批汇之用，不能作为收付货款的凭证和依据的是（　　）。
   A．厂商发票　　B．领事发票　　C．商业发票　　D．形式发票

10．下列哪种抬头的提单需要经过托运人背书才能转让？（　　）
   A．TO ORDER OF ROYAL BANK
   B．CONSIGNED TO KIGI CO. ONLY
   C．TO ORDER OF SHIPPER
   D．TO BEARER

二、是非判断题（共 10 题）

（　　）1. 我国《海关法》规定："进口货物的收货人和出口货物的发货人应当向海关如实申报，交验进出口许可证件和有关单证。"

（　　）2. 实施整合申报之后，进出口企业报关时只需要录入一张报关单，上传一套随附单证，通过"中国国际贸易单一窗口"平台中的货物申报系统即可办理通关手续。

（　　）3. 企业在出口报关时，会根据出口方式的不同选择采用《跨境电商零售进出口申报清单》或者《中华人民共和国海关进（出）口货物报关单》，所以这两张单据具有不同的法律效力。

（　　）4. 填制提单唛头栏目时，若合同或者信用证没有规定，则空白此栏。

（　　）5. 一般情况下，商业发票的签发人为出口商。

（　　）6. 启运国（地区）填报进口货物启始发出直接运抵我国或者在运输中转国（地区）未发生任何商业性交易的情况下运抵我国的国家（地区）。

（　　）7. 经停港填报进口货物在运抵我国关境前的第一个境外装运港。

（　　）8. 装箱单中的毛重、净重、体积栏目，均保留两位小数即可。

（　　）9. 根据提单使用效力划分，可分为全式提单（Long Term B/L）和简式提单（Short Term B/L）。

（　　）10. 商业发票是商业单据中的核心单据。

能力实训

2022 年 5 月，杭州新鸿集团从上海出口 1000 台中国原产的烘干机给美国的 MOHA 公司，用信用证支付。5 月 10 日该公司制单员李芳收集了相关的货物信息和资料，准备制作相关单据，办理该批货物的出口报关手续。由于该公司没有设立报关部门和专职报关员，无法直接向海关申请出口报关，长期委托浙江海运有限公司填报申报单和代缴税款，请以李芳的身份填制代理报关委托书、委托报关协议、商业发票和装箱单。

相关资料如下：

卖方：HANGZHOU XINHONG GROUP
　　　　NO.239 JIANYE ROAD
　　　　HANGZHOU，CHINA

买方：MOHA CO.,LTD.
　　　　NO.34 PARK AVENUE
　　　　NEW YORK,USA

相关资料：

信用证号码：LKD0398087　　　商品名称：DRYER（烘干机）　　　型号：XH397

包装：每台装一纸箱，共 1000 箱

纸箱尺码：30 厘米×40 厘米×45 厘米，每箱净重 4 千克，毛重 5 千克

装运港：上海　　目的港：纽约　　合同号码：2022XH0098　　商业发票号码：XH2022032

商业发票日期：2022 年 5 月 10 日　　贸易术语：CIF NEW YORK　　单价：每台 115 美元

唛头： MH
XH2022032
NEW YORK
NO.1-UP

1．根据以上资料，填制代理报关委托书、委托报关协议。在编号的空格处填入对应的内容。

代理报关委托书

编号：☐☐☐☐☐☐☐☐☐

_____（1）_____：

我单位现____（2）（A 逐票 B 长期）____委托贵公司代理____（3）____等通过事宜（A、填单申报 B、申请、联系和配合实施检验检疫 C、辅助查验 D、代缴税款 E、设立手册（账册）F、核销手册（账册）G、领取海关相关单证 H、其他），详见《委托报关协议》。

我单位保证遵守海关有关法律、法规、规章，保证所提供的情况真实、完整、单货相符，无侵犯他人知识产权的行为。否则，愿承担相关法律责任。

本委托书有效期自签字之日起至2022年6月10日止。

委托方（盖章）：（4）

法定代表人或其授权签署《代理报关委托书》的人（签字）

2022 年 5 月 1 日

委托报关协议

为明确委托报关具体事项和各自责任，双方经平等协商签订协议如下。

委托方	（5）	被委托方	（10）	
主要货物名称	（6）	报关单编码	No.	
HS 编码	（7）	收到单证日期	年 月 日	
进/出口日期	2022 年 5 月 20 日	收到单证情况	合同☐	发票☐
提（运）单号	MISC200000537		装箱清单☐	提（运）单☐
贸易方式	一般贸易		加工贸易手册☐	许可证件☐
数（重）量	1000 台		其他	
包装情况	散装			
原产地/货源地	（8）	报关收费	人民币： 元	
其他要求		承诺说明		
背面所列通用条款是本协议不可分割的一部分，对本协议的签署构成了对背面通用条款的同意。		背面所列通用条款是本协议不可分割的一部分,对本协议的签署构成了对背面通用条款的同意。		
委托方签章：（9）		被委托方签章：		
经办人签名：李芳		报关人员签名：		
联系电话：0570-84938472 2022 年 5 月 1 日		联系电话： 年 月 日		

2．根据以上资料，填制商业发票。

COMMERCIAL INVOICE

1．出口商 Exporter （1）	4．发票日期和发票号码 Invoice Date and No. （4）	
^	5．合同号 Contract No. （5）	6．信用证号 L/C No. （6）
2．进口商 Importer （2）	7．原产地国 Country / region of origin （7）	
3．运输事项 Transport details （3）	8．付款条款 Terms of payment （8）	

9．运输标志 Shipping marks	10．商品描述 Commodity description	11．数量 Quantity	12．单价 Unit price	13．金额 Amount
（9）	（10）	（11）	（12）	（13）

14．总值（用数字和文字表示）Total amount （in figure and word） （14）				
	15．出口商签章 Exporter stamp and signature （15）			

3．根据以上资料，填制装箱单。

PACKING LIST

<table>
<tr><td colspan="2">1．出口商 Exporter
（1）</td><td colspan="3">3．装箱单日期 Packing list date
（3）</td></tr>
<tr><td colspan="2" rowspan="2">2．进口商 Importer
（2）</td><td colspan="2">4．合同号 Contract No.
（4）</td><td>5．信用证号 L/C No.
（5）</td></tr>
<tr><td colspan="3">6．发票日期和发票号码 Invoice Date and No.
（6）</td></tr>
<tr><td>7．运输标志
Shipping marks</td><td>8．包装类型及件数；商品描述
Number and kind of packages;
Commodity description</td><td>9．毛重 kg
Gross weight</td><td>10．净重 kg
Net weight</td><td>11．体积 m³
Cube</td></tr>
<tr><td>（7）</td><td>（8）</td><td>（9）</td><td>（10）</td><td>（11）</td></tr>
<tr><td colspan="5">12．总计 Total:　（12）</td></tr>
<tr><td colspan="5">13．大写包装件数 Total Packages （in Words）：（13）</td></tr>
<tr><td colspan="2"></td><td colspan="3">14．出口商签章 Exporter stamp and signature
（14）</td></tr>
</table>

参 考 文 献

[1] 张援越,刑丽. 报关与报检实务[M]. 3 版. 北京:机械工业出版社,2021.
[2] 许丽洁. 报检与报关业务从入门到精通[M]. 北京:人民邮电出版社,2020.
[3] 匡增杰. 进出口通关实务[M]. 上海:上海交通大学出版社,2021.
[4] 山秀娟,管迪,王洪艳,等. 报关实务[M]. 北京:清华大学出版社,2021.
[5] 曲如晓. 报关实务[M]. 3 版. 北京:机械工业出版社,2019.
[6] 冯晓鹏. 跨境电商通关:运营与合规[M]. 北京:法律出版社,2019.
[7] 叶红玉,刘小聪. 跨境电商通关实务[M]. 2 版. 北京:中国人民大学出版社,2021.
[8] 肖新梅,高洁. 跨境电子商务通关实务[M]. 北京:电子工业出版社,2022.
[9] 于丽娟. 外贸制单[M]. 2 版. 北京:高等教育出版社,2019.
[10] 叶红玉,王巾. 报关实务[M]. 3 版. 北京:中国人民大学出版社,2019.
[11] 华树春,李玲. 跨境电商概论[M]. 北京:中国海关出版社,2018.
[12] 孙丽萍. 进出口报关实务[M]. 北京:中国商务出版社,2021.
[13] 唐卫红. 进出口报关实务[M]. 南京:南京大学出版社,2019.
[14] 邓志虹,缪晨刚. 通关实务操作[M]. 北京:中国轻工业出版社,2021.
[15] 吴百福,徐小薇,聂清,等. 进出口贸易实务教程[M]. 8 版. 上海:上海人民出版社,2020.
[16] 黎孝先,王健. 国际贸易实务[M]. 7 版. 北京:对外经济贸易大学出版社,2020.